1　後白河院　『天子摂関御影』宮内庁三の丸尚蔵館所蔵

弟近衛天皇の没後，皇子二条天皇までの中継ぎとして即位．保元の乱で兄崇徳院に勝利し，二条の死去で皇子高倉天皇を擁立，院政を開始する．清盛に幽閉されるが，その死後院政を再開入京した源氏軍の内訌を乗り越え，頼朝と結んで正統王権を確立する．

2　平清盛　『天子摂関御影』宮内庁三の丸尚蔵館所蔵

伊勢平氏の武将平忠盛の子．白河院落胤と噂される．保元・平治の乱に勝利し，後白河院と結び，摂関家領押領，皇胤認定に等しい大臣昇進を果たす．やがて後白河と対立，治承三年政変で院を幽閉し平氏政権を樹立．しかし，強引な施策は内乱を惹起し，その鎮圧の最中に死去．

4 『春日権現験記絵』（部分） 宮内庁三の丸尚蔵館所蔵

鎌倉末期に，西園寺公衡の発願で，絵師高階隆兼が春日明神の霊験を描いた絵巻物．寿永２年（1183）７月，源義仲に追われた平氏一門が都落ちする場面．この時，藤原氏長者の摂政基通は平氏一行から逃れ，京に留まった．

3 『平治物語絵巻』六波羅行幸巻（部分） 東京国立博物館所蔵
出典：ColBase（https://colbase.nich.go.jp/）

鎌倉時代に製作された，平治の乱を描く絵巻物．この場面は，二条天皇が内裏を脱出し，平氏軍に守られて六波羅の平清盛邸に向かう様子を描く．天皇の脱出を機に平氏が官軍，藤原信頼・源義朝は賊軍となり形勢は一変する．

5 『餓鬼草紙』（部分） 京都国立博物館所蔵

平安末期・鎌倉初期の製作で，後白河院が蓮華王院の宝蔵に納めた六道絵の一つとされる．飢えに苦しみ餓鬼道に堕ちた餓鬼の姿を描く．餓鬼は架空の存在であるが，飢饉に苦しむ民衆の姿が反映されていると考えられる．

6　三十三間堂　妙法院写真提供

長寛２年（1164），後白河院の発願で，平清盛が院御所法住寺殿の一角に建立した蓮華王院の本堂．現在の建物は文永３年（1266）の再建．三十三の柱間からその名がある．千体観音像を収めるために造立された巨大建築．

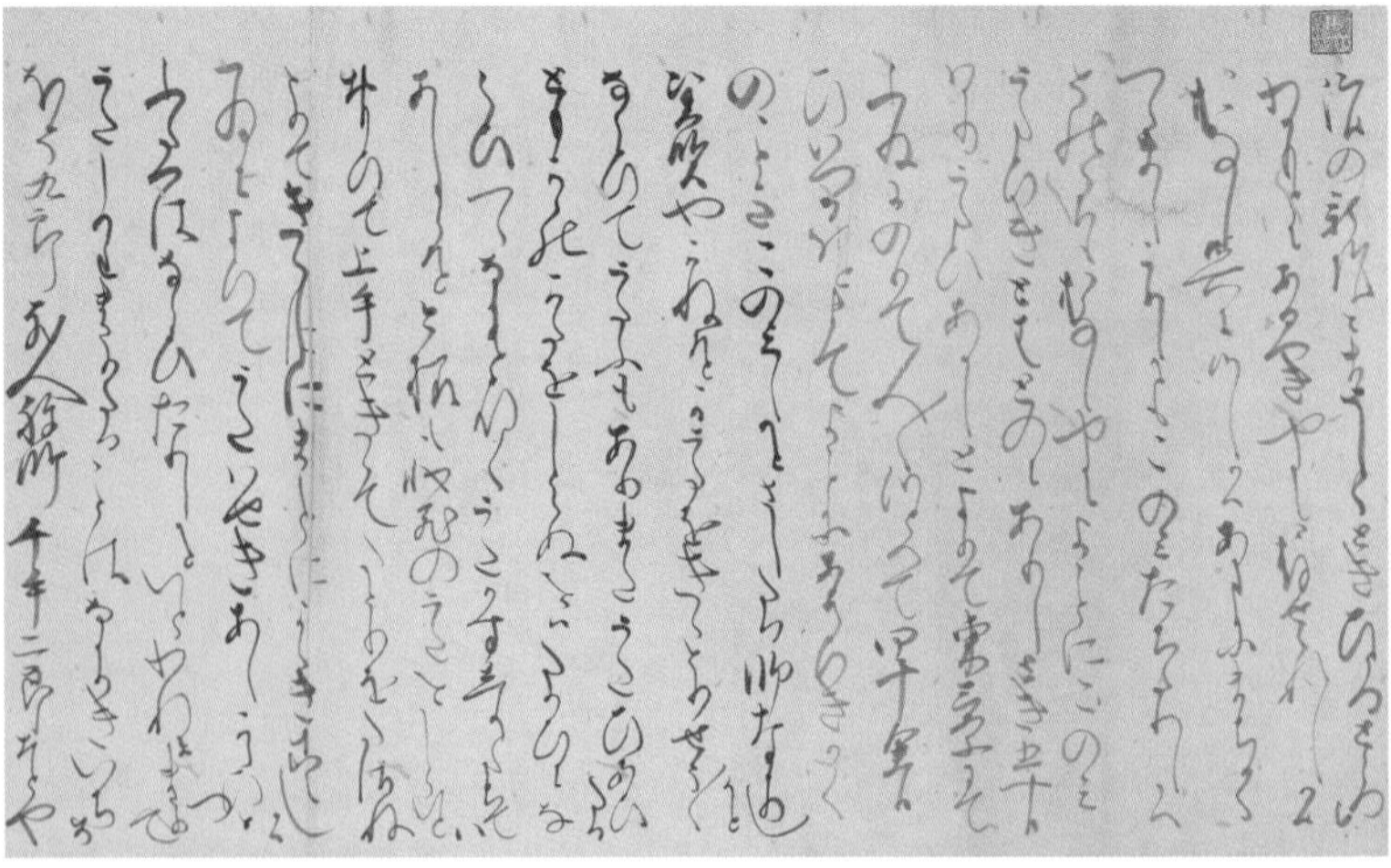

7　『梁塵秘抄口伝集』巻十断簡（部分，伝冷泉為相筆）國學院大學図書館所蔵

後白河院が今様求道の半生を懐古した書物．母待賢門院の忌明けの後，同居することとなった兄・崇徳院に気を遣いつつ，今様に夢中になる有様を述懐する場面．院が法華経信仰に目覚めた時期に重なる．

京都の中世史 2

平氏政権と源平争乱

元木泰雄
佐伯智広
横内裕人

吉川弘文館

刊行のことば

『京都の中世史』という新たな通史を刊行することとなった。

このタイトルには、二つの意味が込められている。一つは、いうまでもなく、中世において京都という都市がたどった歴史である。

対象とする時代は、摂関政治の全盛期から始まり、院政と荘園領主権門の勃興、公武政権の併存、南北朝動乱と室町幕府、そして天下人の時代に至る、およそ六百年間の歴史である。その間、京都は政治・経済・文化の中心として繁栄したが、一方で源平争乱、南北朝の動乱、そして応仁の乱と再三の戦乱を経験し、放火、略奪の惨禍を蒙ってきた。

為政者の変化と連動した都市構造の変容、文化の受容と発展、そして戦禍を乗り越え脱皮してゆく京都の姿を描いてゆく。また、中世考古学の成果を導入することが本シリーズの大きな特徴となる。これによって、斬新な中世都市京都の姿を明らかにするとともに、現代への影響にも言及することにしたい。

もう一つの意味は、中世日本の首都としての京都の歴史である。京都は中世を通して、つねに全国に対し政治・経済・文化の諸分野で大きな影響を与え、同時に地方の動きも京都に波及していた。京都と各地域の歴史とは、密接に連動するのである。

中世における京都の役割、地方との関係を検証することで、ややもすれば東国偏重、あるいは地域完結的な見方に陥りがちであった、従来の中世史研究を乗り越えたい。そして、日本全体を俯瞰する視点を確立することで、新たな日本中世史像の構築を目指している。

以上のように、このシリーズは、最新の成果に基づいて京都の歴史を描くとともに、京都を中心として、日本中世史を捉え直すことを企図するものである。

二〇二一年五月

元木泰雄

目　次

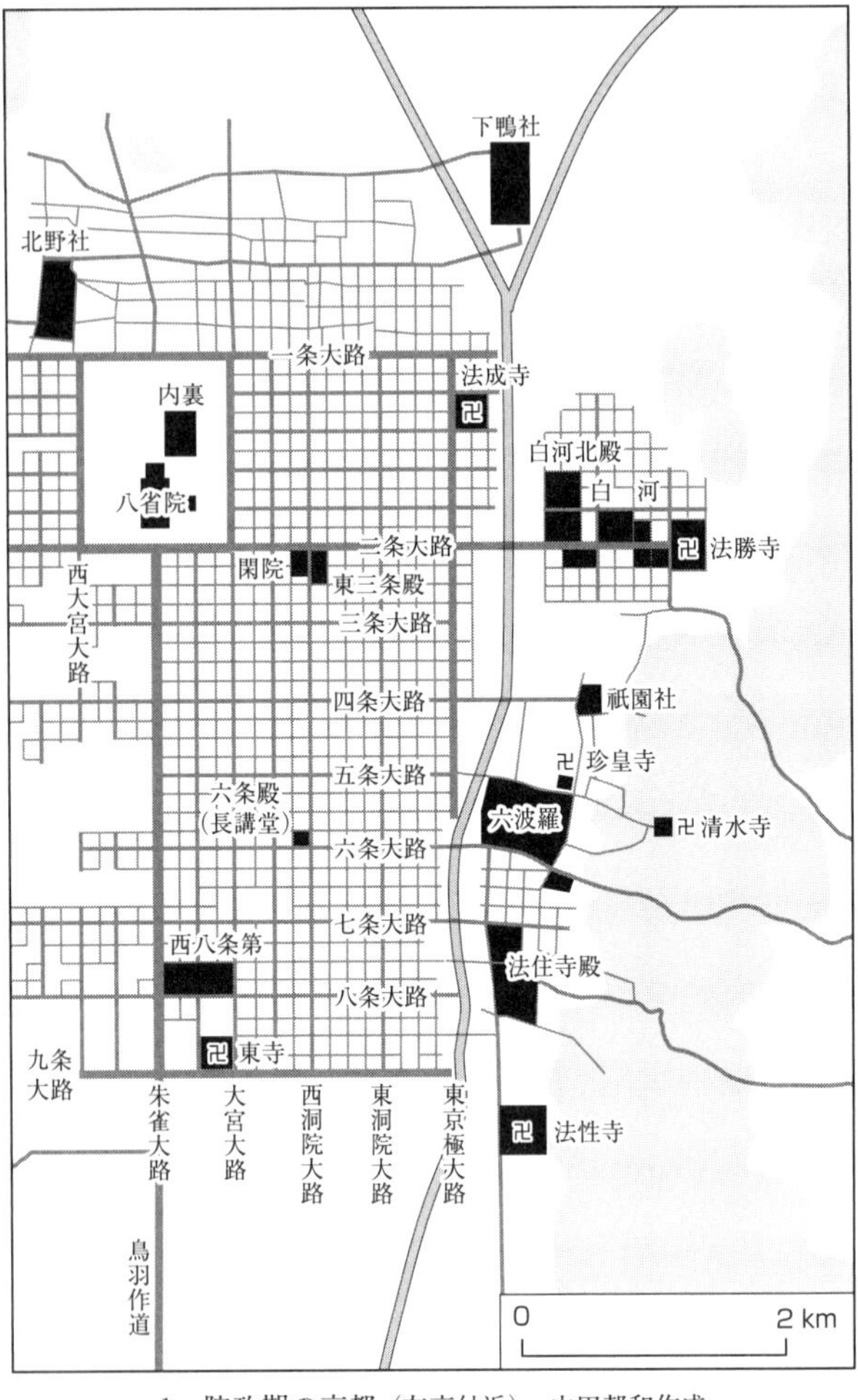

1　院政期の京都（左京付近）　山田邦和作成

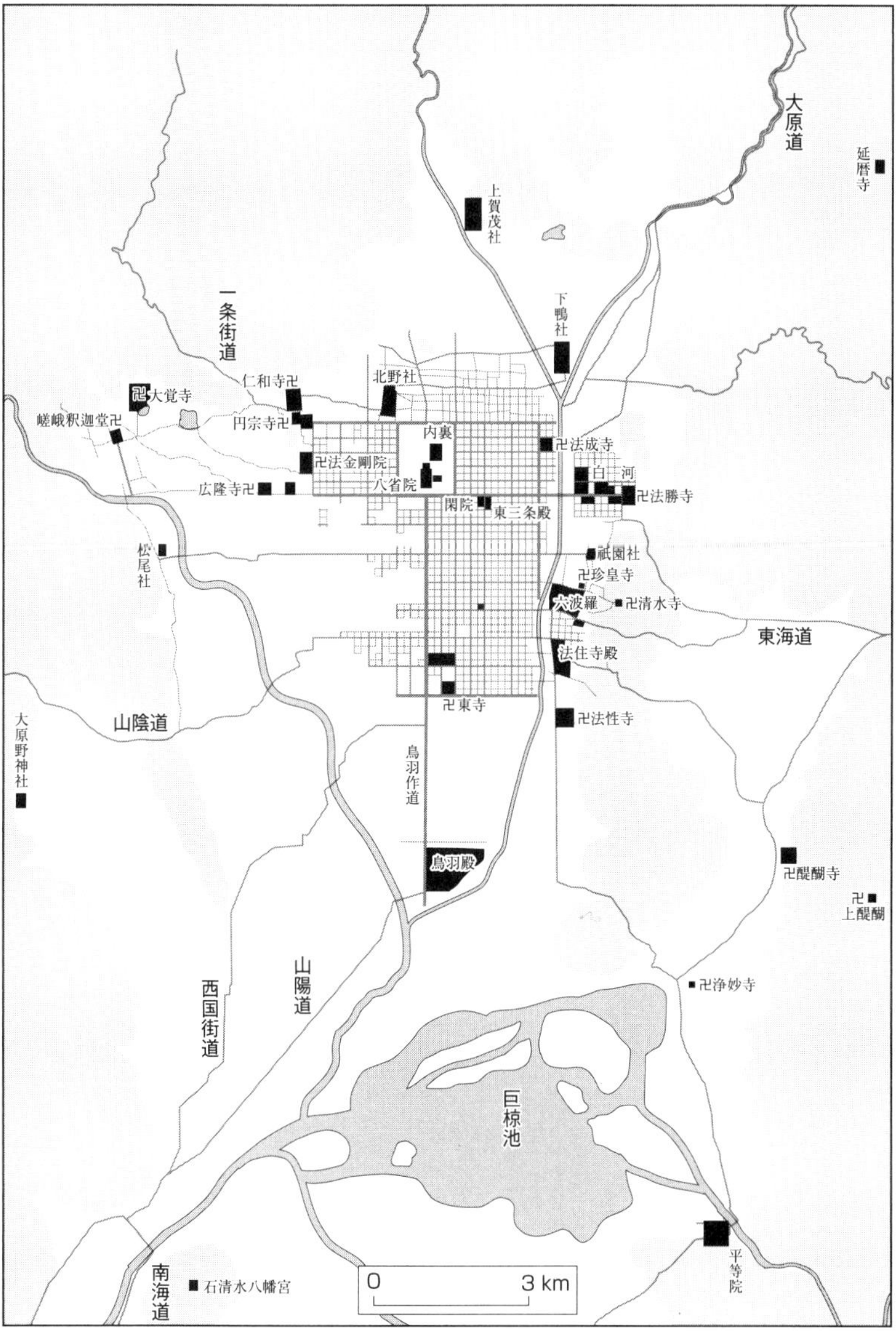

2　院政期の京都とその周辺　山田邦和作成

「武者の世」の到来——プロローグ

本巻が取り上げるのは、十二世紀初頭の白河《しらかわ》院政期から、同世紀末における源頼朝《みなもとのよりとも》の死去に至る、ほぼ百年間である。その半ばにあたる保元元年（一一五六）に勃発した保元《ほうげん》の乱を契機に、慈円《じえん》の言葉を借りるなら、「武者の世」が京に到来した時代であった。わずか三年後には平治《へいじ》の乱、さらに源平争乱によって、京はそれまで経験したことのない戦乱と混乱とに、たびたび見舞われることになる。そして京は、新たな為政者として武士政権を樹立した平清盛《たいらのきよもり》、源頼朝を迎えるのである。

1　王権と京の兵乱

王権の安定

平安時代、辺境では蝦夷《えみし》との戦争、承平《じょうへい》・天慶《てんぎょう》の乱、平忠常《たいらのただつね》の乱、前九年・後三年合戦といった兵乱が相次いだが、京で兵乱が勃発することはなかった。京の兵乱が、政権をめぐる抗争であることはいうまでもない。もちろん政争が起こったが、それらは宮廷内の陰謀におわり、敗者が出家、配流することで事態は終焉を迎えた。なぜ、それまでなかった兵乱が京で勃発し、ついに武士政権が成立したのであろうか。

図1　安和の変と摂関家系図

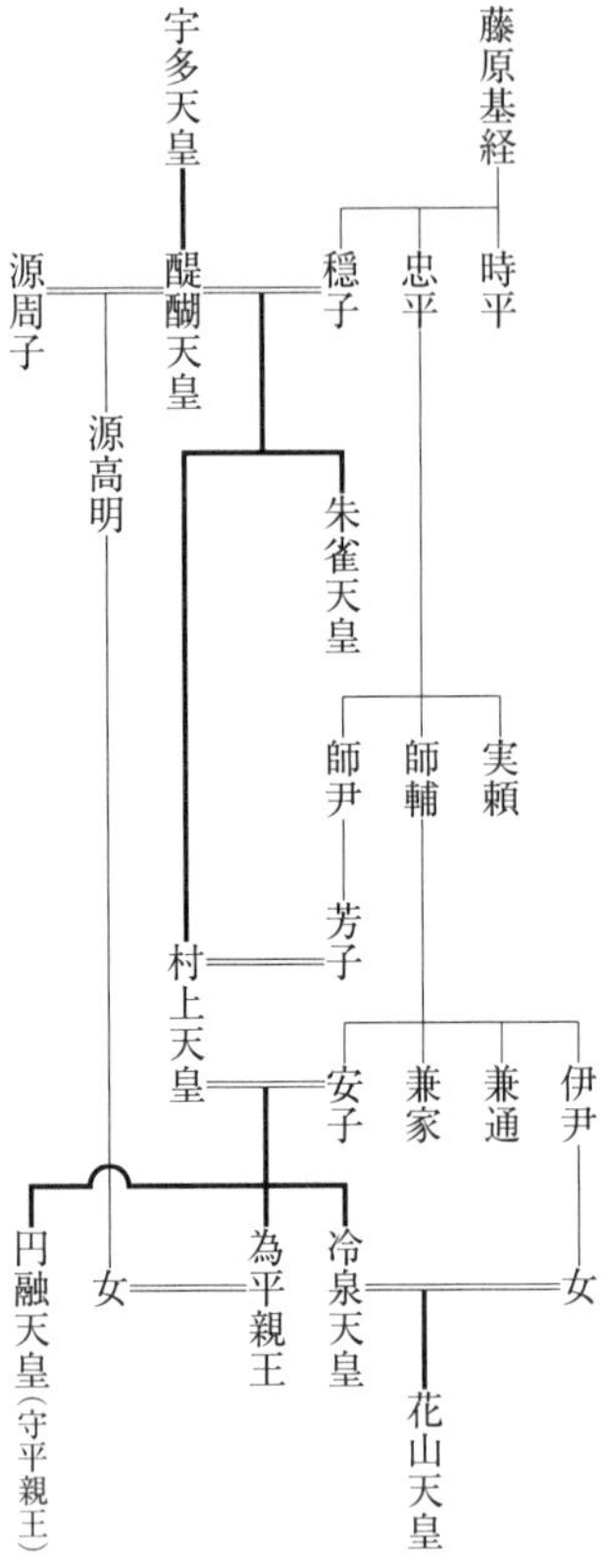

かつては、地方で力をつけた武士が上洛してきたため、貴族が政争で武士の力を利用したなどという単純な理解があった。しかし、武士などいない奈良時代でも大規模内乱が勃発しているし、逆に安和二年（九六九）の安和《あんな》の変のように、武力が動員され、兵乱寸前に至ったこともあった。そもそも、為政者はつねに武力を有していたのである。

したがって、京で兵乱が勃発した原因は、武士の有無ではなく、抗争それ自体の変化に存した。現代の戦争も同様であるが、調停が困難で非和解的状況に陥った時に、兵乱は勃発するのである。摂関時代の政治体制は、王家と藤原北家《ふじわらほっけ》が姻戚関係で一体化し、皇位・摂関といった王権を支えあう安定したもので、王権をめぐる紛議に際し、おおむね複数の調停者が存在していた。その安定の崩壊が兵乱の引き金になったのである。

安和の変の背景には、調停者不在という事情があった。藤原北家の中心右大臣《うだいじん》師輔《もろすけ》、その娘で次代の国母《こくぼ》を約束されていた藤原安子、そして村上天皇《むらかみてんのう》が相次いで亡くなり、代わって即位した冷泉天皇《れいぜいてんのう》が病弱という異常事態の中、藤原北家と左大臣《さだいじん》源高明《みなもとのたかあきら》が対立して兵乱の危機を生じ、前者が清和《せいわ》源氏《げんじ》の源満仲《みなもとのみつなか》、後者が藤原秀郷《ふじわらのひでさと》の子千晴《ちはる》を組織したのである。

これに対し、長徳元年（九九五）に道長《みちなが》と甥の伊周《これちか》が関白を争った時には、道長の姉で時の一条天皇の国母東三条院詮子が道長に内覧の地位を与え、それを不満とした伊周が翌年、武力を集めて不穏な動きを示すが、詮子の権威で紛議は解決している。皇位や摂関をめぐる紛議が起こっても、国母や外戚など、誰かが事態を調停・鎮静化できたのである。

院の独裁と危機

しかし、院政期に入ると、摂関家《せっかんけ》は天皇の外戚《がいせき》の座を喪失し、皇位継承に対する発言権が著しく低下する。この時期の国母も、崇徳天皇《すとくてんのう》の母待賢門院《たいけんもんいん》が権大納言《ごんのだいなごん》藤原公実《ふじわらのきんざね》の娘、近衛天皇《このえてんのう》の母美福門院《びふくもんいん》が受領《ずりょう》層に過ぎない院近臣《いんのきんしん》家藤原末茂《すえしげ》流の出身だったように、摂関家以外の低い家柄の出身であった。したがって、外戚ともども権威はなく、皇位継承を決定するだけの政治力はなかった。

これに対し、摂関時代と大きく異なり、父院が大きな権力を掌握した。その一因は、父院の長命にあった。白河院が七十七歳、鳥羽院《とばいん》が五十四歳と長命であったため、退位後も父院として親権を背景

図２　鳥羽院画像（『天子摂関御影』）宮内庁三の丸尚蔵館所蔵

に天皇を保護して長く政治に関与し、王家家長として大きな権威を有したのである。この結果、王家の財産でもある皇位は、外戚等に左右されることなく、家長の父院が単独で決定するようになる。

逆に、承徳三年（一〇九九）に関白《かんぱく》藤原師通《もろみち》が三十八歳で夭折したために、摂関家はますます勢力を後退させた。彼の子忠《ただ》実《ざね》が白河院から摂政《せっしょう》に任命された結果、院は摂関の人事権も奪取し、院は皇位に加えて、摂関も単独で決定するようになったのである。天皇・摂関に対する強力な人事権こそが、院政《いんせい》の基盤となった。

院政期には、院が単独で皇位・摂関を決定したので、院のほかに皇位・摂関を保護し、紛争が起こったときに調停するだけの権威をもつ者は存在しない。この結果、摂関時代と大きく異なり、政治的に不安定な状況が生み出されることになったのである。

久安六年（一一五〇）、摂関家の大殿《おおとの》忠実は、長男の関白忠通《ただみち》と義絶し、氏長者《うじのちょうじゃ》の地位を弟頼長《よりなが》に譲渡した。しかし、鳥羽院は関白を忠通に留めたため、摂関家の内紛は激化し、保元の乱の一因となったのである。久寿二年（一一五五）七月における近衛天皇の死去にともなう後白河天皇《ごしらかわてんのう》の擁立は、本論で後述するように、理不尽な皇位継承の典型であった。そして、鳥羽院の重病とともに政情は不穏となり、ついには院の死去をきっかけに保元の乱が勃発するのである。

2　権門の分立と京の変容

寺社強訴

王権をめぐる抗争だけが京に兵乱をもたらしたわけではない。保元の乱以前から、京の軍事的緊張は高まっていた。すなわち、寺社強訴《ごうそ》の勃発である。

十一世紀の末以降、京はたびたび延暦寺《えんりやくじ》・日吉社《ひえしゃ》、興福寺《こうふくじ》・春日社《かすがしゃ》を中心とする悪僧・神人《じにん》の強訴に見舞われたのである。強訴は合戦ではないが、暴力をともなう示威行動であり、京中に混乱をもたらすとともに、その防御に多くの武士が動員された。まず強訴の頻発があったから、武士も動員されたのである。それも、大半は京の周辺に拠点を置く武士たちであった。

強訴激化の契機となったのは、嘉保二年（一〇九五）の延暦寺・日吉社の強訴を撃退した関白藤原師通が、四年後に急死したことである。師通の急死は、日吉社の祟りとされ、その恐怖は院・摂関を呪縛したため、強訴は激化した。為政者は、神威を背景とする強訴に逆らうことはできず、武士による防御線の構築以外に有効な対策はなかった。このため、強訴が迅速に入京した場合には撃退は困難で、理不尽な要求に屈することになったのである。

こうした事態の背景には、寺社権門《けんもん》の分立がある。荘園《しょうえん》を経済基盤として、一定の自立性をもった政治勢力を権門と称する。荘園を管理するための武力として悪僧《あくそう》が出現すると、彼らは荘園の帰属や境界などをめぐって国衙《こくが》や他の寺社との抗争を惹起し、さらには院や朝廷に対する強訴を繰り返すこ

図3　「山法師強訴図屛風」（部分）　滋賀県立琵琶湖文化館所蔵

とになった。ただ、強訴の目的は皇位や摂関の交代といった政治的なものではなく、あくまでも侵害された既得権益の回復にあった。多くは受領による荘園の収公、また末寺《まつじ》や大規模法会《ほうえ》の人事などに対する院の介入などである。既得権益が侵害されると、寺社勢力は鎮守社の神体《しんたい》を擁する神人とともに、強訴を繰り返したのである。

受領による荘園収公は、地方における豪族と国衙との紛争でもある。かつて、こうした紛争は地方における兵乱の火種となったが、荘園の寄進とともに、紛争は京に持ち込まれ、京における軍事的緊張を高めることになった。ただ、荘園・人事といった寺社の既得権益の回復をめざす宗教的示威行為であるかぎり、悪僧・神人の強訴は通常は兵乱に発展することはない。しかし、保元の乱において、興福寺の悪僧は氏長者頼長を支援すべく蜂起した。悪僧は、乱に間に合わなかったが、彼らの武力が世俗の政争に介入することになったのである。そして、治承四年（一一八〇）には、平氏政権打倒を目指す以仁王《もちひとおう》挙兵に、興福寺・園城寺《おんじょうじ》が参戦、やがてその報復として焼き打ちを受けるに至った。

世俗権門と京

鳥羽院政期は、荘園公領体制が確立し、全国の半ばが荘園となった時代であった。したがって、寺社だけではなく、王家・摂関家もまた多大の荘園を集積し荘園領《しょうえんりょう》主《しゅ》権門となったのである。こうした荘園支配を通して、世俗権門が武装したのも当然のことであった。院における北面の武士、摂関家における源為義《みなもとのためよし》以下の家人《けにん》は、荘園支配の支柱となり、主従関係に組織された。

保元の乱において、鳥羽院を継承した後白河方には、鳥羽北面の武士が多数参戦したのに対し、源為義をはじめとする河内《かわち》源氏《げんじ》一門は、崇徳・頼長方の中心的な武力となった。権門化が武力の在り方を規定したのである。また先述のように、氏長者の統制に従った興福寺の悪僧も、権門としての摂関家に包摂された武力であった。このように、権門の分立が京における兵乱をもたらす要因となったのである。

図4　藤原忠実『春日権現験記絵』（部分）　東京国立博物館所蔵　Image：TNM Image Archives

保元の乱、続く平治の乱を鎮めた平清盛は、摂関家領《せっかんけりょう》を奪取し、卓越した武力を背景に平氏一門を権門に高めることになる。彼は、権門としての平氏を背景に後白河院との抗争に勝利し、ついに平氏政権を樹立する。そのことが、大規模な内乱を惹起することにもなるのである。寺社強訴をはじめ、院政期には地方の紛争が京に収斂してきたが、今度は京の紛争が全国に内乱となって拡大することになる。

荘園領主権門の分立は、軍事的緊張以外にも、京に大きな影響をもたらした。すなわち、その拠点となる権門都市を生んだのである。権門は、各地の荘園との流通の結節点、そして物資と武力を集積する拠点として、京の周縁に権門都市を構築した。院の白河・鳥羽・法住寺《ほうじゅうじ》、八条院《はちじょういん》の八条、摂関家の宇治《うじ》、そして平氏の六波羅《ろくはら》・福原《ふくはら》である。これらの多くは京外に位置し、当初は政治の場ではなかったが、後白河院の法住寺殿、平氏の六波羅など、政治の舞台にもなった（美川圭 二〇〇二）。そして、平清盛による政権奪取にともなって、福原遷都《せんと》計画が持ち上がり、京は福原に首都の座さえも脅かされることになるのである。

まさに権門の分立が、武者の世の到来をもたらしたのであった。最大の権門に肥大化した平氏が政権を掌握したために、権門としての平氏と、他の勢力との分断を生み、ついに内乱を惹起するに至った。京は、空前の混乱に巻き込まれるのである。

3 本書の構成

本書は、全十章で構成されている。このうち、一から八までは政治史を取り上げ、九では土地制度、十では宗教史を論じている。

政治史では、保元の乱を引き起こすことになる政治矛盾を生んだ鳥羽院政の開始から説き起こす。ただし、保元の乱の前提となる、伊勢平氏・河内源氏という京における武士については、十一世紀末から論じることにする。そして保元・平治の乱を経て、後白河と平清盛との対立、平氏政権の成立と内乱の勃発、木曾義仲の入京と滅亡、源義経の活躍と没落、頼朝の勝利と入京までを、京の変容、被った惨禍と再生を中心に新たな視点で取り上げる。

特に、当時の京の実態に迫るとともに、権力の変遷と都市としての京の変化・拡大との関連、そして京から地方へ、そして地方から京にもたらされた影響などに力点を置いて論じることにしたい。

一方、鳥羽院政期は多数の荘園が成立し、荘園公領体制が確立した時代である。九では、奈良時代に遡って荘園の歴史を辿りながら、十二世紀前半に中世的な荘園が成立し、荘園領主権門が分立する過程を論じる。摂関家、そして王家領荘園の展開にもふれ、その実態を解明するとともに、政情の動揺との関係をさぐる。

最後の十では、顕密仏教の動向を取り上げる。仏教と王権の結合、御願寺の建立をはじめとする、京における仏寺の建立と都市構造の変化、強訴等、京にもたらした影響を論じる。院・平氏といった世俗権門との結合、対立・抗争から、権門寺院の世俗化を解明する。そして、後白河院の宗教的な役割、芸能との関係にも新たな視点を提示する。

一　鳥羽院政と院近臣

1　鳥羽院政と貴族社会

鳥羽院政の開始

大治四年（一一二九）七月七日、長きにわたって院政を行ってきた専制君主白河《しらかわ》院《いん》が亡くなった。

跡を継いで院政を行ったのは、鳥羽院《とばいん》。白河院の孫であり、すでに保安四年（一一二三）に子の崇《す》徳天皇《とくてんのう》に譲位《じょうい》していたため、鳥羽院にとって、院政の継続は必然であった。また、鳥羽院は、院御所《いんごしょ》に公卿《くぎょう》を招集して国政について審議を行う会議である院御所議定《ぎじょう》を、大治二年（一一二七）から白河院に代わって開催する（槇道雄　一九九三）など、白河院の晩年にはすでに政務決裁に関与しており、白河院から鳥羽院への権力の移行は、スムーズに行われた。

その後、鳥羽院による院政は、保元元年（一一五六）に死去するまで、実に二十七年もの長期に及んだ。この間、中世荘園制の大枠が形成されるなど、中世の日本社会を基礎づける重要な政策が行われた一方、鳥羽院の死からわずか九日後に保元《ほうげん》の乱が起こるなど、京都で発生する次代の動乱の要因も、鳥羽院政期に醸成されていた。本章では、鳥羽院政期の政治の動向について、こうした前後の時代との関連や、動乱の舞台となった京都の貴族社会の様相に目配りしながら論じたい。

白河院政末期の摂関家

白河院から院政を引き継いだとはいえ、鳥羽院は、白河院の政策もそのまま継承したわけではなかった。白河院政からの断絶面は、おもに鳥羽院政期における貴族社会の編成の問題に関わっている。以下、摂関家・上級貴族・院近臣《いんのきんしん》と階層別に見ていこう。

白河院政期、摂関家は、天皇との外戚《がいせき》関係の有無に関わりなく、摂関の地位を家職として世襲する家として確立した。しかし、一方で、摂関の任免権は、院が掌握した（元木泰雄 一九九六）。

こうした状況下で、保安元年（一一二〇）、藤原勲子入内問題が発生する（元木泰雄 二〇〇〇）。白河院が熊野詣《くまのもうで》のため京都を留守にしている最中、鳥羽天皇は関白《かんぱく》藤原忠実《ただざね》に娘勲子を入内させるよう命じ、忠実はこれを喜んで承知したのだが、これを知った白河院は激怒し、忠実は失脚させられたのであった。こののち、保安四年には、鳥羽天皇も顕仁親王《あきひとしんのう》（崇徳天皇《すとくてんのう》）へと譲位させられている。

白河院が激怒したのはなぜか。それは、鳥羽天皇と忠実の行動が、家長として君臨する白河院に対する挑戦の意味を持っていたからである。院政は、院であれば譲位後に誰でもできるわけではなく、院が天皇の直系尊属（父・祖父・曽祖父）である必要があった。院政という政治体制において、天皇の后妃の人選は、皇位継承者やその外戚の選択に直結する、最重要の問題だったのである。

実は、事件に先立つ七年前、永久元年（一一一三）に、白河院は勲子の鳥羽天皇への入内を忠実に持ち掛けていたが、忠実がこれに消極的であったため、入内は立ち消えとなっていた。忠実が消極的

図5　待賢門院画像　法金剛院所蔵

であった理由は、白河院の入内の提案は藤原忠通《ただみち》（忠実の子）と藤原璋子（白河院の養女、待賢門院《たいけんもんいん》）との縁談との抱き合わせであったが、璋子には藤原季通《すえみち》などとの密通の噂があったためであった（角田文衞　一九八五）。

　結局、鳥羽天皇の后妃には、永久五年に璋子が入内し、翌年に中宮《ちゅうぐう》とされた。翌元永二年（一一一九）には、第一皇子である顕仁親王が誕生している。こうした状況下で、勲子を新たに后妃としようとする鳥羽天皇と忠実の行動は、白河院にとって、自身の定めた皇位継承の計画に改変を加える行為だったのである。

　ただし、白河院にとって、自身や天皇の輔弼《ほひつ》者としての摂関は不可欠な存在であった（樋口健太郎　二〇一八）。このため、白河院は、忠実に代えて、忠実の嫡男忠通を関白とした。忠通は、崇徳天皇即位後は引き続き摂政《せっしょう》となり、天治二年（一一二五）には、鳥羽院に先立って、公卿を招集して国政について審議を行う会議（殿下《でんか》議定）を、白河院から任されている（佐伯智広　二〇一六）。さらに、大治四年正月には、忠通の女子聖子が、崇徳天皇の后妃として入内した（白河院死後の大治五年に中宮とされ、のち皇嘉門院《こうかもんいん》）。

鳥羽院政期の摂関家

　大治四年（一一二九）七月に白河院が死去すると、こうした摂関家をめぐる状況に変化が生じる。その最初の事象が、大治四年九月に起こった、自称

源 義親《みなもとのよしちか》問題である（元木泰雄 二〇〇〇、髙橋昌明 二〇一一）。

源義親は、嘉承二年（一一〇七）に配流先の隠岐《おき》国（島根県隠岐諸島）から出雲《いずも》国（島根県東部）に逃れ、目代《もくだい》を殺害したため、翌年に、平 正盛《たいらのまさもり》によって追討された。ところが、その追討があまりにあっけなく行われたため、討ち取られたのが本当に義親であるのかが疑問視され、すでに白河院政期から、義親を自称する者が、東国で出没していた。

義親を追討した平正盛は、白河院の近臣であり、追討の恩賞《おんしょう》により、因幡守《いなばのかみ》から但馬守《たじまのかみ》へと栄転していた。貴族社会の最下層の出自である正盛を、受領《ずりょう》として格の高い但馬守に、しかも帰洛前に任じることについては、院による近臣の強引な引き立てとして、貴族たちの間に批判もあった。このため、自称義親の出現は、白河院の院政に対する批判という意味合いがあり、白河院は自称義親を追捕させていた。

ところが、白河院の死没三ヵ月後の大治四年九月、東国から自称義親が入京する。事態は、翌大治五年、自称義親が鴨院《かもいん》南町（京都市中京区）の宿所で殺害され、犯人の源 光信《みなもとのみつのぶ》（白河院の近臣の武士、美濃源氏《みのげんじ》）が土佐《とさ》国（高知県）に流罪とされたことによって収束するが、重要な点は、自称義親が入京の報が、関白忠通から鳥羽院へと奏上されたことである。しかも、鳥羽院は、その身柄を忠実に預けており、鴨院は忠実の邸宅であった。この事件は、対摂関家政策の転換と、忠実の復権という鳥羽院の意思を示すものだったのである。

その後、天承二年（一一三二）、忠実を元の如く内覧《ないらん》とする、鳥羽院の院宣《いんぜん》が出された。実際には、忠実が内覧としての職務を果たすことはなく、これは忠実の復権を公に示すための処置であった。

さらに、長承二年（一一三三）には、鳥羽院と藤原勲子との結婚が実現する。翌年、勲子は院の妃としてはじめて皇后とされた（立后に際し泰子と改名、のち高陽院《かやのいん》）。白河院は鳥羽院と勲子との結婚を禁じる旨を遺言していたが、鳥羽院はこの遺言に背いてまで、勲子との結婚を実行したのであった。それは、鳥羽院にとって、忠実に対する贖罪《しょくざい》と蜜月関係の構築のためであるとともに、白河院に代わる新家長としての権力を誇示するための政策でもあった。

摂関家継承問題

ところが、次なる問題は、摂関家内部で生じた。それは、摂関家の継承問題である（橋本義彦 一九六四、元木泰雄 二〇〇〇）。

その原因は、忠通の後継ぎとなる男子が長く生まれなかったことにあった。このため、忠通は、異母弟の頼長《よりなが》を天治二年（一一二五）に養子としていたが、康治二年（一一四三）忠通に実子基実《もとざね》が誕生したことで、後継者の座をめぐる争いが生じたのであった。

家長である忠実は、従来通り、忠通から頼長へと跡を継がせようとし、忠通が摂関となったのちも忠実が所有しつづけていた摂関家伝来の書籍や日記、荘園などを、頼長に順次譲渡していた。そして、久安六年（一一五〇）忠実は関白を頼長に譲るよう忠通に働きかけたが、忠通がこれを拒否したため、忠実は忠通を義絶し、藤氏長者の地位を忠通から奪い、頼長に与えたのであった。

ただし、先述のとおり、摂関の任命権は院が保持していたため、忠実の意志では変更不可能であった。任免権者である鳥羽院は、頼長の関白就任を求める忠実の働きかけにもかかわらず、忠通を関白

図6　藤原忠通画像　『天子摂関御影』宮内庁三の丸尚蔵館所蔵

図7　藤原頼長画像　『天子摂関御影』　宮内庁三の丸尚蔵館所蔵

から解任することなく、翌年、頼長を内覧に任じるに止めた。

このように、摂関家相続問題に対する鳥羽院の立場は中立であったが、これは、忠実・頼長と忠通を並立させ、双方が鳥羽院に忠勤を励むよう仕向ける策であったと考えられる。実際、忠実は鳥羽院の姿勢を不満に思いつつも、摂関家領荘園を鳥羽院に寄進するなど、鳥羽院への忠勤を尽くさざるをえなかったのであった。

鳥羽院政期の上級貴族

次に、摂関家以外の貴族たちについてみてみよう。貴族とは、五位以上の位階《いかい》を持つ者のことを指すが、摂関期には、貴族の内部で、大納言《だいなごん》以上に昇進できる公達《きんだち》（藤原忠平《ふじわらのただひら》子孫・宇多源《うだげん》氏《じ》以降の賜姓《しせい》源氏　玉井力 二〇〇〇）と、上限が中納言《ちゅうなごん》である諸大夫《しょだいぶ》とに、分化が進んでいた。ここでは、白河・鳥羽院政期に議政官《ぎせいかん》（大臣・大中納言・参議《さんぎ》）に昇進した公達を、上級貴族として取り扱う。

議政官と院政との関わりで最も重要であったのは、白河院政の開始後、公卿を招集して国政を審議させる公卿議定の中で、院の主催する院御所議定が、国政上の重要事項について審議する場となったことであった（美川圭 一九九六）。院御所議定の出仕者は、院によって選定されたが、例外的に前官や散三位《さんさんみ》の者が招集されることもあり、一方で摂関であっても一出仕者に止まるなど、院による専制的な運用がなされていた（橋本義彦 一九七六、美川圭 一九九六）。

先述のとおり、鳥羽院はすでに大治二年（一一二七）から白河院に代わって院御所議定を開催していたが、大治四年の白河院死去の前後の時期で、院御所議定の出仕者には重要な変化がみられる（佐伯智広 二〇一六）。

まず、鳥羽院が院御所議定を開催するようになって、出仕者に加わったのが、源師頼《もろより》である。師頼の父俊房《としふさ》は、白河院政期に長く左大臣《さだいじん》を務め、院御所議定にも出仕していたが、永久元年（一一一三）の鳥羽天皇呪詛《じゅそ》事件に関連して失脚状態となり、院御所議定には出仕しなくなっていた。師頼の院御所議定出仕は、俊房一門の復権を意味したのである（元木泰雄 二〇〇〇）。

一方、白河院の死去を境に院御所議定への出仕が見られなくなるのが、源有仁《みなもとのありひと》であった。有仁の父輔仁親王《すけひとしんのう》は、白河院の異母弟であり、両者の父である後三条天皇《ごさんじょうてんのう》は、白河院→実仁親王《さねひとしんのう》（輔仁親王の同母兄）→輔仁親王という順で皇位を継承するよう、遺言していた（河内祥輔 二〇〇七）。ところが、応徳二年（一〇八五）に皇太子実仁親王が死去すると、翌年、白河院は輔仁親王を差し置いて、子の堀河天皇《ほりかわてんのう》へと譲位してしまう。このため、輔仁親王は潜在的な皇位継承候補者として白河院に警戒され、永久元年の鳥羽天皇呪詛事件では、輔仁親王の護持僧《ごじそう》である仁寛《にんかん》に嫌疑がかけられたのであった。

だが一方で、嘉承二年（一一〇七）に堀河天皇が亡くなると、跡を継いだ鳥羽天皇以外に、皇位継承可能な白河院の男系男子は存在しなくなってしまった。そのため、白河院は賜姓前の有仁王《ありひとおう》を猶子《ゆうし》に迎え、予備の皇位継承候補者としたのであった（佐伯智広 二〇一五）。

結局、元永二年（一一一九）に崇徳天皇が誕生すると、皇位継承候補者としての有仁王の存在意義は薄れたため、有仁は源の姓を賜り、その後は故実《こじつ》に通じた公卿として活躍して、院御所議定にも召集されていた。ところが、白河院の死去後、鳥羽院は有仁を院御所議定に招集しなくなったのである。その後も有仁は左大臣まで昇進しており、決して冷遇されたわけではないが、鳥羽院は、いわば有仁を敬して遠ざけたのであった。

鳥羽院政期の大臣人事

こうして院御所議定の出仕者の入れ替えを行い、院政の基盤を固めた鳥羽院であったが、その後の鳥羽院による対上級貴族政策として注目されるのは、議政官の中でも摂関に次ぐ地位である大臣の昇進人事である（佐伯智広 二〇〇八）。

摂関期に内大臣《ないだいじん》が常置されるようになり、また、摂関が大臣を兼任しなくなったことにより、大臣の定員は四名となっていた（太政《だいじょう》・左・右・内）。のちの後鳥羽《ごとば》親政・院政期（一一九六—一二二一年）には、大臣に昇進できる家柄はほぼ固定化し、これが近世の清華家《せいがけ》へとつながっていくが、鳥羽院政期には、この家格《かかく》は未確定であった。また、大臣の辞任は後鳥羽院政期に一般化するが、鳥羽院政期には基本的に終身在任が通例であった。こうした事情により、上級貴族間で大臣の座を巡る争いが生じたのである。

ところが、上級貴族の側では大臣昇進を望む一方、鳥羽院は、大臣に空席があるにもかかわらず、あえて大臣人事を行わなかった点に、鳥羽院の政策の特徴がある。鳥羽院政期二十七年間のうち、太政大臣が鳥羽院政開始以来二十年間不在であったのを筆頭に、左大臣は四年、右大臣は十一年もの不在期間が存在するのである。

仁平四年（一一五四）、藤原頼長《ふじわらのよりなが》が、出家した右大臣 源 雅定《みなもとのまささだ》の補充として藤原宗輔《むねすけ》を大臣に推したのに対し、鳥羽院は大臣の欠員は年月を経てから補充するのが通例であるから、近日中には補充は行わない旨を回答している。だが、実際には、白河院政期において、太政大臣はほとんどの期間が空席であったが、それ以外は、右大臣が最長で二年半空席であったのみであった。鳥羽院政期の大臣の長期不在は、鳥羽院が意図的に行ったものであったと考えられる。

大臣昇進の具体的な候補は、大納言在任者（権大納言も含む）ということになる。鳥羽院政期の大納言在任者十六名を出自別に分類すると、

摂関家　藤原経実・能実・忠教・頼長◎
大宮流《おおみや》（藤原道長《ふじわらのみちなが》の次男頼宗《よりむね》の子孫）　藤原宗忠《むねただ》◎・宗輔《むねすけ》○・伊通《これみち》○・宗能《むねよし》○・成通《なりみち》
醍醐源氏　源 能俊《みなもとのよしとし》
村上源氏俊房流　源師頼
村上源氏顕房流《あきふさ》　源顕雅《あきまさ》・雅定《まささだ》◎
閑院流《かんいんりゅう》（藤原師輔《もろすけ》の十二男公季《きんすえ》の子孫）　藤原実行《さねゆき》◎・実能《さねよし》◎・公教《きんのり》○

となる（◎は鳥羽院政期の大臣昇進者、○は鳥羽院死去後の大臣昇進者）。傍線を付した人物は、鳥羽院政期の公卿議定の主要出仕者である。

久安六年（一一五〇）、鳥羽院は、興福寺《こうふくじ》（奈良市）の別当《べっとう》を決定する際、公卿議定ではなく、在宅のまま意見を述べさせる在宅諮問（美川圭 一九九六）によって、人選に関する意見聴取を行った。藤原氏の氏寺《うじでら》である興福寺の別当には藤原氏出身の僧を補すことが通例であったが、鳥羽院は村上源《むらかみげん》氏出身の隆覚を補そうとしていた。鳥羽院自身はその意向を公にはしなかったが、聴取を代行した摂政藤原忠通をはじめ、諮問対象となった公卿たちは、率先して隆覚を推したのであった。

このように、昇進を望む彼らは、議定において、人事権者である鳥羽院の意向を忖度し、それに迎合したのである。人事権の掌握による鳥羽院の上級貴族統制の効果は、絶大であった。

鳥羽院政期の院近臣

院近臣《いんのきんしん》とは、院政下において、院との関係により出自以上の昇進や任官を果たした下級貴族を指す。院との関係は多様であるが、最も強固であったのは、院・天皇・皇子女の乳母の夫や子など、乳母を通じた関係である。出自は基本的には昇進が四位・五位止まりの諸大夫であるが、中関白流《なかのかんぱく》（関白藤原道隆《ふじわらのみちたか》の子孫）など、一部は公達の者も存在する。

白河～鳥羽院政期の院近臣は、諸国の受領を歴任し院に経済奉仕を行う大国受領系と、院への取次や院命の伝達、院の諮問に答えるなどといった政務補佐を行う実務官僚系に大別される（元木泰雄 一九九六）。

大国受領系院近臣が大きな役割を果たすようになったきっかけは、まだ白河院が在位中の承保二年（一〇七五）に開始された法勝寺《ほっしょうじ》（京都市左京区）の造営であった。以後、御願寺《ごがんじ》等の造営費用調達は受領の成功《じょうごう》が中心となり、成功によって、受領は四年の任期が満了したのちに同じ国に再任されたり（重任《ちょうにん》）、他国に横滑りしたり（遷任）するようになったのである（上島享 二〇一〇）。さらに、知行国制《ちぎょうこくせい》が進展すると、大国受領系院近臣は、子弟などの縁者を受領とすることで、複数の国の知行国主を兼ねるようになった。

大国受領系院近臣　末茂流

大国受領系院近臣のトップランナーは、藤原顕季《ふじわらのあきすえ》であった。顕季は末茂流《すえしげ》と称される藤原氏の傍流の出身で、摂関家とはすでに奈良時代に枝分かれした諸大夫の出自であった。だが、顕季の母藤原親子が白河院の乳母であったことから、乳母子《めのとご》として重用され、六ヵ国の受領を歴任したのに加えて、子の長実《ながざね》・家保《いえやす》・顕輔《あきすけ》も受領となったのである（河野房雄 一九七九）。

顕季は康和六年（一一〇四）に従三位に叙され、公卿昇進を果たしたが、保安四年（一一二三）に正三位で死去するまで、議政官に任じられることはなかった。大国受領系院近臣で議政官にはじめて任じられたのは、白河院晩年の大治四年（一一二九）四月に参議となった、顕季の子長実である。

鳥羽院政期に入ると、長実は大治五年に権中納言に昇進するが、一方で、長実の子顕盛《あきもり》が修理大夫《しゅりのだいぶ》を解任されるなど、鳥羽院は長実一門に対する抑圧を加えていた。その結果、長承二年（一一三三）に長実が死去した際には、一門は「一家の人多く以って籠居す」（『中右記』長承二年八月一九日条）という状況に陥っていた。その後、後述するように、長実の女子得子（美福門院《びふくもんいん》）が鳥羽院の正妻となるが、一門から主要な院近臣が出ることはなかった。

代わって大国受領系院近臣のトップに躍り出たのが、長実の甥家成《いえなり》であった。家成は、播磨《はりま》など四ヵ国の受領を歴任したのち、保延二年（一一三六）に従三位に昇進している。注目すべき点は、従五位下叙爵後の昇進はすべて鳥羽院の御給《ごきゅう》によっていることであり、本来、家成の父家保は長男の顕保を嫡子《ちゃくし》と考えていたが、鳥羽院の引き立てによって、家成が顕保の地位を越えてしまったのである。このように、鳥羽院は白河院の近臣の筆頭であった長実とその一門を意図的に退け、子飼いの家成を新たに中核に据えたのであった（佐伯智広 二〇一五）。

図8 法勝寺復元模型 京都市歴史資料館所蔵

家成の権勢は、すでに鳥羽院政開始直後に「天下の事、一向家成に帰す」（『長秋記』大治四年八月四日条）と評されたほどであった。その後、久寿元年（一一五四）に死去するまでに、家成は中納言へと昇進し、複数の国を知行国として、鳥羽院政を財政面で支えたのであった。

なお、鳥羽院政期の武士のうち、最も勢力の大きかった平忠盛《たいらのただもり》は、播磨など六ヵ国の受領を歴任するなど、武力以外の面では、大国受領系院近臣と同質の活動を行っていた。また、白河院近臣藤原宗兼《むねかね》の女子宗子（池禅尼《いけのぜんに》）を正妻とするなど、婚姻関係においても院近臣とネットワークを結んでいた（高橋昌明 二〇一一）。

実務官僚系院近臣　勧修寺流

次に、実務官僚系院近臣として重きをなしたのが、勧修寺流《かじゅうじりゅう》と称される一門である。勧修寺流は藤原良房《ふじわらのよしふさ》の弟良門《よしかど》の子孫であり、摂関政治全盛期には道長《みちなが》などに仕えて弁官《べんかん》（書記官）を歴任していたが、藤原為房《ためふさ》が白河天皇《しらかわてんのう》の下で蔵人《くろうど》・弁官を務めたことによって、白河院政期にそのブレーンとして重要な役割を果たしたのであった。この蔵人・弁官という官歴が、実務官僚系院近臣の特徴である（元木泰雄　一九九六）。

為房の子顕隆《あきたか》も、白河院の深い信任を得て、「夜の関白」（『今鏡』）との異名を取るほどの重用を受けた。先述の藤原勲子入内問題で関白忠実が罷免された際、忠通が後任とされたのは、顕隆の進言によるものであった。また、顕隆は保安元年（一一二〇）に従三位に昇進して公卿となり、保安三年に参議に任官し同年中に権中納言へと昇進しているが、保安元年の段階で、院御所議定にすでに出席している。議政官就任以前に院御所議定に出仕したのは、顕隆がはじめての特例であった（佐伯智広　二〇一六）。

白河院死去の直前の大治四年正月に顕隆は死去するが、鳥羽院政開始後の天承元年（一一三一）には、顕隆の子顕頼《あきより》が参議となった。顕頼は鳥羽院政前期の鳥羽院の政治顧問的存在であり、長承三年（一一三四）に権中納言に昇進したのち、永治元年（一一四一）権中納言を辞任するが、現職の議政官を退いたのちも、院御所議定に出仕した（橋本義彦　一九七六）。これは、父顕隆と同様の特例的処遇である。

このように、大国受領系院近臣の再編とは逆に、実務官僚系院近臣については、鳥羽院は白河院政期の状況を継続していた。ところが、顕頼が久安四年（一一四八）に死去した際、顕頼の嫡子光頼《みつより》は二十五歳とまだ若年であり、鳥羽院の政治顧問を担えるだけの存在ではなかった（議政官就任は久寿三年〈一一五六〉）。これに代わって台頭したのが、のちに後白河《ごしらかわ》親政を主導した信西《しんぜい》だったのである（元木泰雄 一九九六）。

以上、白河院政から鳥羽院政への移行期の、断絶面と継続面について述べてきた。このほか、具体的な政策では、継続面として六勝寺《ろくしょうじ》をはじめとする御願寺の建立、断絶面として殺生禁断令の停止と積極的な荘園立荘の推進が挙げられる。このうち、荘園立荘の推進については、荘園制と関わる問題として、第九章で詳述する。

2 鳥羽院政と皇位継承問題

崇徳天皇の成人と政務参加

こうして絶大な権力を確立した鳥羽院であったが、その転機は崇徳天皇の政務参加にあった。保延六年（一一四〇）正月に石清水八幡宮《いわしみずはちまんぐう》（京都府八幡市）が焼亡した際、その対応は、院御所議定ではなく、内裏殿上定《だいりてんじょうのさだめ》で審議されたのである（佐伯智広 二〇一五）。さらに、同年十一月には、崇徳天皇が源雅定を左大将《さだいしょう》に任じるのを渋ったため、鳥羽院が崇徳天皇の里内裏《さとだいり》である土御門《つちみかど》殿（京都市上京区）の陣口《じんぐち》に出向いて任官を要請するという事態が生じている（元木泰雄 二〇〇〇）。この年二十二歳となっていた崇徳天皇が、政務に関与しはじめた結果、鳥羽院と崇徳天皇との間で緊張関係が生じたのであった。

政治的緊張を解消する方法としては、保安四年（一一二三）に鳥羽天皇が崇徳天皇へと譲位したのと同様に、成人した天皇に譲位させ、新たに幼帝を立てる必要がある。ところが、問題は、当時、崇徳天皇には皇位継承可能な男子が存在しないことにあった。先述のとおり、譲位後に院政を行うためには、天皇の直系尊属（父・祖父・曽祖父）である必要があるが、弟などへの傍系継承が行われると、院政を行うことができなくなるのである。

このため、すでに前年の保延五年（一一三九）、崇徳天皇は異母弟の体仁《なりひと》親王（近衛天皇《このえてんのう》）を養子として迎え、皇太子としていた。これは、崇徳天皇の将来の院政を保証する措置であった。そして、永治元年（一一四一）、崇徳天皇が近衛天皇へと譲位したことで、院と成人天皇との間での権力の分裂状態は解消されたのであった（佐伯智広 二〇一五）。

近衛天皇の母藤原得子（美福門院）は、先述のとおり、藤原長実の女子である。得子が鳥羽院の寵愛を受けるようになったのは長承三年（一一三四）のことであったが、当初は公式の立場を与えられていなかった。保延元年（一一三五）に叡子内親王が誕生すると、翌年に従三位に叙され、保延五年に近衛天皇が誕生すると鳥羽院の女御《にょうご》となり、永治元年に近衛天皇の即位によって鳥羽院の皇后となっている。

近衛天皇が即位した際の事情については、「崇徳院は白河院の落胤である。そのことを知っていた鳥羽院は、崇徳天皇を叔父子と呼んだ」（『古事談』）、「鳥羽院は得子との間に生まれた皇子（近衛天皇）

を崇徳天皇の養子として皇太子に立てた。ところが、近衛天皇が即位した際の宣命《せんみょう》には『皇太子』ではなく『皇太弟《こうたいてい》』と記されていた。これが鳥羽院と崇徳天皇の関係が悪くなったきっかけである」（『今鏡』『愚管抄』）という二つの逸話が知られている。だが、実際には、得子が寵愛を受けるようになったのは鳥羽院政開始から五年も経った後のことである上、諸大夫出身の得子が男子を生んでも、直ちに即位させることは困難であった。また、崇徳院と近衛天皇との養子関係も、近衛天皇の即位後も継続していたことが確認できる。このため、これらの後世の史料の記述は、信用性が薄い（美川圭　二〇〇四、佐伯智広　二〇一五）。

得子は、大国受領系院近臣の筆頭であった父長実の蓄えた、八条第（京都市下京区）をはじめとする邸宅などの巨財を相続していた。八条第は、七条周辺の当時の京都の経済センターに隣接し、西国と京都を結ぶ交通・流通の拠点となっていた（美川圭　二〇〇二）。これらは、鳥羽院は得子との婚姻によって王家領に組み込まれ、のちに鳥羽院と得子との間に生まれた暲子内親王（八条院）が相続している。鳥羽院にとって、得子に対する寵愛は、本来は院近臣および経済基盤の再編の一環だったのである（佐伯智広　二〇一五）。

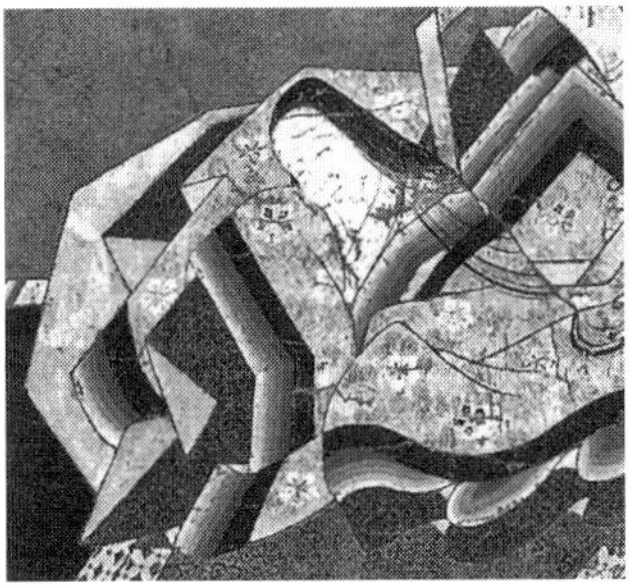
図9　美福門院画像　安楽寿院所蔵

近衛天皇の急死と後白河天皇の即位

妥協が成ったとはいえ、本来の正妻であった璋子からすれば、得子の存在が面白かろうはずもない。康治元年（一一四二）には待賢門院に仕える女房らによる得子呪詛《じゅそ》事件が発覚し、璋子は出家、失意のまま久安元年（一一四五）に死去した（角田文衞 一九八五）。

璋子亡き後、崇徳院は璋子所生の皇子女の中心として、璋子の追善仏事を執り行い、同母妹の統子内親王（上西門院《じょうさいもんいん》）が伝領した璋子の御願寺の管理にも関与した。崇徳院自身も、御願寺である成勝寺《じょうしょうじ》（京都市左京区）の寺領荘園を、近侍する者たちを通じて集積していた（佐伯智広 二〇一五）。璋子の同母兄実能をはじめとする閑院流も、外戚として崇徳院を支える存在であった。彼らの将来の希望は、崇徳院による院政であった。

また、実能の女子幸子は藤原頼長の妻となっており、両者は姻戚関係を通じて提携していた。頼長は実能の大臣昇進を後押しし、実能は久安六年（一一五〇）に内大臣昇進を果たしている。頼長自身は崇徳院派だったわけではないが、得子・近衛天皇とは疎遠であり、特に、近衛天皇は、養母である聖子が忠通の女子であったこともあり、頼長を嫌悪していた。

対する得子の周辺には、近衛天皇の養外祖父である藤原忠通、忠通の妻藤原宗子の弟伊通、得子の皇后宮大夫を務めた源雅定などが集まっていた。両派の対立の上に、鳥羽院は調停者として権力を掌握していたのである（元木泰雄 二〇〇〇）。

両派のバランスの要は、近衛天皇であった。久安六年には、近衛天皇の后妃として、頼長の養女多子（実父は実能の子藤原公能《きんよし》）が入内して皇后となり、忠通の養女呈子（実父は伊通）が入内して中宮となっている。ところが、その肝心の近衛天皇が久寿二年（一一五五）に没したことで、事態は破局へと向かった。

近衛天皇には子がなかったため、すでに近衛天皇の存命中から、皇位継承候補者として、崇徳院の子の重仁親王《しげひとしんのう》と、雅仁親王《まさひとしんのう》（崇徳院の同母弟）の子の守仁王《もりひとおう》とが、得子の養子に迎えられていた。『愚《ぐ》管抄《かんしょう》』によると、近衛天皇の死に際し、鳥羽院は次の天皇候補として、重仁親王・守仁王に加えて、得子所生の暲子内親王を検討している（野村育世 二〇〇六）。奈良時代の孝謙天皇《こうけんてんのう》（重祚《ちょうそ》して称徳天皇《しょうとくてんのう》、在位七四九―七五八年、七六四―七七〇年）を最後に、女性天皇は存在していなかったなかで、暲子内親王の即位が検討されたことは、鳥羽院にとって次の天皇と得子との関係性が最重要事項であったことを示している。すなわち、近衛天皇の死去により、長子である崇徳院と現妻である得子との二択を迫られる中で、鳥羽院は得子を選んだのである。

図10　近衛天皇陵（安楽寿院南陵）

だが、年老いた鳥羽院にとって、自身の亡き後のことを考えたとき、いまだ十九歳の暲子内親王を天皇とすることは、やはり無理であった。重仁親王と守仁王との比較では、崇徳院を切り捨てる以上、重仁親王という選択肢はありえず、残るは守仁王ということになる。だが、守仁王を直ちに即位させるのには難点があった。父雅仁親王を差し置いての即位となること、十三歳と幼少であること、崇徳院の勢力が温存されること、という三点である。

ここで候補者として浮上したのが、雅仁親王であった。二十九歳の雅仁親王が中継ぎとして即位すれば、一・二点目の問題点は解消される。三点目についても、先述のとおり崇徳院が管理に関わっていた統子内親王領の御願寺などに、雅仁親王も崇徳院と同様の立場で関与が可能となり、崇徳院を支持していた閑院流も、外戚として取り込むことが見込める（佐伯智広 二〇一五）。問題は鳥羽院が「即位ノ御器量ニハアラズ」（『愚管抄』）と考えていたとされる雅仁親王の政治能力であったが、この点は雅仁親王の乳母夫であった信西の存在によって補うことができると鳥羽院は考えたのであろう。そもそも雅仁親王を天皇として推したのも、信西であったと想定されている（橋本義彦 一九六四）。こうして即位した雅仁親王こそが、後白河天皇であった。

後白河天皇の即位により、崇徳院は将来の院政の可能性を断たれた。また、近衛天皇の死は頼長の呪詛によるものであるとの風聞を鳥羽院が信じたことにより、頼長は内覧に再任されず、事実上の失脚状態に陥った。そして、翌保元元年（一一五六）、鳥羽院が死去したことを直接のきっかけに、保元の乱が勃発するのである。

二　権門の分裂と保元の乱

1　王家・摂関家の分裂

合戦前夜

保元元年（一一五六）七月十日夜、鴨川《かもがわ》の東にある白河《しらかわ》北殿に多数の人馬が集まっていた。この御所《ごしょ》は、かつて白河院が造営し、鳥羽院《とばいん》が頻繁に用いた、歴代の院と関係深いものであった。御所の奥では、二人の貴顕が額を合わせて密談を行っていた。崇徳上皇《すとくじょうこう》と左大臣《さだいじん》藤原頼長《ふじわらのよりなが》である。二人は、平安時代となってはじめての、皇位と国家権力をめぐる合戦に臨もうとしていた。その下には、河内源氏《かわちげんじ》の源為義《みなもとのためよし》とその子供頼賢《よりかた》・為朝《ためとも》たち、桓武平氏《かんむへいし》の平忠正《たいらのただまさ》・多田《ただ》源氏の源頼憲《よりのり》らが伺候していた。この御所は、当時、鳥羽院の皇女で前斎院《さいいん》統子内親王の御所となっていたが、内親王は鳥羽にいて留守となっていた。その御所に崇徳は強引に押入ったのである。

一方、そこから鴨川をはさんでわずかな距離を隔てた左京の高松殿《たかまつどの》に、雲霞のごとき兵馬が集結した。高松殿は、前年に即位したばかりの後白河天皇《ごしらかわてんのう》の里内裏《さとだいり》である。御所には天皇が鎮座し、彼を院《いん》の近臣信西《きんしんしんぜい》（藤原通憲《ふじわらのみちのり》）、関白藤原忠通《ただみち》、そして伊勢平氏《いせへいし》の当主平清盛《たいらのきよもり》やその一族、河内源氏の武将で為義の長男義朝《よしとも》、同じく河内源氏の足利義康《あしかがよしやす》、摂津《せっつ》源氏《げんじ》の源頼政《よりまさ》らの有力武士が囲繞した。翌十一日未明、源義朝の献策を認めた関白忠通の命により、後白河陣営の第一陣平清盛・源義朝・同義康《よしやす》の、都合六百騎が白河殿に出撃した。後白河方の先制攻撃によって、合戦が開始されたのである。

平安時代で、そして平安京において、はじめて皇位をめぐる合戦が惹き起こされた。想い起こせば、かつての奈良時代以前には、皇位をめぐって激しい政争が繰り返されていた。大海人皇子《おおあまのおうじ》が大友皇子《おおとものおうじ》（弘文天皇《こうぶんてんのう》）を破った壬申《じんしん》の乱、淳仁天皇《じゅんにんてんのう》を擁した藤原仲麻呂《なかまろ》（恵美押勝《えみのおしかつ》）と、僧道鏡《どうきょう》と結ぶ孝謙上皇《こうけんじょうこう》が衝突した藤原仲麻呂の乱などの、大規模な内乱が勃発している。内乱には至らなくとも、政変において長屋王《ながやおう》・橘奈良麻呂《たちばなのならまろ》など、皇族・貴族が殺害される事態が相次いだ。

しかし、平安初頭の弘仁元年（八一〇）に勃発した、平城上皇《へいぜいじょうこう》と嵯峨天皇《さがてんのう》の抗争である、いわゆる薬子《くすこ》の変で、平城上皇の腹心藤原仲成《なかなり》が殺害されて以降、政変は起こっても中心人物が殺害されることはなかった。承和《じょうわ》の変・安和《あんな》の変をはじめ、皇位、あるいは摂関の座をめぐる抗争は再三勃発するが、いずれも宮廷内の陰謀で決着し、合戦は起こっていない。そして敗者は配流・出家などで政治生命は絶たれるが、殺害されることはなかった。

プロローグで述べたように、この背景には、社会体制の成熟と、それにともなう貴族政権の安定があった。天皇を中心に、摂関・国母《こくぼ》・多くのミウチらによる共同政治が行われ、複数の有力者が存在したことから、非和解的な衝突は回避されたのである。ところが、その安定が破綻し、京において兵乱が勃発するに至った。のちに、元号《げんごう》から保元《ほうげん》の乱と呼ばれる兵乱の口火が切られようとしていた。

図1　保元の乱時の勢力分布

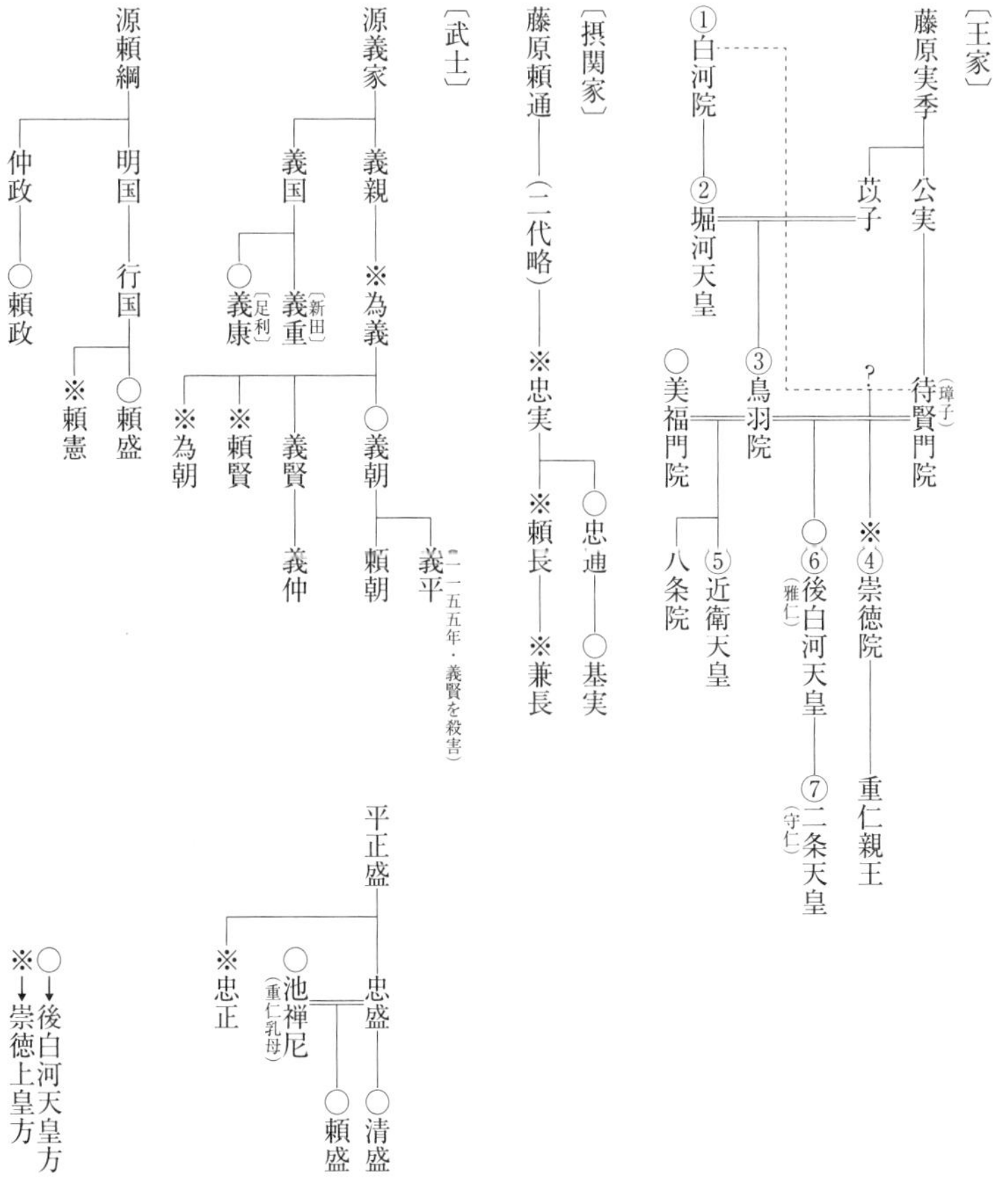
〔王家〕
藤原実季
公実
苡子
待賢門院（璋子）
①白河院
②堀河天皇
③鳥羽院
?
※④崇徳院
重仁親王
美福門院
⑤近衛天皇
八条院
⑥後白河天皇（雅仁）
⑦二条天皇（守仁）
〔摂関家〕
藤原頼通
（二代略）
※忠実
忠通
基実
※頼長
※兼長
〔武士〕
源義家
義親
※為義
義朝
頼朝
義平（一一五五年・義賢を殺害）
義賢
義仲
※頼賢
※為朝
義国
義重（新田）
義康（足利）
源頼綱
明国
行国
頼盛
※頼憲
仲政
頼政
平正盛
忠盛
清盛
池禅尼（重仁乳母）
頼盛
※忠正
○→後白河天皇方
※→崇徳上皇方

衝突の背景

乱の淵源は、前章で触れた前年の皇位継承と、頼長らの失脚にあった。久寿二年（一一五五）六月、急死した近衛《このえ》天皇《てんのう》の後継者を決定する王者議定《ぎじょう》において、崇徳上皇の皇子で王家嫡流というべき立場にあった重仁親王《しげひとしんのう》は、皇位を逸した。重仁は、鳥羽院の長男崇徳の第一皇子にして美福門院《びふくもんいん》の養子でもあった。重仁親王の後見人とも言うべき乳母夫・乳母が、鳥羽院の信任篤く、第一の近臣といえる伊勢平氏の武将平忠盛《たいらのただもり》と、その正室宗子（池禅尼《いけのぜんに》）だったのである。このことは、重仁の立場が重視されていたことを如実に示している。

先述のとおり、『古事談《こじだん》』には崇徳が鳥羽院の祖父白河院の落胤であったために忌避されとする説話があるが、乳母夫・乳母の人事から判断しても、それは事実とは考えられない。この禍々しい噂は、近衛没後の皇位継承に際して流された可能性が高い（美川圭 二〇一五）。乳母夫の忠盛は二年前の仁平三年（一一五三）に没していたが、彼と池禅尼の子頼盛《よりもり》はもちろん、池禅尼が忠盛亡き後の家長代行として影響力を有するだけに、伊勢平氏と重仁、そして崇徳との政治的関係は無視できないものであった。

また、践祚《せんそ》した雅仁親王《まさひとしんのう》は崇徳の同母弟であったから、待賢門院《たいけんもんいん》の一族である太政大臣藤原実行《だいじょうだいじんふじわらのさねゆき》、内大臣《ないだいじん》同実能《さねよし》ら閑院流《かんいんりゅう》の公卿たちは、天皇の外戚《がいせき》の立場を回復することになり、後白河に対する支持が期待された。しかし後白河は、その皇子で、美福門院の養子となっていた守仁が即位するまでの中継ぎに過ぎない。しかも兄崇徳に続く弟近衛の即位で皇位の可能性が消滅したために、帝王学も習得せず、当時の俗謡である今様に明け暮れする有様であった。鳥羽亡きあと、政治力も権威もない後白河が、崇徳・重仁を抑えることには大きな困難が予想された。

さらに、摂関家の中心である左大臣頼長と、その父忠実は、近衛天皇呪詛《じゅそ》の噂で、鳥羽院によって失脚に追い込まれ、頼長は忠通に対抗する内覧《ないらん》の座を失った。当時、頼長は室藤原幸子の死去で服喪《ふくも》したため、皇位継承を定める王者議定からも排除され、幸子の父実能ら、閑院流との政治的連携が断絶していた。こうした逼塞《ひっそく》の中で、頼長は大きな打撃を受けたのである。

頼長が得た情報では、驚くべきことに鳥羽院の前に招かれた巫女《みこ》に憑依《ひょうい》した亡き近衛天皇の霊の言葉がこの噂の根源であった。芝居がかった行為を鳥羽院が真に受けた背景には、近衛天皇が生前、頼長を嫌悪していたこと、そして何より、愛しい後継者に先立たれた精神的衝撃と、翌年の死去を前に病苦に苛まれたことによる院の判断力の低下とがあった。こうした噂を吹き込んだのは、当然忠通・信西らとみられる。

かくして、鳥羽院を利用した美福門院・忠通・信西らは、政治的に対立する崇徳、忠実・頼長を失脚に追い込むことに成功したのである。しかし、こうした不満分子に対する抑圧を可能としたのは、あくまでも鳥羽院の力であった。ところが、その院は病篤く、年があけて五月になると回復は望みがたい状態に陥るに至った。

崇徳は王家嫡流の権威と伊勢平氏との政治的関係を有し、忠実・頼長は摂関家の中心として多大の財力と河内源氏以下の私兵を組織していた。院が死去すれば、もはや不満分子を抑圧することはもちろん、彼らと後白河との関係を調停できる者も不在となる。不満分子の何らかの反撃は必至であり、彼らが武力を有するだけに、武力衝突も起こりうる事態となったのである。

伊勢平氏一門の去就

鳥羽院の重態という危機的な状況に際し、先に動いたのは後白河陣営であった。六月一日、信西や忠通は、御所の警護と称して逸早く武士たちを招集したのである。後白河の御所高松殿には源義朝、源（足利《あしかが》）義康《よしやす》が、そして鳥羽の院御所鳥羽殿には、平盛兼《もりかね》・源光保《みつやす》といった北面《ほくめん》の武士が動員された。『保元物語《ほうげんものがたり》』は、諸国の国衙《こくが》から武士が動員されたとするが、それもこの時であろう。

先手を打った後白河陣営ではあるが、大きな問題があった。それは、京における最大の武力の担い手であった平氏一門の動向にほかならない。先述のように、忠盛の正室藤原宗子（池禅尼）は、重仁親王の乳母であった。忠盛はすでに三年前の仁平三年（一一五三）に没していたが、宗子は忠盛の後家として家長代行とも言うべき立場にあり、一門内で大きな権威を持っていた。このため、清盛も彼女には一目置かざるを得ず、場合によっては平氏が一門を挙げて崇徳側に加わる可能性も存したのである。

もちろん、宗子の子ではない清盛の立場は微妙だが、少なくとも彼女が産んだ頼盛《よりもり》は、崇徳側に立つものと見られていた。彼は、清盛とは十四歳もの年齢差があったが、清盛と嫡男の座を争う平氏一門内における有力者であった。こうしたことから、七月二日に鳥羽院がなくなった際も、院近臣が選ばれる入棺役人に平氏一門は誰一人起用されることはなかったのである。

七月五日、事態は大きく動く。京の治安維持に動員された検非違使《けびいし》の中に、清盛の次男基盛《もともり》の姿があった。清盛の一族が後白河陣営への動員に応じたのである。『愚管抄《ぐかんしょう》』によると、池禅尼はその子頼盛に対して、崇徳上皇方の敗北を予想し、清盛と同じ陣営につくことを命じたという。嫡男の座をめぐって頼盛と競合していた清盛は、頼盛との決着をつける好機とみて、後白河陣営を選択したのであろう。後白河側となった清盛と衝突して敗北することを恐れた禅尼は、頼盛に清盛に味方することを命じたのである。この結果、平氏は、早くから摂関家家人となっていた忠盛の弟忠正《ただまさ》を除いて、崇徳・頼長陣営に加わる者はなく、河内源氏のような大規模な一門分裂を回避することができた。

そして、平氏一門の参戦で、勝利を確実にした後白河陣営は、頼長に対する抑圧を開始することになる（橋本義彦 一九六四、元木泰雄 二〇一二）。翌六日、頼長の家人で京に居住していた大和源氏《やまとげんじ》の源親《ちか》治《はる》が、検非違使平基盛によって拘束された。まさに予防拘禁である。八日には、諸国の摂関家領《せっかんけりょう》から藤原忠実《ふじわらのただざね》・頼長が武士を動員することが禁じられ、同じ日に頼長の正邸東三条殿《ひがしさんじょうどの》が義朝以下の武士に接収、没官《もっかん》された。頼長は罪人とされたのであり、その罪名が謀反であることは疑いない。確実な記録では確認できないが、『保元物語』は肥前《ひぜん》への配流が宣下されたとする。大臣であれば、大宰員《だざい》外権帥《ごんのそち》への左遷が慣例であり、若干の疑問もあるが、配流の宣下自体は十分ありうることであろう。

もはや頼長は拱手して罪に服するか、挙兵して一挙に頽勢を挽回するかの瀬戸際に追い込まれた。そこで動いたのは崇徳院であった。謀反の嫌疑を受けた頼長の巻き添えになることを確実とみた崇徳は、七月九日に鳥羽離宮を出て、前斎院統子内親王の御所白河北殿に入った（元木泰雄 二〇一二）。そこに、宇治《うじ》から頼長も参入し、冒頭に記した武士たちが結集することになる。「ムサ（武者）ノ世」を招く保元の乱は、翌日に迫っていた。

2 京における武士の台頭

保元の乱では、源平両氏に属する多くの武士が動員されている。こうした武士の動員は、保元の乱でいきなり行われたわけではない。院政期に再三勃発した大寺院による強訴《ごうそ》の防御でも、繰り返されてきた。ここで、強訴と、保元の乱に至る京における武士のあり方を振り返っておこう。

強訴と京武者

強訴といえば、「南都《なんと》北嶺《ほくれい》」がその中心として知られる。南都、すなわち春日社《かすがしゃ》の神木《しんぼく》を擁した興《こう》福寺《ふくじ》と、北嶺、すなわち日吉社《ひえしゃ》の神輿《みこし》を担いだ延暦寺《えんりゃくじ》が、当時各地に成立していた荘園《しょうえん》を受領《ずりょう》が没収したことや、寺院・法会の人事に対する院の介入に抗議して起こしたものである。これは宗教的示威行動、今日でいうデモであって、決して合戦ではない。強訴自体は摂関時代から存在したが、神輿・神体《しんたい》が持ち出され、頻発するのは白河院の譲位《じょうい》と軌を一にする。

当初、為政者は強硬な姿勢で対応し、武力で撃退することもあった。嘉保二年（一〇九五）、理不尽な理由で美濃守 源 義綱《みなもとのよしつな》を訴えた延暦寺・日吉社の強訴も、剛直な関白藤原師通《ふじわらのもろみち》の命で撃退された。ところが、その師通が四年後に三十八歳の壮年で急死したことから、神輿の祟りが喧伝され、為政者は神罰を恐れて強訴に弱腰となってしまったのである。この結果、逆に強訴が激化したのはいうまでもない。
専制政治を行った白河院も神威を恐れ、強訴に肉薄された時には、理不尽な要求に屈したのである。これを防ぐには、強訴の入京を阻止するしか方法はない。院は、興福寺に対しては宇治川付近、延暦寺は鴨川に防御線を築いて多くの武士を動員し、乗り越えて侵入する悪僧を捕らえさせて強訴の入京を食い止めた。しかし、延暦寺は近隣だけに防御が間に合わず、院も譲歩を余儀なくされることが多かった。延暦寺の悪僧を意味する「山法師《やまほうし》」が、白河院の天下三不如意の一つとなったのはこのためである。

院が動員した武士たちの多くは院北面《いんのほくめん》に属し、おおむね五位程度の位階《いかい》を有して、衛府《えふ》・検非違使などの官職を帯びていた。諸国に居住する地方武士とは明確に異なる存在である。五位というのは貴族としての特権が得られる地位で、こうした地位を有する武士を、学術的に軍事貴族と呼ぶ。その中で、京の近郊に武士団を居住させ、経済基盤となる所領を有する存在が京武者である。彼らは京で官人として活動するとともに、所領を一族や郎等《ろうとう》に管理させ、軍事活動に際して所領の武士団を動員していた。

久安三年（一一四七）、八坂神社《やさかじんじゃ》で些細なことから神人《じにん》と闘乱事件を起こした平清盛と、その父播磨守《はりまのかみ》忠盛の配流を求め、延暦寺悪僧が強訴を企てた際、鳥羽院は多数の京武者を動員して強訴を抑止し、忠盛・清盛父子を守り抜いた。この時は京武者だけでは間に合わず、院は諸国の武士も動員して守りを固めている。保元の乱における軍事動員の先例といえよう。

強訴の激化により、京で軍事的な起用が増加すると、彼らは官職と無関係に動員され、武士としての性格を明確化することになる。京において武士の活動が活発化したのは、権門の分裂にともなう軍事的緊張の結果であった。軍事貴族の中には坂東《ばんどう》など遠隔地に拠点を持つ者もいたが、いずれも京の出身で、京の政界で地位を保っていたのである。「武士が地方で力をつけた結果、京に進出した」などという、昔ながらの議論は意味をもたない。

動員された京武者の多くは、桓武平氏・武門源氏《ぶもんげんじ》に属する。保元の乱で動員された武士たちも同様で、両陣営の中心は桓武平氏の中の伊勢平氏、武門源氏の中の河内源氏であった。保元の乱に至る伊勢平氏・河内源氏の歴史を簡単に辿ってみよう。

伊勢平氏と河内源氏の盛衰

伊勢平氏は、平将門《たいらのまさかど》追討の立役者の一人、平貞盛《さだもり》の子孫にあたる。貞盛は坂東に拠点を築きながら京でも活動し、受領をはじめ五位以上の政治的地位を獲得し、その子孫は代表的な武士の家となった。坂東を拠点とする子孫が平忠常《ただつね》の乱《らん》の追討失敗などで衰退したのに対し、のちに大きく発展したのが、貞盛の四男とされる維衡《これひら》の系統である。彼が伊勢《いせ》を基盤として在京活動を行ったことから、その系統を伊勢平氏と称する。

維衡以後、伊勢平氏は内紛で没落し、彼の曽孫の正盛《まさもり》は、当初は五位にも到達できない、受領の郎《ろう》従《じゅう》という低い身分に甘んじた。しかし、加賀守藤原為房《ふじわらのためふさ》・播磨守藤原顕季《あきすえ》といった院近臣の受領たちに伺候したことを契機に北面の武士となり、みずからも白河院の近臣に加わった。そして、嘉承三年(一一〇八)、出雲《いずも》で反乱を起こした河内源氏の嫡男義親《よしちか》を追討したことで、京における武士の第一人者の座についたのである。その子忠盛・清盛と、院近臣・受領としても活躍し、政治的地位を高めることになる。

一方、河内源氏は、清和天皇《せいわてんのう》、もしくは陽成天皇《ようぜいてんのう》の子孫とされ、源満仲《みなもとのみつなか》の三男頼信《よりのぶ》に始まる。満仲は、安和二年（九六九）に藤原北家《ほっけ》が政敵源高明《たかあきら》を失脚させ、摂関政治を確立させた安和の変で密告者として暗躍し、以後一族は摂関家に近侍した。頼信の長兄頼光《よりみつ》の子孫は摂津源氏を名乗り、この系統から頼政《よりまさ》らが登場する。次兄頼親《よりちか》の子孫は大和源氏で、摂関家に仕え、先述の親治らが現れる。このほか、満仲の弟満政《みつまさ》の系統も近江《おうみ》・美濃《みの》を拠点として蟠踞し、多くの京武者を輩出する。

さて、河内源氏の祖頼信は房総半島で平忠常の乱を、その子頼義《よりよし》は陸奥《むつ》で前九年合戦を平定して武名を高め、頼義の子義家《よしいえ》らは京で白河院以下の警護も担当し、京における武士の第一人者として活躍した。しかし、義家は十一世紀末期、奥羽の豪族清原氏《きよはらし》の内紛を鎮圧した後三年合戦の際、砂金の未納など、受領として失敗した。このため朝廷はこの合戦を私戦とみなし、義家に恩賞《おんしょう》を与えなかった。当時、郎等に対する恩賞は朝廷からの官位授与であったから、恩賞を得られなかった郎等の信望を失った義家は不遇となった。

寛治五年（一〇九一）、嫡男の座を狙う弟義綱《よしつな》と対立し、京で合戦を企てたことから、五畿七道諸国に対し義家随兵《ずいひょう》の入京を禁じる命令が出された。これは受領郎従などとして全国に下っていた義家郎従の入京を制止したものである。全国に成立した武士が義家の名声にあこがれて、所領を省みずに京に上って合戦を企てたなどと言った理解は、階級闘争史観に基づく御伽噺《おとぎばなし》でしかない。当時は、多数の京武者が受領郎従・荘官として、京から地方に下向していたのである（元木泰雄 二〇一二）。

その後、関白師通と結んだ義綱が陸奥守に就任、寛治八年（一〇九四）には出羽《でわ》の賊徒を討伐し、父頼信ゆかりの美濃守に転じて嫡男の座を奪ったかに見えたが、その翌年、先述したように、延暦寺の強訴に遭遇、撃退した師通が急死したことで立場を失った。一方、義家は陸奥国守の未済を完済し、白河院と結んで院殿上人《いんのてんじょうびと》として再浮上した。しかし、嫡男対馬守《つしまのかみ》義親の反乱、隠岐《おき》への配流などで苦境に陥った。

嘉承元年（一一〇六）に義家が没すると、義親は出雲で挙兵し、先述のように平正盛《たいらのまさもり》の追討を受けて滅亡した。天仁二年（一一〇九）、義親に代わって義家の後継者となった義忠《よしただ》が暗殺されると、その嫌疑を受けた義綱一族が滅亡、そして当主となったのは義忠の弟とも義親の子ともされる十四歳の為義であった。しかし、彼は未熟で、各地の郎等に不祥事が相次ぎ、本人の失策もあって河内源氏はすっかり衰退する（元木泰雄 二〇一二）。

伊勢平氏が院の北面の中心となったのに対し、河内源氏は荘園領主となった摂関家に組織される。為義一族が、摂関家の中心頼長に従ったのはこのためである。これに対し、廃嫡され東国《とうごく》に下向した義朝は、為義への反発から鳥羽院に、そして岳父藤原季範《ふじわらのすえのり》一族が待賢門院の側近であったことから、その皇子後白河天皇に接近し、保元の乱では後白河方の主力となり、父子・兄弟相克の悲劇が惹起されることになる。

河内源氏と伊勢平氏の拠点

河内源氏は、京の聖域である左京内の六条堀河《ろくじょうほりかわ》に拠点を築いた。頼義はここに石清水八幡宮《いわしみずはちまんぐう》を勧請《かんじょう》し六条八幡《はちまん》を建立している。その後も、源平争乱期の義経《よしつね》に至るまで、この付近には河内源氏の居館があった。同地が拠点となった背景として、その祖、満仲が摂関等の居住する一条付近に邸宅を構えたように（元木泰雄 二〇〇四）、六条付近に設けられた白河院らの御所・邸宅の警護（美川圭 二〇〇二）、七条の商業地域での武具購入などが指摘されている（野口実 二〇一五b）。

しかし、京内は武具の携帯に制約もあり、大規模な武装集団の集住は憚られたと考えられる。『今昔物語集《こんじゃくものがたりしゅう》』や『古事談』には、頼義や義家が急遽出撃した説話がある。それらによると、彼らは当初、せいぜい二、三騎で出撃しているが、京を出るまでに次第に郎従が集まってきたとされる。郎従が京内各所に分散していた様子が伺える。

これに対し、平氏の拠点六波羅は、京外の鴨川東岸に所在した。付近には葬送の地である鳥部野《とりべの》をはじめ、寺院・墓所などが多く存在しており、一般の貴族たちはこうした環境を忌避して居住しなかったから、有力者の警護には不向きである。しかし、京外であったがゆえに、武具や殺生に関るケガレが問題とならず、大規模な武装集団が居住できるなど、武士にとっては大きな利点があった。

十二世紀のはじめ、この地を拠点としたのは、平清盛の祖父正盛である。彼は、一門・家人の邸宅を建設し、平氏の武士団を集住させるとともに、墳墓を有した寺院を建立して、一門の精神的紐帯としたのである（髙橋昌明 二〇一一）。武士団の居住形態としては、河内源氏と対照的であったといえよ

図12　六波羅蜜寺

う。

河内源氏でも、京外の拠点を形成する動きが生まれ、源為義は東山《ひがしやま》山麓の円覚寺《えんがくじ》に拠点を築いている。恐らく、平氏の六波羅の形態に近い、家人が集住する拠点であったと考えられる。このほか、摂津源氏の源頼政も鴨川東岸の近衛河原に邸宅を有した。

保元の乱開戦前夜、先述のように崇徳院は白河御所に入った。かつて鳥羽院が用いた御所に入ることで正統性を主張したとする説もあるが、現実的にはすぐ近隣の六波羅、円覚寺から、平氏、源為義の軍勢を招集しようとしたのであろう。為義は、崇徳の説得に応じて、息子たちと参入したが、平氏からは、清盛はもちろん、皇子重仁の乳母池禅尼の息子で、崇徳上皇方への参戦が確実とみられた頼盛も、ついに参入することはなかった。

3　後白河天皇方の勝利

義朝の活躍

七月十一日未明、後白河側による先制攻撃で乱の火蓋は切られた。東国で再三の実戦を経験していた歴戦の武将源義朝の献言が採択されたのである。第一陣として出撃した平清盛軍は三百騎で二条大路《にじょうおおじ》から、義朝軍は二百騎で大炊御門《おおいみかど》通から、足利義康軍は百騎で近衛通から白河に向かった。白河北殿の正面にあたる大炊御門通を進撃したところに、義朝の合戦に対する積極的な姿勢が示されている。

崇徳上皇・藤原頼長方でも、『愚管抄』によると源為義が、『保元物語』によると同為朝が、先制攻撃を主張したとされるが、頼長に一蹴されたという。戦闘の実態を知らない公家の誤った判断ともいえるが、実際には頼長派最大の武力といえる興福寺悪僧の上洛を待とうとしたのである。頼長は、彼が管轄する興福寺において、悪僧の首魁として大きな武力を有した大和源氏出身の僧信実と連携しており、彼が率いる悪僧の上洛に期待していた。強訴における興福寺の兵力は、悪僧以外に大和《やまと》の俗兵士も含み、数千に及んだとされるだけに、崇徳や頼長が期待するのも当然といえる。しかし、奈良は遠隔であり、彼らは開戦に間に合わなかった。

合戦は、白河北殿に攻めかかる後白河方と、守る崇徳・頼長方との間で始まった。京で最初の合戦とされるが、両軍が衝突したのは正確には京外の白河である。後白河方は、七月五日の段階で検非違使を動員し、京中の武士を停止していたから、合戦を左京外で発生するように仕向けた可能性が高い。

『保元物語』によると、当初、平清盛は崇徳・頼長方の猛将 源 為朝《みなもとのためとも》と衝突し、強弓で腹心伊藤六以下を失い、怖気づいて退却したという。『愚管抄』にも清盛の活躍は記されておらず、消極的だったのは事実とみられる。しかし、その原因は為朝を恐れたためなどではない。重仁親王の乳母子《めのとご》である頼盛も参戦していただけに、崇徳上皇方に対する攻撃に慎重にならざるを得なかったのである。

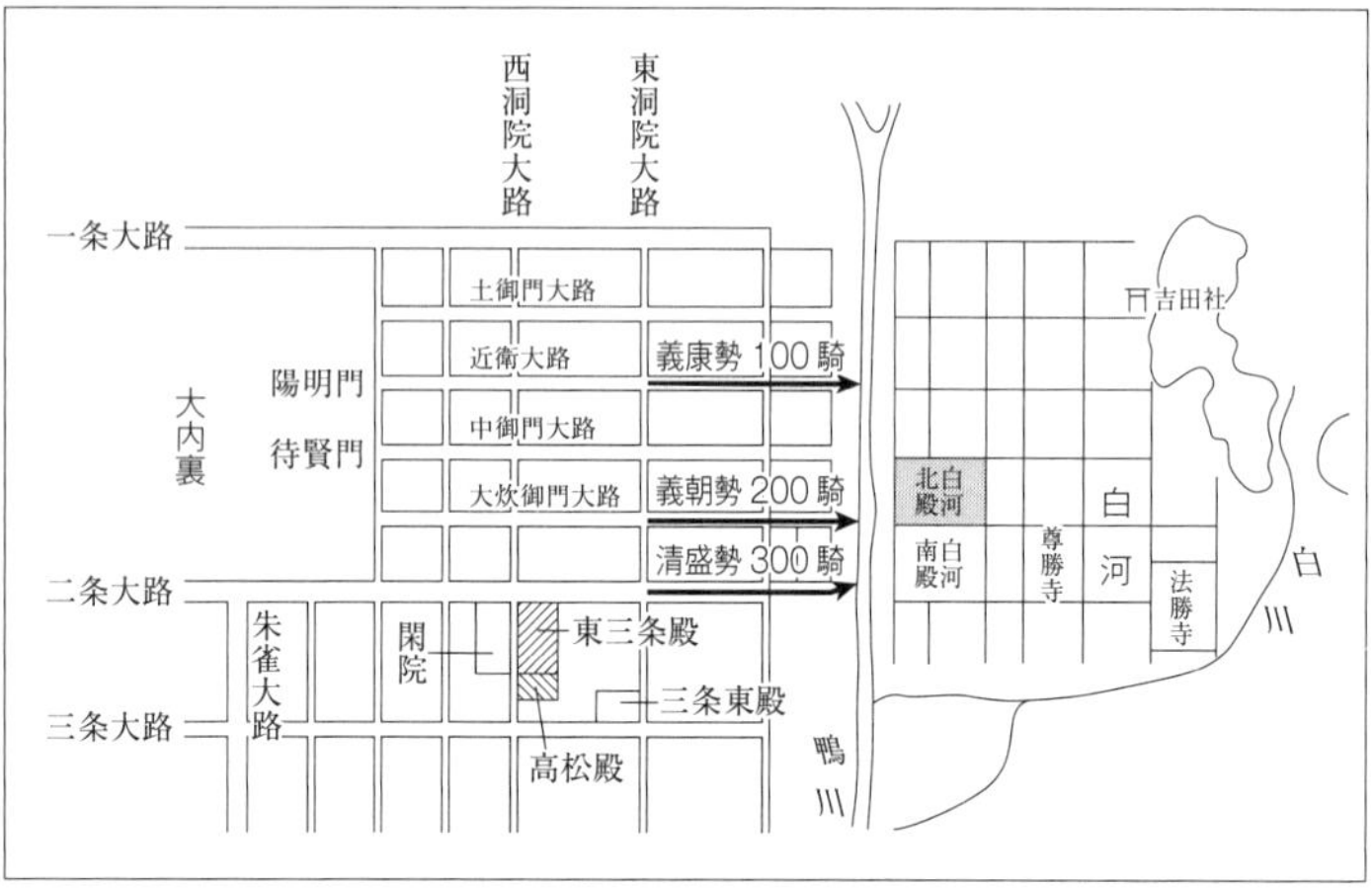

図 13　保元の乱の舞台

これとは対照的に、源義朝は腹心鎌田《かまた》正清《まさきよ》らとともに為朝に立ち向かい、合戦の様子を逐一後白河のもとに報告した（『愚管抄』）。彼は、先述のように室の実家熱田《あつた》宮司《ぐうじ》家を通して後白河の近臣となっていた。むろん、父為義や弟たちとの戦いに抵抗がなかったとは思えないが、彼らとは河内源氏嫡流をめぐる対立が存したし、何より彼らは謀反人であったから、その討伐は一門の義朝の責任だったのである。

崇徳方も善戦したが、所詮は衆寡敵せず、義朝の放火戦術もあって、ついに敗北した。崇徳・頼長以下の有力者、そして為義をはじめとする武士たちは追撃を逃れて戦場を脱出し姿をくらました。合戦は白河付近に限定され、白河北殿は焼失したが、市街地などに被害はなかった。そして、平清盛・源義朝らの武士が後白河のもとに帰還すると、早速に論功行賞が行われた。

最大の戦功を挙げた義朝には、河内源氏ではじめて内昇殿《しょうでん》が許され、右馬権頭を与えられたが、直後に本来四位の者が任じられる左馬頭に変更されている。内昇殿とあわせて、破格の恩賞であり、のちに下野守重任、従五位上昇叙も認められており、これを冷遇とする俗説は成り立たない。降伏した父為義を処刑したことで道義的批判を浴びるが、敵対者、しかも謀反人の処刑はやむをえない面があった。結果的に、彼は長年の一族内紛を克服し、河内源氏嫡流の地位を確立したのである。

一方、平清盛は受領の最高峰である播磨守に任じられた。播磨は藤原忠実の知行国《ちぎょうこく》が没官されたものである。元来、山陽道《さんようどう》の熟国安芸守であったことを考えれば、当然の任官といえる。このほか平氏では、清盛の推挙によって弟頼盛・教盛《のりもり》に昇殿が許された。彼らの軍事的な功績は少ないが、崇徳院を見限り後白河の勝利を確実にしたことから、手厚い恩賞が与えられたのである。

敗者に対する処罰

合戦に敗れた崇徳上皇・藤原頼長、そして源為義以下の武士たちは、辛くも戦場を逃れるが、彼らには過酷な運命が待ち構えていた。

図14　崇徳上皇画像
白峯神宮所蔵

崇徳院は、同母弟である仁和寺《にんなじ》の覚性法親王《かくしょうほっしんのう》を通して後白河に降伏するが、讃岐《さぬき》への配流という厳しい処罰が待っていた。上皇の配流は、奈良時代の天平宝字八年（七六四）に起こった藤原仲麻呂の乱で敗北した淳仁上皇以来のことである。「薬子の変」において嵯峨天皇に敗北した平城上皇が、故郷平城京《へいじょうきょう》の寺院で平穏に余生を送ったことに比して、きわめて厳しい処置であった（元木泰雄 二〇一二）。崇徳は貶謫《へんたく》の地讃岐で落魄に身を置くこと八年、長寛二年（一一六四）に世を去る。享年は四十六であった。

一方、頼長は戦場で頭部に負傷した。『兵範記《へいはんき》』は流矢が当たったとするが、『愚管抄』によると、聞き取り調査をした慈円《じえん》に対し、武門源氏満政流の重貞は、下腹巻を装着した頼長を狙ったと述懐している。頼長であると認識したか否かは不明確であるが、武装していたために、戦闘員として標的にされたのである。頼長は、船で大井川《おおいがわ》（桂川《かつらがわ》）から巨椋池《おぐらいけ》を通り抜け、木津川《きづがわ》を遡って、南都にいた父忠実のもとに逃れるが、対面も許されず、一夜苦しみぬいて死去する。

頼長との対面拒否という苦渋の決断をした忠実は、後述のように中立を認められた。このため、摂関家領の大半は没収を免れ、辛くも関白忠通に譲渡された。しかし、忠実自身は、洛北の船岡山《ふなおかやま》の南西、雲林院《うりんいん》の近辺にあった知足院に幽閉され、同地で応保二年（一一六二）に没している。同院には彼が女房播磨のために建立した堂もあり、忠実とも所縁があった。しかし、彼が望んだ宇治、あるいは南都での生活は許されることはなかった。

一族を頼って降伏した源氏・平氏の武者たちには、一族による処刑という残酷な運命が待っていた。死刑の執行には批判的な声もあったが、為義の父義親が配流先で謀反を起こしたように、武士の配流が危険視されたこともあって、薬子の変の藤原仲成以来の死刑が執行されたのである。

七月二十八日、清盛の叔父忠正（中納言藤原忠雅を憚り、朝廷では忠貞と称された）父子、郎等たちは清盛の六波羅邸《ろくはらてい》の付近で、ついで三十日に崇徳側近だった平家弘一族等が足利義康によって山城《やましろ》・丹波《たんば》国の国境大江山《おおえやま》で、そして為義とその息子たちが義朝によって船岡山で処刑された。謀反人とはいえ、父を処刑した義朝の心中が察せられるが、一族の処刑を他人に任せるわけには行かない。河内源氏の嫡流をめぐる一族の内紛もこれで決着がついたのである。

処刑の場は、六波羅・船岡山のように、左京のすぐ外に位置する昔からの墓所の近辺、大江山のような国境に近い場所が用いられた。平氏が京の武力の中心となったこともあって、彼らの本拠地六波羅に近い鴨川の六条河原《ろくじょうがわら》付近は、その後も刑場としてたびたび用いられることになる。

乱後の政情

保元の乱に勝利したとはいえ、後白河天皇は政治経験に乏しく、しかも皇太子守仁親王即位までの中継ぎで即位したということから、権威にも欠けており、帝王学も習得していなかった。このような有様であるから、後白河天皇の親政は困難であった。また、正統な後継者とされる守仁親王も、まだ十四歳の少年に過ぎないし、鳥羽院後家として王家家長の座にある美福門院も、院近臣家出身で権威も政治力も乏しい。王家の中に政治を主導できるものはなかった。

一方、関白藤原忠通も勝者とはなったが、その勝利は信西等の院近臣の力にすがって得たものに過ぎない。また、摂関家の経済基盤である荘園も、頼長の所領は没官されて後白河の後院領《ごいんりょう》に組み込まれ、大殿《おおとの》忠実をも謀反人とする動きが強まり、大半の摂関家領が奪取される危機に瀕した。こうした圧力を加えたのは信西であろう。先述のようにからくも忠実の中立は認められ、その荘園は忠通に与えられたが、一連の動きの中で忠通は信西に屈服を余儀なくされた。さらに、これらの荘園は、現地管理にあたった河内源氏以下の武力を失って支配が動揺することになる。こうしたことから、関白忠通には政治を主導する力はなく、摂関家の勢威は著しく低下した。

二年後の保元三年（一一五八）五月、賀茂祭《かものまつり》に際し、後白河の近臣藤原信頼《ふじわらののぶより》の非礼を咎めた関白忠通は、後白河から家司《けいし》平信範《たいらののぶのり》・藤原邦綱《ふじわらのくにつな》の解官《げかん》など屈辱的な処罰を蒙った。さらに、後述するように、同年八月に行われた後白河から二条への譲位は、信西と美福門院の二人だけの談合で日程などが決定され、忠通は事前に相談を受けることさえなかったのである。摂関家の衰微は明白であった。以後、摂関家は院・平氏・鎌倉幕府といった他の権門に依存することで、辛くも政治的地位を保ったに過ぎない。こうして王家・摂関家はともに弱体化し、二大権門によって支えられてきた保元の乱までの政治構造は、大きく変化することになる。

乱後の混乱の中で政治主導権を握ったのは、鳥羽院政期から政治の中枢に食い込んでいた院近臣信西であった。信西は、まず京中の兵仗《ひょうじょう》を停止し、合戦で動揺した王権所在地の権威の回復を図った。そして、乱の翌保元二年には全国の受領に賦課して、たちまちに内裏《だいり》を再建し、さらにその翌年には大内裏《だいだいり》まで立て直した。保元の荘園整理、乱後の知行国の組み換えなどを通して、大規模な工事を完遂したのである。里内裏が当たり前となっていた平安京で、久しぶりに内裏・大内裏が復興され、王権が荘厳されることになった。信西の政治手腕の鮮やかさが如実に示される。

さらに、先述のように、保元三年八月、信西は美福門院と二人だけの談合で、二条《にじょう》への譲位を実現した。譲位の日程の決定に際し、摂関家は排除されたのである。後白河は帝王学がなく、儀礼も十分にこなせないだけに、院という自由な立場が望ましいのは当然であった。信西にとっても、後白河院《いん》政《せい》を操ることで、政治主導権を維持しようとしたのであろう。

しかし、二条天皇も若年とはいえ成人であり、しかも正統の帝王であったから、その親政の実現を目指す勢力が台頭するのは当然である。天皇の母の兄、すなわち外戚で、摂関家傍流の藤原(大炊御門)経宗《つねむね》、二条側近の有能な実務官人で、名門為房《ためふさ》流出身の藤原惟方《これかた》らが、権力の座を目指すことになる。さらに、辣腕を振るう信西の強引な政務と、彼の息子たちが、弁官《べんかん》・大国受領などの地位を占めたこととが強い反感を生み、親政派・院政派双方に広範な反信西派が形成されるのである(元木泰雄 一九九六)。

コラム1　合戦の舞台と京の変容

保元《ほうげん》の乱において、両軍の死闘が行われたのは、洛東白河《しらかわ》の地に所在した白河北殿であった。鳥羽《とば》にいた崇徳院《すとくいん》は、乱の直前、ひそかに白河北殿に移り、ここで宇治《うじ》から来た藤原頼長《ふじわらのよりなが》や武士たちと合流した。鳥羽ではなく、白河を合戦の拠点としたのは、鳥羽に鳥羽院の北面が結集していたこと、そして後白河《ごしらかわ》がいる左京に対峙し、六波羅の平氏、円覚寺《えんがくじ》の源為義《みなもとのためよし》ら、周辺の武士を召集する目的もあった。

この白河の地は、白河院が法勝寺《ほっしょうじ》を創建したのを皮切りに、歴代の天皇・皇族の御願寺《ごがんじ》である六勝寺《ろくしょうじ》が建立され、さらに院御所《いんごしょ》が設置された。白河・鳥羽院は、政務は左京内で行い、白河などの京外の院御所では主に仏事を行った。しかし、後述する鳥羽とは異なって白河における仏事には公的な意味があった。たとえば、毎年十月に法勝寺で行われた大乗会《だいじょうえ》は、天台系僧侶の僧綱《そうごう》昇進を決める北京三会《ほっきょうのさんえ》の一つに位置づけられ、その講師を務めることが権律師《ごんのりっし》昇進の条件となっている。

ちなみに、本来白河地区は鴨川《かもがわ》の遊水地であったが、六勝寺の建立に伴って重要な宗教的空間となっていた。こうした鴨川東岸の発展が、護岸を強化することとなり、逆に左京の水害をもたらした。鴨川の水が白河院の天下三不如意の一つとなったのである。

公的な仏事が行われる白河に対し、歴代王家の墳墓が築かれ、私的な仏事を行う寺院が存在したのが鳥羽であった。また、この地は、白河・鳥羽院が競馬《くらべうま》などの遊興を行う保養の地であり、同時に淀川水系と直結した流通の中心で、荘園からの年貢の集積地という荘園領主としての王家の拠点でもあった。乱の開戦直前、重病の鳥羽院は、源光保《みなもとのみつやす》・平盛兼《たいらのもりかね》以下の北面の武士たちに守られながら、この地の安楽寿院《あんらくじゅいん》御所で死を迎えている。非制度的な上皇《じょうこう》を家長とし、律令《りつりょう》制《せい》の規制や禁忌《きんき》とは無関係に荘園と武力を有する、中世的な権門・王家の拠点が鳥羽であった（美川圭　二〇〇二）。

王家の鳥羽と共通する性格を有したのが、摂関家の宇治である。宇治は、摂関を退いた摂関家家長藤原忠実《ふじわらのただざね》の拠点であり、平忠正《たいらのただまさ》らの武士も居住していた。保元の乱には、権門としての摂関家の武力が動員されたが（上横手雅敬　一九八一、田中文英　二〇〇三）、その拠点が宇治であったといえる。

院政《いんせい》の成立とともに、左京の外に白河と鳥羽が生まれ、特に鳥羽には権門としての王家拠点という性格があった。同様に摂関家の権門としての基盤である宇治が発展していったのである。権門都市が相次いで成立し、京の周辺が発展した様子が、保元の乱を通して浮き彫りにされたといえる。

三　平治の乱と清盛の勝利

1　京中の合戦

保元《ほうげん》の乱から三年後の平治元年（一一五九）十二月、京で再び兵乱が勃発する。平治《へいじ》の乱である。後《ご》白河天皇《しらかわてんのう》擁立の立役者信西《しんぜい》を、源　義朝《みなもとのよしとも》以下を主力とする藤《ふじ》原信頼《わらののぶより》軍が急襲、信西を死に追いやり、その一族を配流したのである。事件の首謀者藤原信頼は、当時に権中納言《ごんのちゅうなごん》兼右衛門督、藤原北家《ほっけ》道隆《みちたか》流に属す公卿であった。

藤原信頼の台頭

道隆は道長《みちなが》の兄で、彼の死後、嫡男伊周《これちか》は道長と関白を争って敗れ、弟隆家《たかいえ》とともに貶謫の憂き目を見た。その後、二人は政界に復帰したが、兄伊周が早世したのに対し、弟隆家は道長に諂《へつら》わない剛直な公卿として知られ、大宰権帥《だざいのごんのそつ》《そち》在任中の寛仁三年（一〇一九）には、侵入した女真族《にょしんぞく》の海賊刀伊《とい》を、武士を叱咤して撃退している。信頼は、その隆家の子孫であった。

信頼の祖父基隆《もとたか》・父忠隆《ただたか》は、白河《しらかわ》・鳥羽《とば》院《いん》の近臣として播磨《はりま》・伊予《いよ》などの大国受領《ずりょう》を歴任して巨万の富を築き、散位《さんに》ながら公卿《くぎょう》に昇進した。大国の受領を歴任した者は、国内統治のために武士を用いることが多く、武門との関係を結ぶことになる。忠隆は、彼自身が狩猟を好み武人肌であったが、長男隆教を伊勢平氏の平忠盛《たいらのただもり》の婿としている。

こうした武士とのつながりは次世代にも継承され、康治二年（一一四三）に陸奥守《むつのかみ》となった次男基《もと》成《なり》は、現地の有力者、平泉《ひらいずみ》藤原氏の秀衡《ひでひら》を婿として、その嫡男泰衡《やすひら》を儲けた。そして三男である信頼も、息子信親《のぶちか》を清盛の婿としている。また、信頼は久安二年（一一四六）から武蔵守《むさしのかみ》を重任《ちょうにん》するが、二期目にあたる久寿二年（一一五五）八月、武蔵国比企郡《ひきぐん》で大規模な合戦が勃発した。源義朝の長男で、鎌倉に居住していた悪源太《あくげんた》義平《よしひら》が、叔父の義賢《よしかた》とその後見人で、武蔵の有力豪族であった秩父《ちちぶ》重《しげ》

図15　藤原信頼関係系図

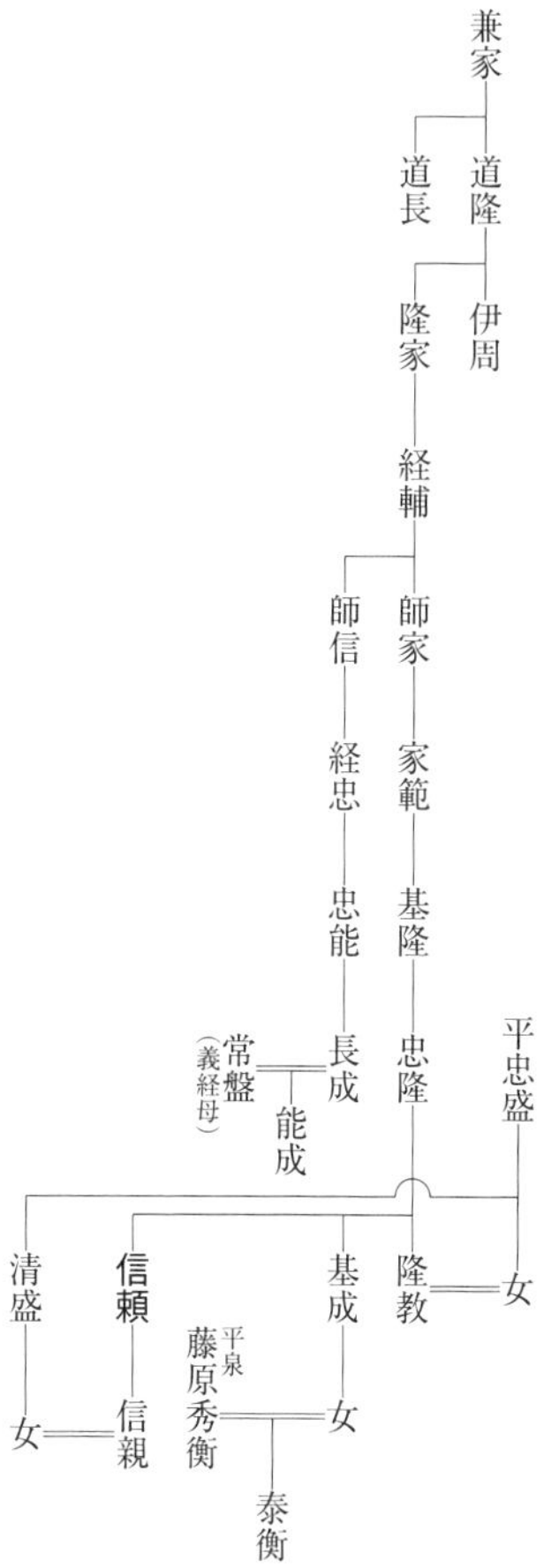

隆《たか》を殺害したのである。しかし、武蔵守の信頼はこれを咎めることはなかった。信頼と義朝一族との連携が存したことは疑いない（木村茂光 二〇一六）。

この事件の背景には、後白河の即位が影響していたとみられる。信頼の叔母は後白河の乳母であり、彼は後白河の側近となった。一方の義朝も、室の一族熱田宮司家《あつたぐうじけ》の範忠《のりただ》が後白河の側近で、その縁故で義朝もまた後白河に接近した。討たれた義賢は義朝と河内源氏の嫡男を争うとともに、後白河と対立する頼長《よりなが》の側近であった。したがって、この事件は源氏の内紛であるとともに、後白河側近と摂関家側近の衝突という性格も有したのである。以後、武蔵進出を目指す義朝・義平父子と、武蔵守信頼とは政治的に連携する。『保元物語』によると、保元の乱において義朝が武蔵から多数の武士を動員したとするが、これは、両者の緊密な関係を示唆するものといえよう。

そして、信頼は乱の翌年から劇的な昇進をとげ、三月に左中将《さちゆうじよう》を兼任、八月に正四位下となって武蔵守を弟信説に譲ると、十月には蔵人頭《くろうどのとう》、翌三年二月には参議《さんぎ》に昇進して公卿の仲間入りを果たし、八月には権中納言、十月には検非違使別当《けびいしべっとう》に昇進することになる。このような著しい躍進は、それまでの院近臣《いんのきんしん》に例がない。かかる破格の昇進を、政治力に乏しい後白河の寵愛の結果などとすることは不可能である。武蔵から多くの武士を動員し、義朝と連携して乱の勝利をもたらした信頼に対する恩賞《おんしよう》といえる。

保元三年、後白河が退位すると、その親衛隊長である院御厩別当《いんみまやべっとう》に信頼が就任した。鳥羽院政期の院御厩別当が平忠盛・清盛父子であったことを考えれば、信頼も彼等と同様に在京武力の第一人者と

図16　三条殿夜襲　『平治物語絵巻』　ボストン美術館所蔵

評価されたことになる。まさに武門の統合者であった。辣腕を振るう信西に対する反対派が形成される中、信頼はその中心となった（元木泰雄　二〇一二）。

合戦の勃発

平治元年（一一五九）十二月九日、左京の中心三条三坊にあった後白河の院御所三条殿を、藤原信頼・源義朝らの軍勢が襲撃した。保元の乱の戦闘が、もっぱら京外の白河であったのに対し、今回の合戦は、天皇の政治空間として、死のケガレや殺生につながる武器さえも嫌う一種の聖域とされてきた左京の中心で勃発したのである。彼らが殺害を目指した信西やその一族は脱出したが、ここで多くの武士、そして官人や女房までが犠牲となる凄惨な殺戮が行われた。自力救済の世界を戦い抜いてきた義朝の意見が影響した可能性が高い。

信西はその直前に、後白河に対して信頼を安禄山《あんろくざん》に例えて裏切りの危険を訴えた（『玉葉』建久二年十一月五日条）。もともと信頼は、信西とともに後白河支持者であったが、忠通《ただみち》から関白を継承していた基実《もとざね》を妹婿として摂関家を操る立場となり、関白を通して二条天皇《にじようてんのう》に影響力を振るうことが可能となった。さらに母方の叔父で、二条側近であった藤原惟方《ふじわらのこれかた》との関係もあって、信西の基盤である後白河院政を廃し、二条親政を実現しようとしていたのである。しかし、後白河は信西の諫言を聞き入れようとはしなかった。

院御所を焼き払い、後白河を大内裏《だいだいり》内にある一本御書所《いっぽんごしょどころ》に幽閉して、その政治権力を奪った信頼は、二条天皇を内裏に据えて除目《じもく》を挙行した。天皇を本来の政務の場である内裏に迎え、除目という天皇の大権を象徴する儀式を行わせたのである。このことから、彼が二条親政を目指したことが明らかである。この除目で、義朝は信西の息子藤原成憲《ふじわらのしげのり》の任国を奪う形で播磨守となり、その子頼朝《よりとも》は右兵衛権佐《うひょうえのごんのすけ》に任じられ、嫡男の地位を確立した。

三条殿を脱出した信西は、近江《おうみ》との国境に近い山城《やましろ》国田原荘《たわらのしょう》に逃れたが、ここで自殺した。美濃源氏の武将で二条親政派だった源光保《みなもとのみつやす》が、信西の首級をとっている。十七日、首は賀茂河原《かものかわら》で光保から検非違使に渡され、西獄門の前に懸けられた。

田原荘は、かつての藤原頼長の荘園で、保元の乱後に没官《もっかん》されて後白河の後院領《ごいんりょう》となり、信西が管理していた。しかし、武士のように現地の住人まで組織した所領を持っていたわけではなかったから、長期の潜伏は困難であった。参議となっていた長男の藤原俊憲《としのり》、次男で権左中弁の貞憲《さだのり》、清盛の娘と婚約していた三男播磨守成憲ら、信西の息子たちも捕らえられて配流された。

信頼・義朝の挙兵が成功したのは、清盛が熊野《くまの》参詣《さんけい》に出かけて留守にしていたためで、総帥不在の平氏一門は動くことができず、わずかな供とともに紀伊《きい》国の田辺《たなべ》付近にいた清盛は、窮地に追い込まれた。『愚管抄《ぐかんしょう》』によると、当時大宰府《だざいふ》の事実上の長官である大宰大弐《だいに》の地位にあった彼は、九州下向をも口走ったという。しかし、清盛は無事に入京する。紀州の湯浅《ゆあさ》氏や熊野別当の協力があった上に、伊賀《いが》・伊勢《いせ》の家人《けにん》たちが清盛に合流したのである。

これに対し、隠密裏の挙兵を目指した義朝は東国からわずかな武士を動員できたに過ぎず、肥大化した清盛一行を破ることは困難であった。また、清盛を攻撃すれば、在京する清盛の弟たちからの攻撃も免れない。一方、信頼にしてみれば、清盛とは姻戚関係にあるだけに、帰京後の協力を期待していた面もあった。しかし、信頼の思惑とは異なり、清盛の帰京が事態を大きく変化させることになる。

官軍と賊軍

そもそもこの平治の乱は、敏腕とはいえ、権威に欠ける信西に対する反感から起こった。やはり院近臣に過ぎない信頼も、武力を組織し、摂関家を従属させたとはいえ、十分な権威があったわけではない。まして、禁忌《きんき》であるはずの左京内における軍事行動で得た権力である。強い反感が生まれるのも当然であった。

とくに、みずからも政治主導権の獲得を目指す二条親政派の藤原経宗《ふじわらのつねむね》や同惟方《これかた》らが、信頼に唯々諾々と従うはずがない。また、姻戚関係にあるとはいえ、強い政治的関係があったわけではない清盛が離反するのも当然の成り行きであった。平治の乱は、あたかも権威に欠ける院近臣たち相互の、自力救済という様相を呈した。

信西の息子藤原俊憲を婿とし、保元の記録所《きろくしょ》で上卿《しょうけい》をつとめていた内大臣藤原公教《ないだいじんふじわらのきんのり》の仲介で、経宗・惟方と清盛は手を結んだ。そして女官《にょかん》たちも協力し、二十五日深夜、二条天皇を内裏から清盛の六波羅邸《ろくはらてい》に脱出させる。緊急事態とはいえ、在位中の天皇が京外に出たのは、社寺参詣や朝覲行幸《ちょうきんぎょうこう》以外では長らく例がなかった。

一方、院政を廃され、いわば無用の存在となった後白河院は、監視もないままに一本御書所に放置されていた。彼は、藤原惟方から二条天皇が六波羅に脱出することになるという連絡を受けて（『愚管抄』）、仁和寺《にんなじ》を経て六波羅に脱出する。逃げ遅れて信頼に担がれ、天皇と衝突して敗北し配流された崇徳の二の舞となることを恐れたのである。かくして、天皇・院が集結した六波羅こそは今や王権の所在地となり、清盛は官軍の総大将となった。逆に信頼・義朝は天皇を失い、賊軍に転落する。

翌二十六日、清盛は嫡男重盛《しげもり》と弟頼盛《よりもり》を大将軍とする追討軍を、信頼・義朝が立て籠もる内裏に派遣した。『百練抄《ひやくれんしょう》』は、義朝らは官軍が分散した隙に勝ちに乗じて六波羅に迫ったと記すが、『平治《へいじ》物語《ものがたり》』は再建されたばかりの内裏を無事に奪回しようとした平氏側が義朝等を巧みに誘き出したとする。一方『愚管抄』は、義朝らは最初から六波羅に向かって、絶望的な戦いを挑んだとしている。

この時、義朝に残された道は、天皇を奪回することで官軍に復帰することのみであったから、当初から天皇がいた六波羅を目指して出撃したのであろう。内裏や大内裏が放火されなかったのは、ここが主戦場とならなかったためである。

先述のように隠密裏の挙兵だったため、信頼や義朝が東国から動員できた武力には限界があった。このため、源頼政《よりまさ》・光保など、二条親政派の京武者たちを大きな戦力としていたが、二条天皇が六波羅に移ったことで、彼らの離反を招き、軍勢は弱体化した。義朝と信頼とが保元の乱以前から連携していたことを否定し、乱の直前に急遽結合したとする昔からの議論があるが、そうであれば義朝も信頼を速やかに見捨てて、彼を捕らえたことであろう。

信頼・義朝は六波羅に向かうが、信頼はたちまちに脱落し、六条河原《ろくじょうがわら》付近で激しい戦いを挑んだ義朝も、一時は六波羅邸に肉薄したが、衆寡敵せず、ついに惨敗を喫した。かくして、京中を戦場とした初の兵乱は終息することになる。

2　敗者の運命

公家たちの降伏

信頼・義朝が六波羅に出撃しようとした際、信頼側となった有力な公家のうち、藤原成親《ふじわらのなりちか》は信頼とともに武装して出撃した。これに対し、村上源氏の源師仲《みなもとのもろなか》は、内裏に残された神鏡と大刀契《だいとけい》の鍵を手土産に、六波羅に出頭する。武士の家に属さない公家にも、信頼・成親《なりちか》のように武装する者と、師仲のように武装せず最初から降参を計画する者があった。さまざまな行動形態があるのも当然といえるが、武装するか否かは単にその場の思惑に左右されるのではなく、属する家によって截然と区別される面があった。

信頼の属する藤原道隆《ふじわらのみちたか》流、成親の属する藤原末茂《すえしげ》流のように、大国受領を歴任する家柄は、受領郎《ろう》従《じゅう》の確保等のために武士と深い関係を有することになる。彼らは武士と姻戚関係を結び、みずからも狩猟や武芸を好み、その結果、信頼・成親のように武装して戦場に赴く者も現れたのである。一般の

図17　狼狽する信頼　『平治物語絵巻』
東京国立博物館所蔵，出典：ColBase

公家と武士との溝は決して深いものではなく、この時代にも地方下向などを契機に武士に転ずる者は少なくなかった（野口実 二〇一二）。

これに関連して想起されるのは、信西の子供たちである。彼は、最初の室である高階重仲《たかしなのしげなか》娘が生んだ子供たちは、俊憲・貞憲のように、武士とは縁のない弁官《べんかん》・蔵人頭・参議という実務官人・学者の道を歩ませ、後白河の乳母となった藤原朝子の子供たちは、成憲・脩憲《ながのり》のように大国受領を歴任させた。当時の院近臣には、大国受領と実務官僚という二つの出世の経路があったが、それらの双方に子息たちが進出したことも、信西に対する反感が起こった一因である（元木泰雄 一九九六・二〇一二）。

『愚管抄』は、信西が源義朝からの縁談の申入れを峻拒しながら、子息と清盛の娘の婚約を成立させ、これを遺恨とした義朝が信西打倒の挙兵を行ったとする。しかし義朝が婿に所望した是憲《これのり》（高尹）は、保元三年（一一五八）に信濃守《しなののかみ》となるが、母は重仲の娘で、将来は官人・学者の道が予定されていたのに対し、清盛の娘と婚約した成憲は武士と関係深い大国受領であった。したがって、信西が前者を断り、後者を認めるのは息子の立場から見ても当然で、まして五位の受領に過ぎない義朝と、長男が公卿目前の信西とでは、家格も大きく異なる。義朝がそれを理解できないほどの暗愚とは考え難く、信濃進出の野心を抱いた義朝が、困難を承知で同じ後白河近臣の信西の子との姻戚関係を望んだものとみられる。

さて、神器・宝物の持参で処罰の回避を目論んだ師仲であったが、常陸《ひたち》への配流を免れることはなかった。しかし、武装して出撃した藤原信頼には、保元の乱では武士以外になかった斬首の運命が待っていた。清盛の六波羅邸前の六条河原で処刑されたのである。もちろん大事件の首謀者という側面もあるが、武装して出撃したことが明示するように、武士に準ずる戦闘員という性格が処刑を招いたことは疑いない（元木泰雄 二〇一四）。

同様に出撃した成親も、六条河原に引き据えられており、彼も戦闘員として処刑の危機に瀕した。しかし、『愚管抄』に、「フヤウ（武勇）」の若殿上人《てんじょうびと》とあるように、彼は武人的な性格を有したのである。しかし、深く関与していたわけではなく、しかも清盛の嫡男重盛が妹婿であったことから、解官《げかん》という軽微な処罰となった。信頼と同様に大国受領の家柄に属した彼は、武士とのつながりが深く、武人としての性格を有したのである。

先述のように、平治の乱には、権威に欠ける院近臣相互の抗争という自力救済的な性格が強かった。こうした時代には武者が登場すると同時に、公家にも武士化する動きが見られたのである。信頼は殺害されたが、生き延びた成親は、後述するように、再び武士と深い関係を保ちながら、後白河近臣として活動することになる（元木泰雄 二〇一四）。

河内源氏の没落

六波羅で敗れた義朝は、自害を思いとどまり、東国を目指した。謀反人となっても、武力による再起を目指した点に、自力救済を行動の基本とする武士の特色があった。また、義朝は東国において朝廷の命令に背いた合戦を展開していただけに、東国での再起に一縷の望みを託したのである。同時に、河内源氏の本来の拠点河内《かわち》は、為義《ためよし》の時代に河内源氏の本宗から分離した石川源氏の支配下にあったから、そこで潜伏し再起を図ることは困難であった。

『平治物語』によると、義朝一行は、平氏軍の警戒を避けて、大原《おおはら》から比叡山《ひえいざん》の北にあたる竜華越《りゅうげごえ》を目指した。しかし、そこには延暦寺《えんりゃくじ》悪僧の落ち武者狩りが待ち構えていた。一行はこれを蹴散らしたが、戦闘で叔父義隆を失い、次男朝長が重傷を負うことになる。義朝らは河内源氏歴代と主従関係を結ぶ内記《ないき》氏が支配する、美濃《みの》国青墓宿《あおはかのしゅく》に逃れたが、深手を負った朝長は、同地で父の手にかかって生涯を終えた。また逃避行は吹雪に見舞われ、その中で嫡男頼朝も一行とはぐれてしまう。ついで義朝は、尾張国内海の家人で、腹心鎌田正家《かまたまさいえ》の岳父長田忠致《おさだただむね》を頼るが、正家とともに謀殺された。

一行と別れ、独自に武士を組織しようとした義平は、丹波《たんば》の豪族須知景澄の支援を受けて京に潜伏、清盛の襲撃を計画するが、捕らえられて処刑されたという。頼朝は尾張国で捕虜となり、京に連行された。すでに元服していたことから、成人の戦闘員として処刑されるべきところ、清盛の継母池禅尼《いけのぜんに》の嘆願で助命され、伊豆《いず》に配流されたことは周知のとおりである。嘆願の背景には、頼朝が仕えた女院上西門院《じょうさいもんいん》や、その同母弟後白河院の動きがあったとされる（角田文衞 一九七七）。もし父と同行していれば殺害を免れなかったと思われるだけに、はぐれたのは結果的に幸運であった。

ただ、参戦した武士たちに対する処罰はさほど厳格ではなく、信濃源氏の源義信《みなもとのよしのぶ》のように、故郷で生き延びて二十年後の頼朝挙兵に参戦した者もいた。保元の乱は、後白河天皇に対する謀反であり、参戦者は謀反人として徹底的に処刑されたが、今回の平治の乱には信頼と信西の抗争という性格があり、参戦者に対する処罰は必ずしも徹底されなかった。頼朝の助命については、この面からも考える必要があるだろう。

ともかく、平治の乱で義朝一族は壊滅した。保元の乱における為義や義朝の弟たちの処刑とあわせて、河内源氏本宗は事実上全滅し、京から姿を消すことになった。また、平治の乱では、義朝と行動をともにした文徳源氏の季実、源満政《みなもとのみつまさ》流の重成らも滅亡、また途中で離反したものの、当初義朝側に立って信西の首級を挙げた美濃源氏の光保とその子光宗も、乱後に殺害を免れなかった。光保は北面の武士で、娘が鳥羽院の妾となったことから位階《いかい》が急上昇し、平清盛に次ぐ正四位下に達していた。武士としての実力はともかく、高い政治的地位を有していた。河内源氏に続く美濃源氏光保一族の滅亡で、伊勢平氏一門に対抗しうる軍事貴族は消滅することになったのである。

図18　敗走する義朝　『平治物語絵巻』
大和文華館所蔵

親政派の壊滅

平治の乱が終結すると、二条天皇親政と、後白河院政を支持する二つの勢力間の軋轢が再燃する。そして、院政の支柱信西一族を失った後白河に対し、二条親政派が攻勢に出た。事件は、後白河が滞在していた八条堀河の院近臣藤原顕長《ふじわらのあきなが》の邸宅で起こった。今様《いまよう》をはじめとして、民衆の雑芸を愛好した後白河は、大路に面した桟敷《さじき》で道行く庶民の芸能を楽しんでいた。そこに、二条天皇側近の権大納言藤原経宗、検非違使別当同惟方らが、堀河の材木を用いて強引に目隠しを作るという、後白河に対する嫌がらせを行ったのである。

『愚管抄』によると、屈辱を受けた後白河は憤激し、平清盛に対して経宗・惟方の処罰を涙ながらに訴えた。その場には、摂関家大殿藤原忠通《おおとのふじわらのただみち》もいた。思うところがあった清盛は、後白河の命に従って二人を捕らえ、あろうことか後白河の面前で、現職の公卿たちに拷問を加えるに至った。二人は永暦元年（一一六〇）三月に配流され、失脚したのである。両者は二条天皇を六波羅に脱出させた立役者であり、乱平定に多大の功績を挙げただけに、後白河院政を停止すべく、強気の行動に出たのであろう。それにも拘らず、彼らが呆気なく失脚に追い込まれたのは何故か。

その理由を物語るのは、彼らの配流と入れ替って、信西の子息たちが配流先から召還されたことである。経宗・惟方は乱の勃発当初、信頼と手を組み、信西殺害と、その子供たちを配流に加担した一味だったのである。その責任を問われて、彼らは失脚したと考えられる（安田元久 一九八六）。また、摂関家傍流で、二条の外伯父であった経宗は、保元の乱後に幽閉された忠実に故実《こじつ》を学んでおり、低迷する忠通・基実に代わり、摂関の座を狙っていたとみられる。彼らの処罰に、忠通が賛同したのも当然であった。ともに腹心を失った二条天皇・後白河院は、政治主導権を確立できず、親政・院政両派の対立が継続することになる。

政情については後述に委ね、ここでは平治の乱後、後白河だけでなく、二条天皇も八条に移ったことにふれておきたい。天皇が滞在したのは、養母美福門院《びふくもんいん》の御所であった。左京南端の八条付近に院・天皇が集結することは珍しいが、内裏に兵馬が乱入し、付近が戦場となったことで京の北部にケガレが生じたこと、また信頼・義朝派の残党を恐れて、平氏の警護が必要であったことから、平氏の拠点六波羅にも近い八条付近が天皇・院の御所に選ばれたのである。

内裏が左京の北辺にあるように、本来の王権の所在地は高燥な左京北部にあり、有力者の邸宅も同様であったが、次第に八条・九条付近にも有力な院近臣の邸宅が見られるようになる。これは、この付近が白河・鳥羽院が離宮とした鳥羽との結節点であったこと、そして鴨川《かもがわ》・淀川《よどがわ》水系に近いために流通拠点として発展したことと関係するとみられ、隣接する七条には大規模な商業地区が形成されている。雑芸で後白河を楽しませたのも、この地域に集った民衆であろう。

八条に邸宅を構えたのは、白河院の腹心で「夜の関白」と謳われた腹心藤原顕隆《ふじわらのあきたか》、白河の唯一の乳母藤原親子の子長実《ながざね》らである。前者を継承したのが、顕隆の子で、後白河を迎えた顕長であり、後者が長実の娘美福門院に継承され、二条天皇の皇居となった。やがて、美福門院の御所は、その愛娘である皇女八条院に継承され、大荘園領主となった彼女の拠点として八条地区は大きく発展する。またその南の九条には、忠通の子兼実《かねざね》に始まる九条家《くじょうけ》の拠点が築かれることになる。

3 清盛の勝利と限界

勝者清盛

平治の乱では、源義朝・光保らの有力な軍事貴族が一掃されるとともに、乱の直前まで政界で大きな地位を占めていた院近臣家出身の貴族たち、すなわち信西一族、藤原信頼・同惟方、そして二条の外戚《がいせき》藤原経宗たちが相次いで滅亡、失脚の運命を辿った。とくに、二条天皇を六波羅に脱出させ、信頼・義朝の討伐に功績のあった経宗・惟方が配流され、さらに彼らと清盛との間を取り持った内大臣藤原公教《きんのり》が、永暦元年（一一六〇）七月に病死したことは、清盛にとって大きな意味を持った。平治の乱において信頼・義朝討伐に活躍した貴族たちが壊滅したのであり、乱における勝利の成果を、清盛が独占することになったのである。

このことは、彼の官位の昇進にたちまちに反映することになる。清盛は永暦元年六月二十日に、正三位に叙されて公卿となった。それまでの正四位下から、従三位を超越した破格の昇進である（正四位上は元来超越が原則となっていた）。平治の乱鎮圧の大功が高く評価されたのはいうまでもない。八月十一日には参議となって議政官《ぎせいかん》に加わり、翌年四月には検非違使別当を兼任して京中の警察権を掌握、そして九月には権中納言に昇進する。また、信頼の滅亡後とともに、後白河院の院御厩別当も奪回していた。清盛は、まさに平治の乱直前に武門の統合者の座にあった信頼と同様の立場となったのである。

むろん一門も躍進を遂げる。平治の乱において生命を賭して戦いに臨んだ嫡男重盛は、平治の乱の勲功で平治二年（一一六〇）正月に伊予守に就任する。院政期の伊予は播磨とともに「四位上臈」の任国とされ（『官職秘抄』）、伊予守は受領の最高峰であった（元木泰雄 一九九六）。知行国《ちぎようこく》制度が一般化した当時、必ずしも四位上臈が任じられることはなくなっていたが、最も富裕な国に相違はなく、勲功として高い評価を与えられたことになる。ちなみに、伊予は平氏と縁の深い瀬戸内海沿岸ではあるが、平氏一門の伊予守補任ははじめてであった。

重盛は、その直後に天皇の軍馬を管理する左馬寮《さまりよう》の長官、左馬頭《かみ》も兼任する。先述のように、保元の乱の恩賞として源義朝が獲得した地位である。この結果、平治の乱まで院御厩別当藤原信頼、左馬頭源義朝が並んだ王家の馬政（軍馬の管理）機関を、清盛・重盛父子が独占することになったのである（長村祥知 二〇二〇）。さらに、応保元年（一一六一）には平治の乱の勲功で尾張守《おわりのかみ》となっていた清盛の弟頼盛が右馬頭を兼任しており、王家の軍馬管理を平氏一門がほぼ独占することになった。

重盛は位階も急上昇させ、応保二年正月には従三位に叙し、わずか二十六歳で公卿の仲間入りをする。父清盛の公卿昇進が四十三歳であったから、十七歳も若く、平氏一門の家格の上昇

図19　平清盛　『平治物語絵巻』　個人蔵

が明らかである。また彼は叔父頼盛をも超越して、平氏一門で第二位の地位を得た。嫡流の清盛系統と、傍流との差が明白となったのである。

兄弟の軋轢

重盛の躍進は、清盛系統が平氏嫡流となったことを際立たせた。このことは、同時に一門内で清盛に対抗してきた頼盛の地位が相対的に低下したことを物語る。彼は、平治の乱まで従四位上三河守で、正四位下の兄とは位階で一階の差しかなかった。乱の勲功で父忠盛《ただもり》も在任したことのある尾張守に遷り、先述のように二年後には右馬頭を兼ねた。しかし、左馬頭重盛の格下の扱いであり、公卿昇進は仁安元年（一一六六）を待たねばならなかったのである。

頼盛は忠盛の正室池禅尼の子であり、十四歳もの年齢差はあったが、嫡男の座をめぐって清盛に対抗する立場にあった。六波羅の平氏一門の拠点の中でも、清盛の泉殿《いずみどの》に対抗する広大な池殿を邸宅として、その存在を示していた。保元の乱では、母池禅尼の決断で清盛と同じ後白河陣営に加わり、平氏の内紛を回避し、勝利に大きく貢献した。平治の乱でも、重盛とともに大将軍として前線指揮官となっている。

こうした功績により、頼盛も相応の昇進を果たしていたが、清盛・重盛系統の昇進が尋常な速度ではなかったのである。格差がついた背景には、平氏内で清盛に対抗しうる地位にいた頼盛の母池禅尼が長寛二年（一一六四）ごろに死去したこと、そして清盛を皇胤とする見方が強まったことがあったと考えられる。頼盛の不満も小さくはなかったとみられるが、平治の乱後、取り立てて両者の対立が露呈することはなかった。しかし、独自に多くの軍勢を率いる頼盛は清盛に完全に従属したわけではなかった。潜在的に清盛に対抗する立場にあった頼盛は、清盛の行動を制約することになる。

一方、応保元年（一一六一）九月、清盛の室時子の妹小弁殿（滋子、のちの建春門院《けんしゅんもんいん》）が後白河の皇子を出産した。のちの高倉天皇《たかくらてんのう》である。以後、にわかにその即位を企む動きが表面化し、当然平氏一門にも関与する者が現れた。清盛の弟で、元来後白河側近であった教盛《のりもり》、時子の弟時忠《ときただ》らが皇子の誕生直後に解官されるに至った。解官は平氏一門に限らず、右馬頭藤原信隆、藤原成親らの院近臣にも及び、翌年には院の側近源資賢《みなもとのすけかた》・通家父子、そして時忠らが二条天皇を呪詛したとして配流されたのである。

平治の乱後、二条親政派と後白河院政派の対立は次第に激化していた。その最中、後白河に皇子（憲仁親王《のりひとしんのう》）が生誕したことは、皇子に恵まれなかった二条天皇を退位させる好機と捉えられたのであ

図20　平清盛兄弟系図

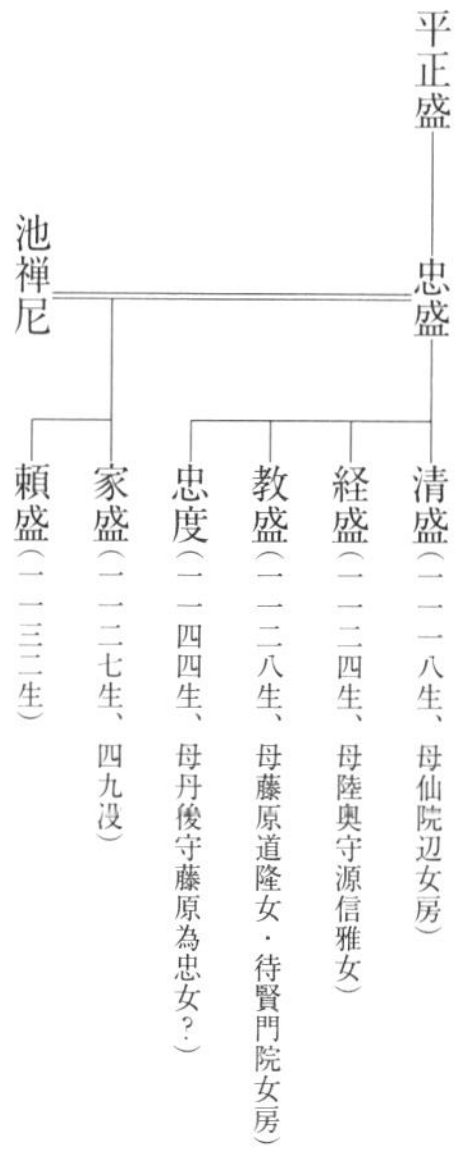

る。『愚管抄』によると、清盛は親政・院政両派の間を「アナタコナタ」して慎重に行動し、室時子の甥が誕生しても軽挙妄動することはなかった。そればかりか、政治的には次第に二条天皇を支持する動きを示すことになる。ところが、教盛・時忠のように清盛の統制を逸脱する者も現れたのである。

保元の乱で、河内源氏は為義・義朝が全面衝突し、為義側が敗北した結果、対立を解消した。これに対し、平氏は崇徳に近かった頼盛、後白河に近い教盛など、さまざまな立場の兄弟が並存し、清盛の統制から半ば自立する動きを見せた。一門の不協和音も清盛の行動を制約し、彼が慎重な行動を取らざるを得なかった一因となるのである。

武力の限界

清盛が慎重に行動した背景には、一門の軋轢とともに、武力の限界があった。いうまでもなく、平氏は当時京における最大の武士集団であり、最強の軍事力を有していた。河内源氏・美濃源氏の壊滅もあって、対抗する軍事貴族は存在しない。とはいえ、平氏が組織できた武力には大きな限界があった。

『保元物語』によると、保元の乱に参戦した郎従たちは、伊賀鞆田荘《ともだのしょう》を預かる平家貞《たいらのいえさだ》、その子貞能《さだよし》らの一族、伊勢の伊藤景綱とその子伊藤五・伊藤六兄弟らの一族、その他山城・河内の武士が中心で、それ以外では備前《びぜん》の難波一族、備中《びっちゅう》の妹尾《せのお》一族が見えるのみであった。史料の性格上、その信憑性には制約があるが、大まかな傾向を知ることはできるであろう。

直前まで旗幟が不明確であったから、公的武力の支援はなく、保元の乱で清盛が動員した武力は、畿内周辺が大半であり、主力は正盛《まさもり》の時代から重代相伝の主従関係にあった伊賀・伊勢の武士団であった。瀬戸内海には、海賊追討などで下向することはあったが、京に動員できるほどの緊密な関係を有した武士は限られていたのである。

『平治物語』に名前が見える平氏の郎等《ろうとう》は、保元の乱とほぼ同様であった。また、『古事談《こじだん》』に収められた、清盛が婿の藤原信親をその父信頼のもとに返す逸話に登場する武士も、難波経房《つねふさ》・館貞安《たてのさだやす》・平盛信《もりのぶ》・伊《い》藤景綱《とうかげつな》であり、備前の難波氏以外は伊勢の武士たちで、平治の乱においても、ほぼ同様の武力編成であったことがわかる。

緊急事態に動員できる、強固な主従関係を結んだ武士団は、原則として旧来の伊賀・伊勢の武士団と、瀬戸内海近辺のみであったといえる。軍事貴族が地方武士を主従関係に組織する最大の契機は合

図21　鞆田荘沙汰人家貞一族系図

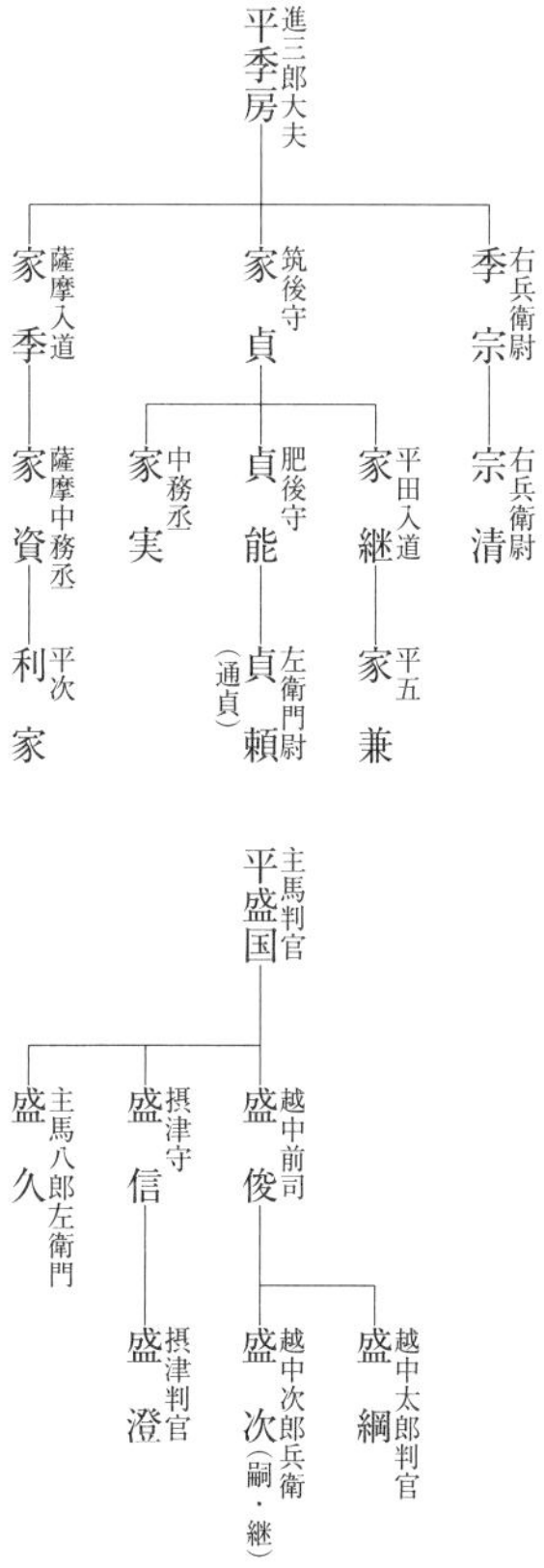

戦であるが、保元・平治の乱は京での合戦であり、平氏が遠征したのも瀬戸内などの限られた地域のみであった。したがって、平氏が組織できた武力には大きな限界があったのである。大規模な内乱などの鎮圧に出撃する際には、院・天皇の公的命令によって、諸国の武士を強制的に徴発することが不可欠であった。このため、清盛は常に正統王権に従属する必要があり、王権の動きに敏感にならざるを得なかったのである。一門の不統一に加え、武力面でも限界を有した清盛が、十分な政治力を有することができないのも当然だったのである。

四　平清盛と後白河院

1　後白河院と二条天皇

新御所法住寺殿の造営

平治《へいじ》の乱の混乱も収まった永暦二年（一一六一）四月十三日の夜、後白河院《ごしらかわいん》は新たな院御所に移徙《わたまし》（正式の転居）した。東山《ひがしやま》御所、別名は法住寺殿《ほうじゅうじ》で、この御所は寿永二年（一一八三）に源義仲《みなもとのよしなか》に焼き討ちされるまで、長く彼の院政の舞台となる。なお、法住寺は、藤原道長《ふじわらのみちなが》の叔父太政大臣為光《ためみつ》が東山七条に建立し、すでに廃絶していた寺院の名である。

院御所の所在地は、鴨川《かもがわ》の東岸、平氏の拠点六波羅の南で、むろん京外の地であった。この御所は、現在の方広寺《ほうこうじ》から三十三間堂《さんじゅうさんげんどう》に至る地域を占める広大な面積を有した。御所を造営したのは、藤原北家末茂《すえしげ》流の院近臣播磨守家明《はりまのかみいえあき》で、彼は播磨守重任の成功としてこの事業を請け負っている。ちなみに家明の異母弟が、鹿ケ谷《ししがたに》事件の首謀者成親《なりちか》である。

御所は東山を望む風光明媚な場所に建てられたが、むろん後白河がこの地を選んだのは風景だけが理由ではない。御所は、平治の乱で殺害された院近臣信西《しんぜい》邸の焼け跡に建立された。信西の後家で後

図22　法住寺殿　『年中行事絵巻』　個人蔵

白河の乳母である朝子の立てた清浄光院《しょうじょうこういん》が近隣に所在したことも、御所の選定と関係するとみられる。しかし、あろうことか、後白河は信西殺害の張本人藤原信頼《ふじわらののぶより》の邸宅を移築したという。その意図は明らかではない。しかも莫大な敷地を設定したために、鳥羽《とば》院政期の公卿故藤原清隆《きよたか》が建立した九体堂をはじめ、多くの貴族の別荘、寺院を立ち退かせることになり、人々の恨みを買う有様であった。まさに奇矯の帝王後白河に相応しい造営であった。

注目されるのはその奇矯さだけではない。後白河が、白河・鳥羽という歴代の院と異なる場所に院御所を造営したことにこそ重要な意味がある。かつて後三条天皇《ごさんじょうてんのう》は、その祖円融天皇《えんゆうてんのう》が円融寺を開いて以来、歴代天皇が御願寺《ごがんじ》を建立した仁和寺《にんなじ》に近い宇多野《うだの》を重視し、同地に円宗寺《えんしゅうじ》を造営した。ところが、白河《しらかわ》天皇《てんのう》は洛東白河に法勝寺《ほっしょうじ》を建立し、さらに洛南の鳥羽を開いた。そこには、自身の皇統を否定しようとした父後三条に対する反発という意図がこめられていたのである。同様に、白河・鳥羽院が院御所を造営した白河・鳥羽と異なる地に院御所を開いた点に、後白河の独自の政治的意図を見出すことができる（美川圭 二〇〇二・二〇一五）。

後白河は父鳥羽院から皇位を与えられたが、それは守仁親王《もりひとしんのう》、すなわち二条天皇即位までの中継ぎという立場でしかなかった。これを不満とした後白河は、白河院・鳥羽院の正統とされた二条天皇に対抗して院政を行い、さらには自身の皇統を確立しようとした。それゆえに、彼は白河・鳥羽院が重んじた白河・鳥羽の地とは別に院御所を造営したのである。平治の乱後、後白河院政・二条親政両派の対立が次第に激しくなりつつあったが、そうした政治情勢のもとで、後白河は二条天皇に対抗するかのように、新たに広壮な院御所を造営したのである。

アナタコナタ

先述のように、後白河院政派、二条親政派の対立の中で、平清盛《たいらのきよもり》は両派の間を慎重に「アナタコナタ」した。清盛の義妹小弁（平滋子）が後白河の皇子を出産したのは、新御所への移徙から間もない応保元年（一一六一）九月であった。この直後、二条天皇退位を画策して、清盛の弟教盛《のりもり》、義弟平時忠《ときただ》、院近臣藤原成親《ふじわらのなりちか》らが解官され、時忠は翌年、天皇を呪詛したとして配流された。平治の乱直後、後白河の懇願に応じて親政派の中心藤原経宗《つねむね》・惟方《これかた》を捕らえた清盛だったが、今回は弟や義弟に追随することはなかった。

そして、養女育子を二条の中宮《ちゅうぐう》とした摂関家の大殿忠通《おおとのただみち》の圧力で、後白河院政は事実上停止されるに至った（佐伯智広 二〇一三）。以後、清盛は二条天皇に政治的な奉仕を重ねることになる。応保二年には、押小路東洞院《おしこうじひがしのとういん》に造営された二条天皇の内裏に、一門を宿直させて警護にあたらせたとされる（『愚管抄』）。これを大番役《おおばんやく》の成立とする説もあるが、実際にはさまざまな思惑で一門が付近に邸宅を構えた結果であり、公的な警護ではなかった。ただ、清盛の弟で二条天皇に近い頼盛《よりもり》・経盛《つねもり》のほか、清盛の息子重盛《しげもり》・宗盛《むねもり》が二条天皇の警護を担当した（米澤隼人 二〇二〇）ことは、清盛の立場を明示するものである。

注意されるのは、武力によって恒常的に天皇の警護が行われるようになったことにほかならない。平安時代における天皇の警護は、滝口《たきぐち》に代表されるように、辟邪《へきじゃ》（魔除け）と言った要素が強く、物理的な暴力が用いられるのは、保元《ほうげん》の乱の直前における源義朝《みなもとのよしとも》・同義康《よしやす》の内裏警護のように、皇位をめぐる対立が深刻化した時であった。先述の教盛のように、平氏一門内部もふくめ、後白河院政派の先鋭分子による不穏な動きが継続していたものとみることができる。

長寛二年（一一六四）、摂関家に長く家長として君臨した忠通が没すると、清盛は二条天皇が信頼する関白基実《もとざね》を娘盛子の婿に迎えた。保元の乱で源為義《みなもとのためよし》以下の河内源氏を失った摂関家は、先述のように藤原信頼を頼り、基実はその妹婿となっていた。信頼が平治の乱で滅亡した後は、清盛の武力に荘園支配を依存することになる。その意味では当然の婚姻であった。摂政基実、そして武力の中心清盛の支援を得て、二条親政は万全となったかに思われた。

しかし、天皇は病弱で皇子にも恵まれなかった。そうしたことから、清盛は小弁（滋子）が儲けた皇子憲仁親王《のりひとしんのう》が即位する可能性も考え、後白河に対する奉仕も怠らなかった。院政を行うことができない後白河に対する奉仕は、経済的なものとならざるを得ない。その代表的な事例が、長寛二年十二月の蓮華王院《れんげおういん》、すなわち三十三間堂の造営であった。

図23　三十三間堂千手観音立像群　妙法院所蔵

三十三間堂は、広大な法住寺殿の一画に建立された。現存の建物は鎌倉後期の再建ではあるが、創建当時の姿を伝えている。すなわち、千体に及ぶ観音像を収め、三十三もの柱間をもつ、横長の巨大な建物である。これは、造仏といった善行を多数行うことが極楽往生への捷径であるという、当時の多数作《さ》善《ぜん》の思想を象徴する建物であった。清盛は造営の功を重盛に譲ったため、重盛は正三位に昇進している。

ちなみに、清盛の父忠盛《ただもり》も、三十年余り前の天承二年（一一三二）、後白河院の父鳥羽院のために、得《とく》長寿院《ちょうじゅいん》と呼ばれる寺院を白河殿の一画に造営している。その功績で忠盛は伊勢平氏初の内《うちの》昇殿《ないしょうでん》を許され、殿上人《てんじょうびと》となったことはよく知られている。この寺院も蓮華王院と同じ、三十三間の千体観音堂であったから、清盛もこれに倣ったのであろう。得長寿院は、文治元年（一一八五）の大地震で倒壊したため現存せず、岡崎の疎水縁にかつての所在地を示す石碑のみが残っている。

蓮華王院落慶供養の日、二条天皇は供養に行幸《ぎょうこう》しなかったのはもちろん、寺司に対する恩賞さえも与えなかったという。後白河は、このことを伝えた蔵人頭《くろうどのとう》平親範《たいらのちかのり》の前で涙を浮かべながら「ヤヤ、ナンノニクサニ」と悲憤をあらわにしたという（『愚管抄』）。後白河・二条父子の溝はきわめて深いものとなった。しかし、深刻化した対立は劇的な幕切れを迎えることになる。

政界の激震

永万元年（一一六五）、政界に大きな衝撃が走った。まだ二十三歳だった二条天皇が重病に倒れたのである。六月、天皇は押小路東洞院殿で、前年十一月に生まれたばかりの皇子順仁親王《のぶひとしんのう》に譲位した。六条天皇《ろくじょうてんのう》である。二条上皇はその一ヵ月後に同御所で世を去った。王家は、ちょうど十年前に十七歳で夭折した近衛天皇《このえてんのう》に続き、再び正統の帝王が若くして身罷るという悲劇に見舞われたのである。天皇は仁和寺の東にあった香隆寺《こうりゅうじ》で荼毘に付され、同寺の近くに葬られた。

この二条天皇の葬儀に際し、不祥事が起こった。参列した寺院の名称を記した額の順番をめぐって、興福寺《こうふくじ》と延暦寺《えんりゃくじ》が紛争を起こし、順番を違えた延暦寺の額を興福寺僧が打ち割る騒ぎが勃発したのである。厳粛であるべき天皇の葬儀が悪僧によって混乱させられたことになる。これに怒った延暦寺悪僧は、報復として興福寺の末寺である清水寺《きよみずでら》を襲撃し、一宇残らず焼き討ちにするに至った（『百練抄』八月九日条）。むろん興福寺側は憤激し、悪僧が大挙上洛する動きを見せたため、武士が宇治《うじ》に派遣されている（同九月二十八日条）。

六条天皇の治世は当初から大きな騒擾に見舞われたのである。この後、悪僧の強訴《ごうそ》が重大な政変を招き、さらには彼ら自身が大きな事件に参加するなど、悪僧たちが政治を動かしてゆく前触れであったといえよう。

さて、六条天皇はまだ二歳、満年齢で言えば一歳にも満たない、前例のない史上最年少の天皇となった。この譲位は、あくまでも後白河院政を阻止しようという二条天皇の執念のあらわれであった。六条天皇は後白河院の孫なので、院は天皇の直系尊属ではあるが、自身の意志に基づいて即位させた天皇でなければ院政を行うことはできない。幼少の孫が即位しても、後白河院政は成立しないのである。二条天皇は六条天皇への譲位によって、意中の皇子憲仁親王《のりひとしんのう》即位を目指す後白河院を抑え、辛くも院政を阻止したことになる（五味文彦　一九九九）。

しかし、六条天皇をめぐる情勢は厳しいものがあった。天皇は幼少の上に、実母は徳大寺《とくだいじ》家《け》の家司《けいし》大蔵大輔伊岐致遠の娘という低い身分に過ぎない。そこで、二条の中宮育子が養母となり、その義兄（実兄とも）にあたる摂政藤原基実《ふじわらのもとざね》が政務を代行したが、基実も若年であり、摂関家に往年の勢威を望むべくもなかった。基実の岳父として、彼を通して政界を動かそうとした平清盛が、基実とともに天皇を支えることになる。

もともと二条天皇は、美福門院《びふくもんいん》の養子であったことから皇位継承者に選ばれた。そして保元三年の即位も、彼女と

図24　二条天皇画像　『天子摂関御影』　宮内庁三の丸尚蔵館所蔵

信西との協議で実現したのである。後ろ盾であった美福門院が永暦元年（一一六〇）に死去したあとは、彼女と鳥羽院の皇女で、両院の荘園を継承し、当時最大の荘園領主《しょうえんりょうしゅ》となっていた八条院《はちじょういん》が、二条天皇を支えていた。したがって、八条院も二条の後継者六条を保護することになる。こうして、後白河と対立する摂関家嫡流とその後見人清盛、そして八条院の支援で、新体制は船出したのである。

しかし、六条即位の翌永万二年（一一六六）七月、政界は再度激震に見舞われる。まだ二十四歳の摂政基実が急死したのである。痢病《りびょう》であった。かわって基実の弟左大臣基房《もとふさ》が摂政に就任し、六条天皇を支えることになる。ここで問題となったのが、清盛の立場である。彼は女婿摂政基実を通して政治を主導する野望を抱いていたが、その基実を失ったことで、清盛は「コハイカニ」と悲嘆にくれたという（『愚管抄』）。清盛は、これまで接点のなかった基房と急遽結ぶか、あるいは後白河院と結び、掌中の珠ともいうべき憲仁親王を即位させて後白河院政を実現し、院を支えて政治を動かすのか、という選択を迫られたのである。

2　後白河院政の成立

摂関家領押領

基実の死去に愕然とする清盛に献策した者があった。長く関白藤原忠通に家司（政所別当《まんどころべっとう》）として仕え、当時は蔵人頭の重職にあった藤原邦綱《ふじわらのくにつな》である（『愚管抄』）。彼は、藤原北家とはいえ、傍流の低い身分の家柄の出身で、父盛国《もりくに》は従五位下右馬権助に過ぎない。しかし、忠通の側近となった邦綱は、摂関家の荘園管理などを担当して才覚をあらわし、さらには受領として再三の成功などを行い、伊予・播磨守といった大国の受領も歴任して莫大な富を築いたことから、「大福長者」（『平家物語』）と称された。そして、朝廷でも大きな地位を占めることになり、蔵人頭に至って公卿も目前にしていた有能な貴族であった。

『愚管抄《ぐかんしょう》』によると、邦綱は、摂政・氏長者《うじのちょうじゃ》は基房のものとなったが、摂関家嫡流は基実の遺子基通《もとみち》であるから、摂関家領は基房に渡すべきではなく、基通の成人までその養母で基実の後家、盛子が荘園を管理するべきであると清盛に告げたのである。これは、基実流を嫡流とし、基房を一時的な摂関と位置づけることで、摂関家の嫡流をめぐる対立・分裂を回避するための方策であった。兄弟の対立から摂関家が大打撃を蒙った保元の乱の記憶も生々しい当時、摂関家関係者として、当然の発想といえよう。

図25　藤原基実画像　『天子摂関御影』　宮内庁三の丸尚蔵館所蔵

基通は平治の乱の翌年永暦元年（一一六〇）の生誕で、当時はまだ七歳、母はかの平治の乱の首謀者藤原信頼の妹であったから、母方に支援者はいない。また基実の後家盛子は当時十一歳であり、自身で摂関家領を管理することなどとうてい困難である。清盛以外に彼を保護できる者はなく、膨大な摂関家領は実質的に盛子の父清盛の管理下に置かれることになる。このため、清盛は摂関に付随する殿下渡領《でんかのわたりりょう》と呼ばれる荘園や、氏長者に付随する興福寺・春日社の管理権のみを基房に与え、薩摩《さつま》・大隅《おおすみ》にまたがる島津荘《しまづのしょう》以下、他の広大な荘園を盛子のものとした。元来、平氏の武力が荘園管理に深く関わっていたのであるから、当然の結果ともいえる。これに対し、後白河は院宣《いんぜん》を与えて公認したのである。

清盛は、それまで政治的に疎遠であった基房と急遽連携することは困難と判断し、摂関家を介して弱体な六条天皇を支援することを断念した。それは、とりもなおさず憲仁親王の擁立、後白河院政支持へと、大きく政治方針を転換したことを意味する。それゆえに摂関家押領を後白河は公認したのである。また摂関家は、忠通が二条親政を支持して後白河の院政を停止したのをはじめ、基実は二条・六条天皇を支えて後白河に反抗してきた。今回の措置には、後白河の摂関家嫡流に対する報復という意図もあったのである。

かくして、後白河・清盛の両者が提携した結果、後白河と滋子の皇子で清盛の義理の甥憲仁親王は東宮《とうぐう》となり、清盛が東宮に仕える東宮坊の長官・東宮大夫に就任した。仁安元年（一一六六）十月のことである。その翌月、清盛はさらなる昇進を遂げた。彼は内大臣《ないだいじん》に就任し、大臣の壁を突破したのである。

皇胤清盛

大臣の座に任期はなく、いったん就任すれば、終身その地位に留まることができる。したがって、なかなか欠員は出ず、大臣昇進は容易なことではない。それに、大臣昇進には厳しい条件があった。鎌倉時代初期の有能な官人平基親《もとちか》が編纂した『官職秘抄《かんしょくひしょう》』によると、左・右・内大臣の条件は以下のようなものであった。

大納言《だいなごん》の中、近衛大将を兼ね、坊官をふる。ならびに一世源氏、二世孫王、執柄《しっぺい》（筆者注・摂関）・大臣子息、后宮の父、当今外舅など、之を任ずる。

すなわち、大納言の中で近衛大将、東宮坊の役人（長官である大夫）を経たもの、そして天皇から一世、すなわち皇子の源氏、二世、すなわち孫にあたる王、摂関・大臣家の子息、中宮・皇后の父、天皇の外戚などが任じられるというのである。このうち清盛に当てはまるのは、東宮大夫の経歴ということになるが、先述のようにその就任は大臣昇進のわずか一ヵ月前であり、昇進を前提とした任命と考えられる。身分秩序にうるさい貴族たちが、清盛の大臣昇進に関する批判を日記に記さないのは、東宮大夫に就任したことだけではなく、他にも相応の条件があったとしか考えられない。

ここで注意されるのは、清盛を白河院の落胤とする『平家物語』の逸話である。彼の母を祇園女《ぎおんのにょう》御《ご》とする説は否定されている（高橋昌明 二〇一一）が、清盛が三歳の時に死去した忠盛の室が白河院の妾であったことは、落胤説の蓋然性を高める。医学的鑑定ができない当時、本当の落胤か否かがわかるはずがなく、問題は落胤と認識されたかどうかである。昇進直前に特別な功績もない清盛が破格の昇進を遂げ、貴族の強い反発もなかったことは、彼が皇胤と認識されていたことの証拠にほかならない。

後白河は、清盛に対して摂関家領押領、そして内大臣昇進と皇胤の公認という、多大の恩恵を与えた。清盛が、後白河と憲仁親王の支持に傾くのは当然である。しかし、同時に大きな権威を得たことで、清盛が後白河を見下し、その立場を否定する危険性も胚胎するが、それが顕現するのは安元二年

（一一七六）に仲介役の建春門院《けんしゅんもんいん》（滋子）が死去してからのことであった。以後十年ほどは、後白河と清盛との良好な関係が継続することになる。

内大臣昇進からわずか三ヵ月後の仁安二年（一一六七）二月十一日、清盛は太政大臣に昇進する。武士としてはじめて令制の最高官職に就任したとして、教科書などでも特筆されるが、当時の太政大臣は政界の長老を処遇する名誉職であり、大臣の壁を突破した清盛にとって、さほど重要な意味を持つわけではない。事実、彼は三ヵ月後の八月十七日に辞任してしまうのである。

ちなみに、名誉職である太政大臣はもとより、左右大臣の下位にあたる内大臣も、朝廷の政務を主導する一上《いちのかみ》などの重職につくことはない。このため、内大臣から太政大臣への昇進は、清盛のように実務を不得手とする公卿の昇進経路として用いられることになる。

注目されるのは清盛の太政大臣辞任と同時期に、嫡男重盛に東海・東山・山陽・南海の諸道に対する追討権が付与されたことである（五味文彦 二〇二〇）。四道に限定される意味など、不明確な面もあるが、これは実際に発生している騒擾の鎮圧を命じたものではなく、国家的な軍事・警察権を付与したものと見られている。平治の乱以後、清盛が担当してきた国家的軍事・警察権の具体化であり、五十歳を迎えて太政大臣を辞任し、政界を引退したともいえる清盛に代わり、重盛が実質的な平氏の総帥となったことを意味するものである。とはいえ、清盛は依然政界で重きをなし、人事などの重要政務に介入することになる。

高倉天皇の即位

二条天皇の皇子六条天皇は永万元年（一一六五）の生誕、その東宮憲仁親王は応保元年（一一六一）の生誕で四歳年上、天皇の叔父にあたっていた。憲仁の母平滋子は清盛室時子の妹であったから、清盛は義理の伯父で、先述のようにすでに後白河との提携に傾いていた。憲仁の即位も時間の問題のようにも思えるが、八条院をはじめ、六条天皇を支持する勢力も根強く、譲位は容易ではなかった。

しかし、事態は急転する。仁安三年（一一六八）二月、清盛は突如病に倒れた。「寸白《すばく》」と称された寄生虫による重病で、生命も危ぶまれる状態となったのである。このため、二月十一日、清盛は妻時子とともに出家した。これを耳にした右大臣九条兼実《くじょうかねざね》は、清盛の病気は「天下の大事」であり、彼が死去すれば「天下乱るべし」と述べている（『玉葉』）。後白河院・憲仁即位の方向で確立しつつあった政治が、大きく混乱すると推測したのである。

当時、熊野《くまの》参詣《さんけい》中であった後白河は、清盛重病の報を受けて急遽帰京、密かに六波羅の清盛を見舞うことになる。二月十五日のことであった。その二日後に譲位が決まり、十九日に六条天皇から東宮憲仁への譲位が強行された。高倉天皇である。高倉は、二条西洞院にあった摂政藤原基房《ふじわらのもとふさ》の邸宅閑院で受禅し、三月二十日に大極殿《だいごくでん》で即位する。滋子は平氏の女性としてはじめての国母となった。彼女は皇太后の地位につき、さらに翌嘉応元年には女院を宣下され建春

図 26　高倉天皇画像　大覚寺所蔵

門院を称することになる。

天皇は、閑院を里内裏《さとだいり》として重用し、当初は内裏と閑院とを往復するが、やがて内裏が安元三年（一一七七）の大火で焼失したこともあって、もっぱら閑院を御所とするようになる。左京の中心に位置する閑院は、右京の衰退で左京のみとなった平安京の都市構造の変化に相応しい内裏であった。このため、高倉以後も歴代の天皇に重んじられ、安徳《あんとく》・後鳥羽《ごとば》・土御門《つちみかど》の各天皇は、閑院内裏《かんいんのだいり》で即位するとともに、里内裏として用いたのである。

先述のように、自身が擁立した天皇の即位により、院政は成立する。二条・六条天皇は、後白河の皇子や皇孫ではあったが、後白河の意志で即位した天皇ではなかったから、彼らの在位中、後白河は院政を行うことができなかった。高倉の即位によって、ようやく本格的に後白河院政が成立したのである。

後白河はさまざまな面で破天荒な帝王であったが、院御所の用い方でも白河・鳥羽の先例を破った。白河・鳥羽院は、京外の離宮では専ら仏事や遊興を行い、王家の家政を除く国政上の重大事に関する公卿議定《ぎじょう》は左京内の御所で行っていた。ところが、後白河はそうした重要政務をも京外の法住寺殿で行ったのである（美川圭 二〇〇二）。京外が本格的な政治の舞台となったのははじめてのことであった。病の癒えた清盛は六波羅邸《ろくはらてい》にあって政務に参加したため、政治の中心は鴨川の東岸に移ったかのようであった。

だが、出家の翌仁安四年、清盛は日宋貿易に対する関心を深めたこともあって、日宋貿易の拠点摂《せっ》津国《つ》大輪田泊《おおわだのとまり》に隣接する福原《ふくはら》に本居を移すことになる。このため、後白河も建春門院とともに再三同地を訪れ、三月の千僧供養、さらには大輪田泊における宋商との貿易の場にも姿を見せることになる。

3　高倉即位の波紋

嘉応の延暦寺強訴

王家正統とは言い難い後白河院の意志で高倉天皇が即位したことは、大きな反発を招いた。十一月に行われた大嘗祭《だいじょうさい》では、五節豊明節会《とよのあかりのせちえ》に際し、左大将藤原師長《ふじわらのもろなが》、右大将源雅通《みなもとのまさみち》が中途で退出し解官された。さらに平頼盛《たいらのよりもり》も、即位や母后に関する儀式への出仕や、所課の負担を拒否し、参議・大宰大弐、その子保盛の尾張守（頼盛の知行国《ちぎょうこく》）を解官された。彼らの行動の背景はさまざまであるが、高倉の権威を軽んじたことに相違はない。

頼盛は、先述のように、かつて清盛と平氏嫡男を争っただけに、時子の妹建春門院が国母となって、清盛の子息たちが政治的地位を高めたことに不満を抱いていた。解官は一年にも及び、彼が参議に復帰したのは、翌嘉応元年（一一六九）十二月であった。清盛も彼を擁護しなかったのであろう。立場を悪化させた頼盛は、承安元年（一一七二）以前に八条院の乳母の娘大納言局と結婚し、次男光盛を儲けるなど、八条院との結合を深める。元来、御給《ごきゅう》に与るなど、八条院の母美福門院に近く、さらに二条天皇に近侍した（米澤隼人 二〇二〇）ことが関係するとみられる。

頼盛は、八条院から土地を与えられ、八条院御所に隣接する八条室町に邸宅を建設している。なお、清盛が西八条に邸宅を構え、宗盛も八条に進出するなど、頼盛以外の平氏一門の八条付近への進出も顕著となる（山田邦和 二〇一六）。商業流通面のみならず、この地域が政治的にも発展したことを物語る。

さて、話を嘉応元年（一一六九）に戻す。同年十二月二十三日、延暦寺の大規模な強訴が勃発した。尾張守藤原家教の目代《もくだい》が延暦寺領美濃《みの》国平野荘《ひらののしょう》の住人を凌礫したとして、目代と家教の兄で知行国主の権中納言藤原成親の配流を要求したのである。尾張は、先述のように前年に頼盛の知行が没収され、成親に交代したばかりであったが、このことも紛争の一因と見られる。

後白河は、院御所に雲霞のごとき検非違使《けびいし》や武士を動員し防御を固めたが、日吉社《ひえしゃ》以下六基の神輿《みこし》を擁した強訴は、高倉天皇の閑院内裏に押し寄せた。内裏にも、平清盛の弟経盛や、摂津源氏の源《みなもとの》頼政《よりまさ》率いる武士が駐屯していたが、防ぐことはできず、悪僧たちは神輿を内裏に中に放置して高声を発し狼藉《ろうぜき》に及んだ。彼らがあえて高倉の内裏に押し寄せたのは、警護が手薄ということもあったが、同時に天皇の権威を低く見たためでもあった。

この時、院御所には前大納言平重盛《たいらのしげもり》が二百騎、弟の参議中将宗盛が百三十騎、そして解官されたままの平頼盛が百五十騎を率いて駆け付け、警護にあたっていた。後白河院は、三度にわたり重盛に内裏への出撃を命ずるが、重盛はすでに日没を迎えており夜間の攻撃では神輿に矢が命中する危険があるとして出撃を拒んだ。公卿たちも同様の意見で、出撃は止められた。

ここで注目されるのは、軍勢の約三分の一を頼盛軍が占めていたことである。尾張の知行を成親に奪われる形となった頼盛が、強訴の防御に消極的となるのは当然であった。その頼盛を起用せざるを得なかったことに、彼が平氏内で占めた位置の大きさがわかる。だからこそ、彼は後白河や清盛に反抗的な態度をとったのである（元木泰雄 二〇一二）。

このため、後白河も屈服を余儀なくされ、翌日には成親の備中国《びっちゅう》への配流が決定されることになる。これを聞いて衆徒《しゅと》たちは歓喜して帰山し、一件は落着したかに見えた。しかし、事態は思いもかけない方向に動き出す。

なんと後白河は、成親を呼び戻すとともに、「奏事不実《そうじふじつ》」、すなわち虚偽の内容を院に奏上したとして、蔵人頭平信範《たいらののぶのり》、検非違使別当平時忠を配流に処した。信範は時子の叔父、時忠は弟で、武士平氏の失策で公家平氏に八つ当たりした形となったのである。この陰に、時忠の検非違使別当、越後知行を奪うことになる藤原成親の暗躍があったとする説もある（上横手雅敬 二〇二〇）。十二月三十日、成親とともに頼盛を還任させたのは、平氏の不満を緩和するためであろう。むろん、怒った延暦寺が再び強訴の動きを見せた。

事態は泥仕合の様相を呈したが、嘉応二年正月に清盛が福原から上洛、後白河と会談して事態は決着を見た。成親は一応解官、信範・時忠は召還されることになった。しかし、成親の解官は形式的なものに過ぎず、二ヵ月ほどで本来の官職に復帰する。しかも彼は正月に時忠が解任された検非違使別当の重職に就任しているが、その地位を手放すことはなかった。以後、成親は五年もの長期にわたってこの地位に留まり、京中の行政・警察権を掌握する。

このほか、時忠の知行国越後《えちご》は、成親に従属する院近習《いんのきんじゅ》平信業《のぶなり》に与えられ、成親が手放した尾張国も、後白河自身の知行国となり、頼盛の手に戻ることはなかった。清盛は、平氏一門の大きな後退を認めて院に妥協した。この原因は、一門による強訴撃退の失敗の責任を負ったことと、後白河との協調を維持して、徳子入内を実現させようとしたことにあった。

建春門院の活躍

強訴の混乱が収まると、清盛と後白河とは何事もなかったかのように協調する。翌嘉応二年(一一七〇)四月、二人は康治元年(一一四二)における鳥羽院と藤原忠実《ふじわらのただざね》の先例に倣い、ともに東大寺《とうだいじ》で受戒《じゅかい》する。九月、後白河は建春門院とともに大輪田泊を訪れ、宋商と対面した。右大臣九条兼実は異国人と帝王との対面を「天魔の所為か」と仰天している(『玉葉』)が、以後、後白河は日宋貿易に積極的に参加する。これには、中継ぎの帝王という権威の欠如を、舶載の如意宝珠をはじめとする重宝収集で補おうとする後白河の思惑も関係していた(美川圭 二〇一五)。さらに彼は毎年福原に赴き、清盛とともに千僧供養を挙行することになる。

そして承安元年(一一七一)十二月、清盛の娘徳子が高倉に入内し、翌年二月に中宮となった。高倉の国母建春門院(滋子)に続き、次代の国母も平氏から登場する可能性が高まり、藤原氏に代わって平氏と王家とが結合した新王朝が出現しようとしていたのである。ここに、後白河と清盛との協調は頂点に達した。後白河と清盛とを仲介したのは、もちろん高倉の母建春門院であった。

彼女は公家平氏の平時信《ときのぶ》の娘で、先述のように清盛室時子、敏腕の官人時忠の妹にあたる。ただし、母は時子・時忠と異なり、鳥羽院の腹心で、弁官・蔵人頭をつとめた実務官僚系近臣の第一人者顕頼《あきより》の娘であった。元来は上西門院《じょうさいもんいん》の女房であったが、後白河の寵愛を受けて、応保元年（一一六一）に高倉天皇となる皇子を出産した。以後、法住寺殿において後白河とともに生活し、母方の祖父から受け継いだ才知で後白河を支え、義兄清盛との関係を取り持った。

彼女の活躍は、平氏一門内にも波紋を投げかけた。彼女の皇子高倉の即位とともに、清盛の正室でもあった時子所生の子供たちの権威が上昇し、重盛の立場を脅かし始めたのである。時子の長男宗盛は、久安三年（一一四七）の生誕で、重盛とは九歳の年齢差がある。彼は二十一歳の仁安二年（一一六七）に正四位下のまま参議に任じられて公卿となり、その年のうちに従三位に昇進、嘉応二年（一一七〇）には権中納言《ごんのちゅうなごん》に昇進した。

図 27　祇園遺跡（兵庫県神戸市）出土の中国吉州窯玳瑁釉小碗
神戸市埋蔵文化財センター所蔵

宗盛は、母時子、そして建春門院の妹、すなわち叔母と結婚し、承安元年（一一七一）に彼女との間に嫡男清宗《きよむね》を儲ける。この清宗は、翌承安二年に叙爵するとともに、驚くべきことに元服、内昇殿・禁色《きんじき》をも許されたのである。幼児にこうした特権が与えられた例は、全盛期の摂関家にもみられない。建春門院の女房で、かの藤原定家《ふじわらのさだいえ》の姉健寿御《けんじゅご》前《ぜん》によると、後白河院は清宗を膝に乗せて賞玩したという（『たまきはる』）。彼の破格の処遇は後白河の寵愛の賜物であった。重盛が宗盛に優位を保っても、その子供たちの世代で、平氏の嫡流が宗盛系統に移行することは疑いない（元木泰雄 二〇一二）。

嘉応二年十月、重盛がいわゆる「殿下乗合」事件を惹起したことと、こうしたことに対する焦慮は無関係ではないだろう。この事件は、重盛の息資盛《すけもり》が摂政（殿下）藤原基房一行に無礼を咎められ、恥辱を受けたことから、重盛がその報復として高倉天皇の元服定に赴こうとした基房一行を襲撃したものである。『平家物語』は清盛の悪行とするが、右大臣九条兼実《くじょうかねざね》の日記『玉葉《ぎょくよう》』には重盛の犯行と明記されている。高倉の元服定めは延期され、後白河を怒らせる結果となった。みずから立場を悪化させた重盛は、室経子の兄で後白河第一の近臣、藤原成親に接近し、地位の挽回を図ることになる。

成親と重盛

高倉の即位とともに成立した後白河院政を支え、院近臣の第一人者となったのが、藤原成親である。彼は、藤原北家末茂流の院近臣で、父は家成《いえなり》、母は藤原経忠の娘で、隆季《たかすえ》・家明という二人の異母兄がいた。末茂流は、白河院唯一の乳母藤原親子の子顕季《あきすえ》が白河の近臣として公卿に昇進して以来、大国受領を歴任して公卿にいたる院近臣を輩出して繁栄する。鳥羽院の寵后で近衛天皇の母美福門院、最大の近臣家成は、ともに顕季の孫である。

成親は早くから後白河院近臣となり、藤原信頼に接近したために平治の乱で解官され、さらに二条天皇派との対立の最中にも再度の解官を経験したが、仁安二年（一一六七）には権中納言に昇進した。後白河院政が確立した後、先述のように嘉応元年（一一六九）の延暦寺強訴に巻き込まれ、配流されたものの、解官に軽減され、たちまちに政界に復帰する。その混乱の中で平時忠が有した検非違使別当の重職を兼ねるに至った。その後、彼は安元元年（一一七五）に権大納言に昇進するまで、先述のように五年余りの長期にわたって検非違使別当を勤めることになる。

図28　藤原成親関係系図

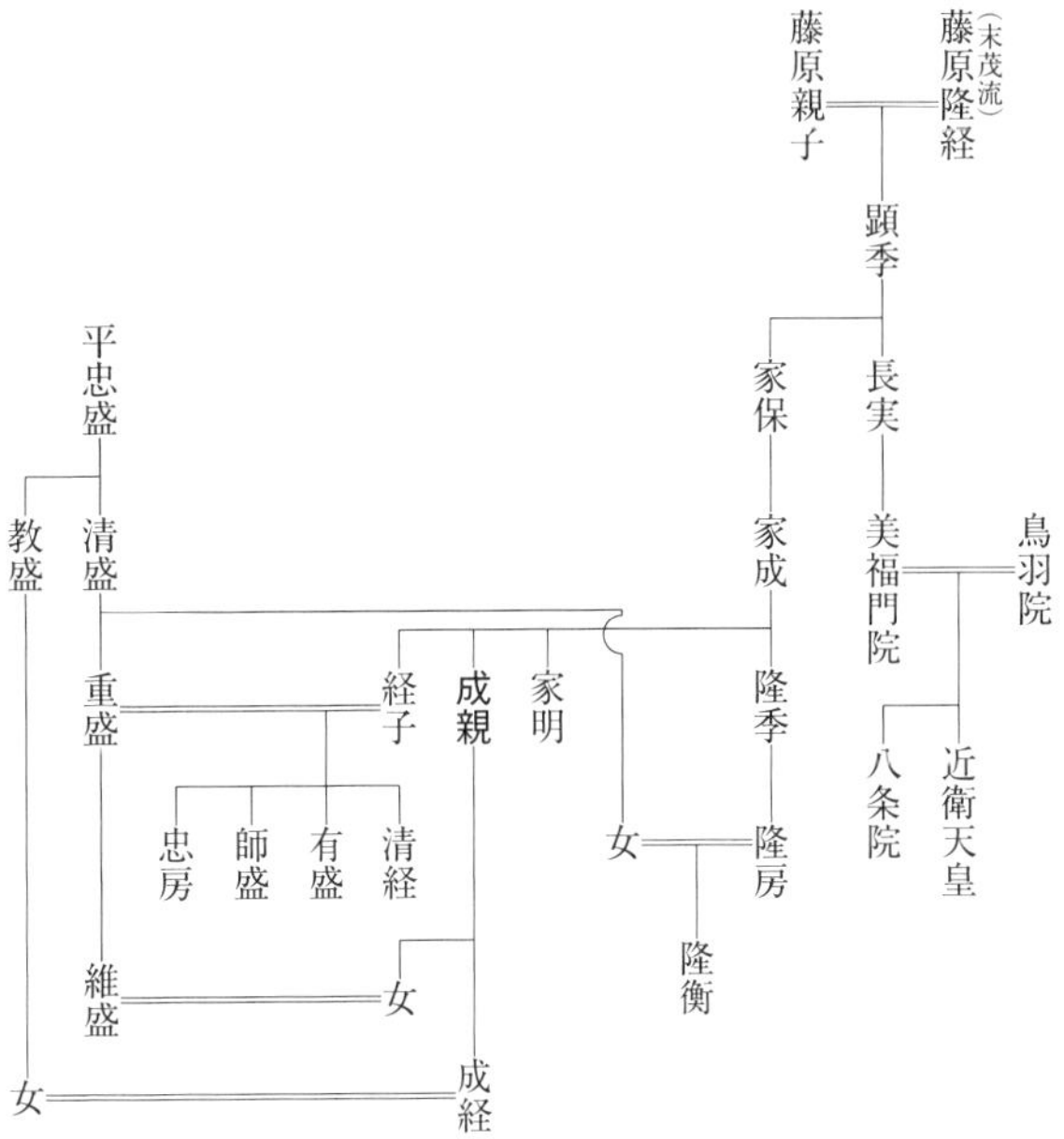

この間、検非違使たちが再三強盗を捕らえ、後白河がそれを見物している。承安元年（一一七一）四月には、検非違使藤原能盛《よしもり》が強盗張本佐渡光成を、同三年正月には同大江遠成《おおえのとおなり》が強盗七人を、そして同年十月には同藤原師高《もろたか》が強盗十人を、それぞれ後白河の前に連行した。これらの検非違使はいずれも院の下《げ》北面《ほくめん》、すなわち後白河の直属軍という存在であり、成親のもとで彼らが統制されていたことになる。また承安三年三月、成親は諸衛の官人の郎従《ろうじゅう》の数を定め、検非違使の武力を強化している。成親は、検非違使別当として熱心に京中の治安維持に取り組んでいたといえよう。

　検非違使別当在任中の承安二年七月、成親が院御所三条殿を造営した際には、自身の従二位昇進、知行国の受領の重任など、五つもの恩賞を授与されるという、破格の厚遇を受けた。後白河の比類ない寵愛の賜物であり、その背景に男色関係があったことは否定できないが、莫大な経済奉仕などの院司《いんし》としての活躍とともに、検非違使別当としての多大の実績も存したのである（元木泰雄 二〇〇八）。

一方、先述の様に高倉即位で立場が動揺した平重盛は、成親との関係を強化する。長男維盛《これもり》と成親の娘との婚姻を成立させ、承安三年に長男六代を儲けている。また、重盛の腹心平貞能《さだよし》・同盛国《もりくに》が検非違使として成親を支えており、両者の連係はさらに密接となっていた。こうした成親との連携を通して、重盛は後白河の信頼を次第に回復してゆく。

さらに承安三年十一月、多武峯《とうのみね》焼討ちに対する朝廷の処罰を不服とした興福寺以下の南都《なんと》大衆が、大挙上洛を目指し宇治に至った。重盛は腹心の平貞能らとともに宇治に出撃し、大衆の入京を防いだのである。この時、後白河は興福寺以下南都十五大寺の全荘園を没収するという強硬な措置を実行して権威を示した。これは平氏軍の中枢である平貞能、伊藤忠清らを統率する重盛の武力によって実現したのである。翌年、重盛は武官の最高峰である右近衛大将（右大将）に就任する。

京中の治安・警察は藤原成親、強訴の防御などの大規模な軍事行動は平重盛という、二人の活躍で京の治安は保たれ、後白河は院としての権威を示すことができたのである。こうして、成親と重盛という、高倉・建春門院とつながりを持たない政治勢力が台頭し、後白河院政を支えることになる。

五　平氏政権の成立

1　崇徳院の怨霊

建春門院の死去

安元二年（一一七六）三月四日、法住寺《ほうじゅうじ》南殿において、高倉天皇《たかくらてんのう》が主催する後白《ごしら》河院《かわいん》の五十の賀が盛大に祝われた。かつて白河《しらかわ》・鳥羽院《とばいん》の五十賀は、彼らの御在所で景勝の地であった鳥羽南殿で開催されたが、法住寺殿も「水石」の便があり、鳥羽は「荒蕪」であるとして、法住寺殿が選ばれている。後白河のお気に入りで、院政の舞台でもある法住寺殿が用いられるのも当然であった。同時に、この邸宅が広大な池を有する景勝の地でもあったこと、後白河が鳥羽離宮と疎遠で、同地が荒廃していたことが伺われる。

その直後、後白河は建春門院《けんしゅんもんいん》とともに、摂津《せっつ》国有馬《ありま》温泉《おんせん》に出かけている。この温泉は病気治療に用いられることが多かったから、すでに建春門院は体調を崩しており、療養のための御幸《ごこう》であったとみられる。しかし、その甲斐もなく彼女は七月八日に三十五歳の若さで世を去ってしまう。仲介者を失った後白河と平清盛《たいらのきよもり》は、これ以後、政治主導権、人事などをめぐる対立を露呈させることになるので

図29　後白河院の主な皇子

後白河院
- 二条天皇（一一四三—六五、母藤原懿子）
- 守覚法親王（一一五〇生、母藤原成子・藤原季成女）
- 以仁王（一一五一生、母藤原成子・藤原季成女）
- 円恵法親王（一一五二生、母坊門局・平信業女）
- 高倉天皇（一一六一生、母建春門院）
- 道法法親王（一一六六生、母三条局・法印応仁女）
- 承仁法親王（一一六九生、母丹波局・仁操僧都女）

ある。

十月、後白河は彼の幼い二人の皇子を、まだ皇子のいない高倉の養子に相次いで迎え、人々を驚かせた。これは、東宮《とうぐう》に擁立しようとするためという噂が流れている。当時の東宮は短期間での即位を前提とするものであるから、高倉の退位が計画されたのである。母を失って高倉の立場が弱体化したことを示す。

当時高倉は十六歳、すでに成人を迎えていた。天皇の政治介入を排除し、院政を維持するために、成人の天皇から幼帝に譲位《じょうい》させるのは、歴代の院も行ってきたことであった。しかし、養子に迎えられた高倉の弟たちの母は平氏と無関係だし、譲位後に清盛の娘徳子が高倉の皇子を生んでも即位の可能性は低くなる。平氏と天皇家との姻戚関係を断絶させかねない譲位の工作を、清盛は到底容認できなかった。背景には、院の最大の権限である皇位決定権をめぐる葛藤があったとみられる（高橋昌明 二〇〇七）。皇位をめぐり二人の緊張は高まった。

むろん、官位の昇進に関する平氏と、院・院近臣《いんのきんしん》との対立も激化した。同年十二月には、清盛と時子の子知盛《とももり》が斥けられ、無名の院近臣藤原光能《ふじわらのみつよし》が蔵人頭《くろうどのとう》に就任している。知盛は、清盛最愛の子息で、「無双の権勢」を誇っていただけに、人事の遺恨も大きなものがあった。なお、『平家物語』は、後述する鹿ケ谷《ししがたに》事件の一因が、右大将《うだいしょう》をめぐる藤原成親《ふじわらのなりちか》と平宗盛《たいらのむねもり》の争いにあったとする。しかし、この挿話は古記録に登場せず、虚構とみられる（早川厚一 二〇〇〇）が、院近臣と平氏との間で昇進をめぐる軋轢が生じていたことを反映したことは疑いない。

一方、建春門院の死去は平氏内部にも大きな影響を与えた。彼女の支援で躍進していた宗盛は、女院の死去と後白河と清盛の対立の中で政治意欲を失ったのか、安元二年十二月に権中納言を辞任してしまった。翌年正月、宗盛は権中納言に復帰し、右大将に就任しているが、院御厩別当《みまやべっとう》も弟知盛に譲っており、立場の後退は否定できない。また、前年に成親が権大納言昇進に伴って検非違使《けびいし》別当を辞退し、時忠《ときただ》が後任となっていたが、彼も十二月に別当を辞任している。やはり建春門院死去の影響とみられる。

これに対し、重盛《しげもり》は正月に左近衛大将《さこんえのだいしょう》（左大将《さだいしょう》）に就任、三月には内大臣《ないだいじん》に昇進した。内大臣・左大将は摂関家の嫡男に匹敵する高い官職である。高倉天皇の地位が揺らぎ、時子所生の宗盛以下が後退する中、父清盛に続く大臣昇進を実現した重盛は、平氏の後継者の地位を決定的とした。反面、高倉天皇と距離を置き、後白河・成親に接近した重盛の立場に、平氏の次世代を考える清盛は不満を抱いていたと思われる（元木泰雄 二〇〇九）。

安元の延暦寺強訴

安元三年（一一七七）三月、摂津福原《ふくはら》で千僧供養が盛大に行われ、京の高僧がこぞって出仕し、後白河院以下院近臣も参列した。福原における三月の千僧供養は恒例となっていたが、今回は建春門院の菩提を弔う法会となったため、殊更に盛儀を極めることになったのである。しかし、これが清盛と後白河がともに行った最後の法会となった（千僧供養については本書の「十　院政と顕密仏教の展開」を参照）。

千僧供養が終わった直後の三月二十一日、延暦寺大衆が加賀《かが》国目代《もくだい》藤原師経《もろつね》の配流を要求して強訴の動きを示した。加賀は院近臣藤原師高《もろたか》の任国で、師経はその弟であった。師高は、院近臣の中心の一人で、成親の義弟となっていた僧西光《さいこう》の息子にあたり、後白河の下北面《げほくめん》として検非違使をつとめ、受領の地位を得た人物である。

目代が延暦寺の末寺を焼却したことが紛争を惹起し、ついに強訴が勃発するに至った。原因は些細なことであったが、背景には院近臣による厳しい収奪が関係していたとみられる。荘園の成立とともに、地方の国衙と荘園との衝突が京に波及し、延暦寺と院との対立と相俟って京の治安を悪化させていた。後白河は内大臣重盛に武士の派遣を命じるが、大事に至らず、二十七日に師経の備後《びんご》国配流が決定した。しかし、事はこれで終わらなかった。

四月十三日、今度は加賀守師高の配流を要求する強訴が勃発した。延暦寺悪僧や日吉《ひえ》の神人《じにん》たちは、日吉社をはじめとする七社の神輿を擁し、嘉応《かおう》の強訴と同様に高倉天皇の閑院内裏《かんいんのだいり》に殺到したのである。後白河は、むろん近臣を守るべく、平重盛率いる平氏軍に防御を命じた。

重盛は、時子系統の弟宗盛以下との軋轢の中、後白河や成親との関係を強めていた。師高は成親の義弟の子でもあるから、軍事活動による後白河への奉仕はより重要な意味をもつことになる。それだけに、攻撃的な強訴との衝突は激しい戦闘の様相を呈した。

重盛軍は、強訴を威嚇するために、院宣《いんぜん》によって矢を射るに及んだ。ところが、十禅師《じゅうぜんじ》社の神輿に流矢が命中、さらに神人や宮仕（雑用を奉仕する下級の神職）にも死者が出るという、前代未聞の不祥事を惹起したのである。怒った衆徒は、神輿を内裏に放置して帰山してしまった。神輿は延暦寺の末社祇園社《ぎおんしゃ》に迎えられたが、後白河院以下は神の祟りに恐れおののくことになる。

この事態を恐れた高倉天皇は、中宮徳子とともに京外の法住寺殿に避難するに至った。三種の神器のうち、内侍所《ないしどころ》（神鏡）のみは公卿の反対で京外への移動は制止され、内裏に留められた。後白河はその警護を平経盛《つねもり》に命じるが、清盛の命令で拒否され、摂津源氏の源頼政《みなもとのよりまさ》が派遣されている。天皇の政治空間である京内と京外との区別が依然として厳密であったこと、重盛以外の平氏一門が後白河の命令に消極的であったことが判明する。

図30　平重盛画像　『天子摂関御影』　宮内庁三の丸尚蔵館所蔵

二十日、師高は尾張《おわり》に配流され、神輿を射た重盛の郎従六人は禁獄されるに至った。事態は、重盛の防御失敗と、清盛以下の平氏一門の非協力とによって、後白河院の全面的な屈服に終わったのである。しかし、嘉応の強訴のときと同様、事態は二転三転し、平氏を巻き込む大混乱に発展することになる。

太郎焼亡と崇徳の怨霊

平安京では火災が多発したが、この安元三年は特に頻発していた。正月には朱雀院《すざくいん》の鎮守である石神明神《いしがみみょうじん》、三月二十七日には九条兼実《くじょうかねざね》の姉皇嘉門院《こうかもんいん》の九条御所が焼失した。四月六日には二条東洞院《ひがしのとういん》から出火し、太政大臣藤原師長《ふじわらのもろなが》邸、冷泉《れいぜい》高倉の皇太后宮御所、権中納言実綱《さねつな》の邸宅が焼失している。そして二十日、空前の大火が平安京の中枢である左京を襲った。鴨長明《かものちょうめい》の『方丈記《ほうじょうき》』でも知られ、のちに「太郎焼亡《たろうしょうぼう》」と称される大火である。

火は亥刻（夜十時ごろ）、樋口富小路《ひぐちとみのこうじ》より起こり、折からの南東の強風に煽られて北西に向けて扇のように広がっていった。延久四年（一〇七二）に再建された大極殿《だいごくでん》をはじめ、大内裏における主要な建築を悉く焼き払った。大内裏の建物の多くは、保元《ほうげん》の乱後に信西《しんぜい》が再建したものであったが、この焼失後に再建されることはなかった。これは、財政上の問題というよりも、天皇の儀礼の変質や、律令国家の官司制度が形骸化、そして平安京の都市構造が左京中心に変化した結果である。

公卿の邸宅も被災を免れなかった。『玉葉《ぎょくよう》』によると、関白基房《もとふさ》、内大臣重盛、源大納言定房《さだふさ》、徳大寺実定《だいじさねさだ》、中宮大夫藤原隆季《たかすえ》ら、十四人の公卿の邸宅が焼失している。ただ、基房・重盛・定房はここに居住していなかったとされ、九条に居住する兼実以下、上流公卿の邸宅の分散も看取できる。『百練抄《ひゃくれんしょう》』は、被災範囲を、東は富小路の東、南は樋口小路、西は朱雀大路《すざくおおじ》の西、北は二条とし、その面積は百八十町、焼失人家は幾万を知らずとする。『方丈記』が数千人と記すように、焼死者も多数にのぼり、京には死穢が充満した。このことは、天皇の政治空間とされる左京にも多くの民家が密集し、火災の拡大を招いたことを物語る。

なお、この大火の翌年三月には、焼け残った七条付近で、のちに次郎焼亡と称される大規模な火災が発生した。商業地区だけに、被災者の多くは一般民衆とみられるが、修理大夫《しゅりのだいぶ》藤原信隆《のぶたか》、信西の子藤原脩範《ながのり》、平知盛《とももり》らの邸宅も焼失している。相次ぐ火災によって、左京は著しく荒廃したばかりか、無秩序な住宅密集によって火災に弱い都市構造となっていたことを露呈したのである。

火災の余燼もさめやらぬ混乱の中、三十日には仮の中宮庁が強盗に襲われ、警護の武士が殺傷され、資財が奪われた。火災の混乱で、京の治安も極端に悪化したのである。後白河院政開始の当初、安定していたはずの平安京は空前の混乱に陥った。この中宮庁は、平経盛が守護することになっていたが、

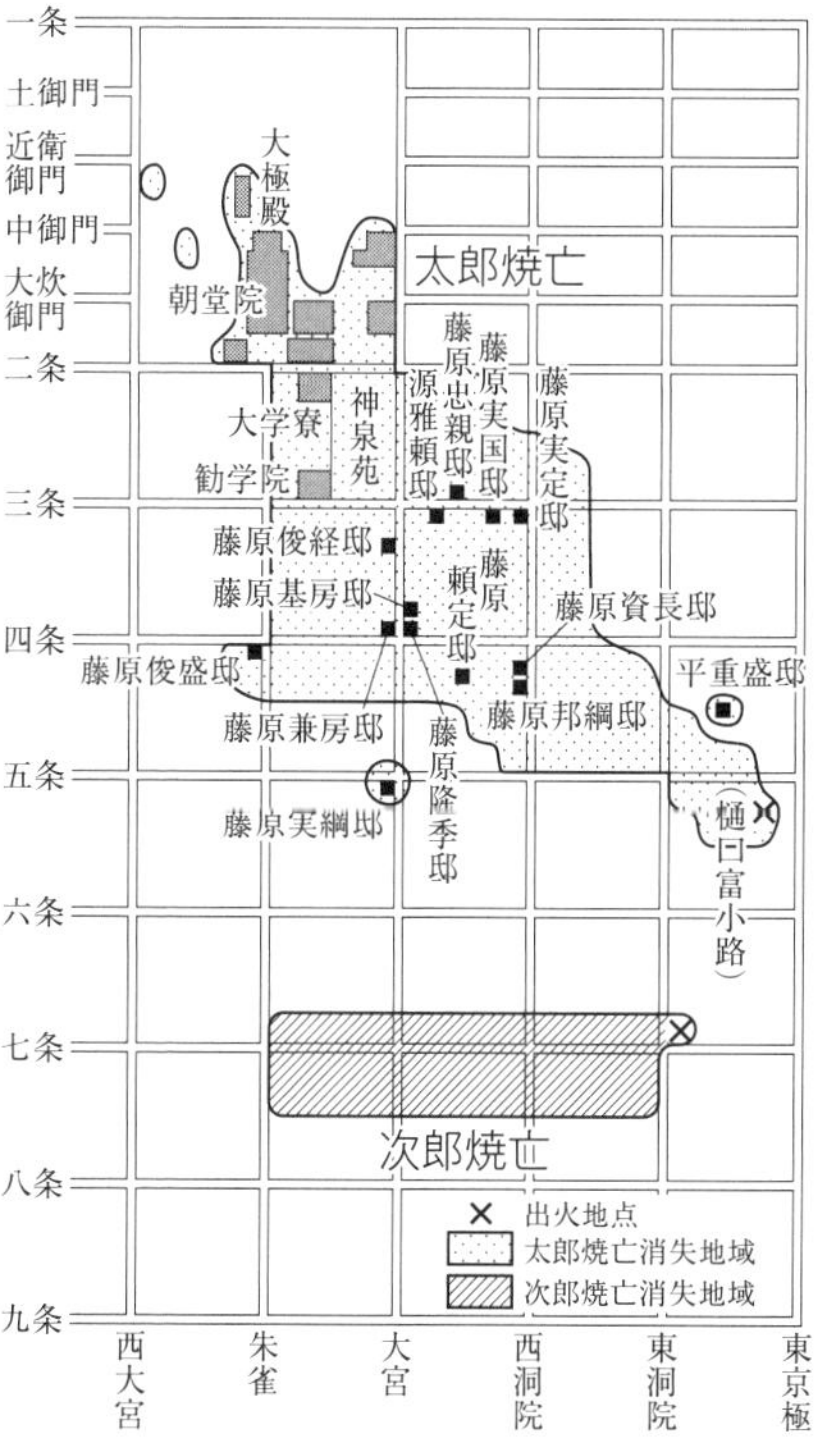

図 31　太郎・次郎焼亡地図　京都市編『京都の歴史』2（学芸書林，1971 年）をもとに作成

彼の軍勢は不在であった。京の治安悪化の一因は、平氏一門の非協力にあったのである。なお、この時、現場に駆けつけたのは「大番兵士」で、これが内裏大番役《おおばんやく》を示す最初の史料である（コラム2参照）。

ここで注目されるのは、こうした混乱を神輿攻撃の祟りとする一方で、崇徳院《すとくいん》の怨霊の仕業とする噂が人口に膾炙し始めたことである。王権の所在地である左京は、天皇の政治空間として、種々のケガレを排除した清浄な空間でなければならない。その左京における空前の大火と、極度の治安の悪化とは後白河の権威を動揺させ、彼に排除された本来の正統帝王崇徳の祟りという噂を招いたのである（山田雄司　二〇〇一）。

しかも、この太郎焼亡の前年である安元二年には、崇徳の皇統を否定して皇位についたり、その配偶者となったりした人々が相次いで若くして亡くなっている。先述のように七月八日に建春門院が三十五歳で亡くなったが、それに先立つ六月十三日には鳥羽と美《び》福門院《ふくもんいん》の皇女で、二条の中宮であった高松院《たかまついん》が三十歳で、七月十七日に後白河の孫六条院がわずか十三歳で、そして八月十九日には近衛《このえ》の中宮であった九条院が四十六歳で、相次いで死去していた。こうした不幸の連続に加え、京で大火災が発生したことから、崇徳院怨霊説が生まれたのである。

崇徳怨霊説に後白河は激昂した。この流言こそ、崇徳を斥けて帝王となった後白河に対する最大の批判にほかならない。激情に駆られた後白河は、混乱の原因は延暦寺の強訴にあるとして、理不尽にも天台座主《てんだいざす》明雲《みょううん》を捕らえるのである。ここから、さらに大きな政治的混乱が始まることになる。

2 鹿ケ谷事件

天台座主明雲の配流

後白河院は、先述のように安元二年（一一七六）に寵愛する建春門院をはじめ、四人もの院・女院を相次いで亡くした。さらに同三年に入り、信頼する重盛を起用しながら延暦寺強訴の防御に失敗し、院近臣加賀守藤原師高の配流を防ぎ得なかった。その直後には空前の大火で平安京は大混乱に陥り、清浄であるべき天皇の政治空間左京にケガレが充満してしまったのである。かくして、後白河は帝王としての権威を失墜させるに至った。

そして、かつて彼が保元の乱で追い落とした兄崇徳院の怨霊が、こうした事態をもたらしたとする噂が広まったことは、その政務に対する最大の批判であり、さらに後白河の正統性の否定でもあった（山田雄司 二〇〇一）。これは、二条までの中継ぎとしての即位以来、長く正統性を疑われ続け、高倉の即位で漸く正統の地位を確立したはずの後白河にとって、屈辱以外の何ものでもない。彼が激昂するのも当然であった。

かくして、後白河は平清盛を福原から呼びつけた。先述のように、嘉応元年（一一六九）における延暦寺強訴も泥仕合の様相を呈したが、上洛した清盛と後白河との直接交渉で事態は決着を見ている。清盛は同様の結果を予想したのかもしれない。しかし、今回は異なっていた。安元三年五月二十八日、驚くべきことに後白河は清盛に延暦寺攻撃を命じたのである。清盛は、『玉葉』に「内心よろこば

図32　鴨川と比叡山　右手に見えるのが比叡山

ず」とあるように、面従腹背の態度を示した。

清盛に攻撃を命じる一方で、後白河は着々と延暦寺攻撃の準備を進めていた。まず京中で兵器を帯びて往還する者の追捕《ついぶ》を命じた。検非違使に命じて潜入した悪僧らを摘発したのであろう。諸国に命じて延暦寺の荘園没収の準備をさせるとともに、近江《おうみ》・美濃《みの》・越前《えちぜん》三ヵ国の武士を動員する準備を命じた。後白河が諸国の武士動員権を有していたこと、そして越前を知行国《ちぎょうこく》とする重盛が協力する姿勢を示したことがわかる。後白河・重盛、そして延暦寺との間で清盛は切羽詰った立場となった（元木泰雄　二〇〇九・二〇一二）。

院近臣の壊滅

しかし、六月に入ると事態は急転する。清盛は院近臣西光《さいこう》を捕らえて拷問し、自身に対する暗殺計画が露顕したとして、西光を京で斬首してしまった。さらに権大納言藤原成親の身柄も拘束し、連行先の備前《びぜん》（難波ともされる）で惨殺した。有力な院近臣たちが、清盛の私刑によって処刑されるという、驚愕すべき結末を迎えたのである。

謀議を密告したのは摂津源氏の多田行綱《ただゆきつな》とされる。彼を総大将にしようとしたという『平家物語』の記述はとうてい信じがたいが、行綱は清盛が実質的に支配している摂関家領多田荘の領主であったから、清盛への密告はありうる。院近臣らの謀議の舞台が、東山山麓の鹿ケ谷にあった院の側近僧俊寛《しゅんかん》の山荘とされることから、この政変は鹿ケ谷事件と呼ばれている。なお、『愚管抄《ぐかんしょう》』は、山荘は信西の子静賢《じょうけん》のものであったとする。

『顕広王記《あきひろおうき》』によると、彼らは清盛を戦場に誘き出し、延暦寺悪僧の仕業に見せかけて殺害しようとしたという。攻撃を加えた者を許さず報復するのは、食うか食われるかという自力救済の世界に生きる武士の習いである。清盛は武士出身の西光を即座に殺し、現職の権大納言とはいえ、「フヤウ(武勇)ノ若殿上人《てんじょうびと》」(『愚管抄』)と呼ばれ、平治《へいじ》の乱でも信頼とともに武装して出撃するなど、武士的な性格を帯びた成親を京外に連行して殺害した(元木泰雄 二〇一三)。

強引に武士の論理を適用したのは、彼らが武士・武的存在であったことによるが、同時に暗殺計画に後白河も関与していたため、公的処罰が難しいとみたためでもある。ついで、清盛は他の院近臣たちを処罰するが、これには解官・配流の公的手続きを取っている。西光・成親に対する私刑で衝撃を受けた後白河が屈服したためである。村上源氏出身の俊寛が配流されたように、一般の公家出身者には私刑・死刑を適用することはなかった。主要な院近臣が処罰されたことで、後白河は再び有力な政治基盤を失ったのである。

事件に後白河が関与したことは確実であったが、清盛は後白河に攻撃を加えることはなかった。『平家物語』は、重盛の強い説得で、清盛も攻撃を回避したとする。これに対し、『玉葉』によると、後白河に関する清盛と重盛のやり取りは触れていないが、重盛は成親の助命を「平に申し請う」たとあり、清盛に低姿勢で接している。周知のとおり、重盛の嘆願は実らず、成親は惨殺されるが、それは当然であった。

こともあろうに成親たちは父清盛の暗殺を計画したのであり、息子である重盛が首謀者を弁護することは不可能だったのである。彼に出来たのは、ただ清盛の慈悲を求めることのみであった。彼は、事件発覚直後に武門の最高峰左大将を辞任したが、これも義兄の行動に対する責任を取ったものである。こうした重盛が、『平家物語』の記述のように、強い態度で清盛を説得したとはとうてい考え難い（元木泰雄 二〇〇九・二〇一二）。

そもそも、清盛は本当に後白河への攻撃を考えたのであろうか。むろん清盛は、自身の暗殺計画に関与した後白河に激怒したであろうが、二年後の治承《じしょう》三年政変のように後白河の幽閉・院政停止は、当初から想定していなかったはずである。当時の王権は、院と天皇の存在が不可欠である。もしも後白河の院政を停止すれば、まだ十七歳の高倉天皇しか残らず、代替の院が不在となる。また関白の基房も、基実《もとざね》没後の摂関家領横領問題で、清盛とは疎遠であり、彼の補佐に頼ることも困難であった。したがって、高倉親政は成立しがたく、後白河院政の停止は不可能だったのである。

清盛は、後白河と清盛の関係を険悪化させようとする勢力を排除し、政治基盤を失って無力となった後白河を、清盛と提携せざるをえない立場に戻すとともに、重盛と時子・宗盛系統との平氏一門の分裂を阻止したのである。清盛は院政の停止どころか、恐れをなして院御所から姿を消した貴族たちに出仕を命じている。しかし、彼の暗殺計画に関与した後白河との関係が修復できるはずもなかった。院の交代が可能となった時、清盛は後白河の排除に動くことになる（元木泰雄 二〇一一）。

安徳の生誕と重盛の死

清盛の直接的な攻撃を受けなかったとはいえ、後白河の政治力が低下するのも当然であった。治承に改元後の十一月の京官除目《きょうかんじもく》において、後白河は「しろしめすべからず（関与しない）」という姿勢をとり、高倉天皇と関白基房が中心となっている。一時は退位の危機にあった高倉が、朝廷の中心となったのである。

また、高倉の政治的地位の上昇により、平氏一門内における時子・宗盛系統の立場が強化されることになる。対照的に、重盛は政治的に連携してきた義兄成親が、父の暗殺を計画したことで大きな打撃を受け、彼は立場を失うことになる。この結果、時子・宗盛系統が優位に立ち、重盛の小松殿一門は傍流に転落する可能性が高まった（元木泰雄 二〇一二）。

年が明けた治承二年（一一七八）正月、後白河院は園城寺《おんじょうじ》において、前権僧正公顕《ごんのそうじょうこうけん》から秘密の伝法《でんぽう》灌頂《かんじょう》を受けようとした。延暦寺との対立を深めた後白河は、園城寺に対する宗教的依存を深めたのである。むろん、延暦寺は激しく反発し、園城寺を焼き討ちする動きを見せた。このとき、後白河は福原の平清盛を召喚したが、清盛は動こうともしなかった。その後、後白河は延暦寺に妥協案を示すが受け入れられず、結局伝法灌頂は実現しなかったのである。

図33　安徳天皇画像　泉涌寺所蔵

延暦寺と清盛とが連携していたこと、そして重盛が勢力を失い、後白河も清盛に頼らざるを得なかったことが明示される。清盛の妨害で灌頂《かんじょう》を妨げられた後白河は、清盛に対する憤懣を再び増幅させることになる。

治承二年十一月十二日、六波羅において中宮徳子が待望の皇子を出産した。後の安徳天皇《あんとくてんのう》である。皇子は生誕から一月余り後の十二月十五日に皇太子となった。東宮大夫は宗盛、権大夫は清盛の女婿である花山院兼雅、亮は重衡《しげひら》、権亮は重盛の子維《これ》盛《もり》で、周囲は平氏で囲まれた。後白河の孫とはいえ、生誕も平氏の邸宅であり、東宮の坊官《ぼうかん》として仕える者も平氏一門という、まさに平氏に囲繞された東宮であり、その即位は後白河の権力を奪う恐れがあった。

当時の立太子は早期の即位を前提とするから、高倉の譲位が間近に迫ったことを意味する。鹿ケ谷事件で対立が決定的となった後白河を退け、高倉が院政を行う条件が整ったのである。同時に平氏内部でも、宗盛以下、時子の系統が王権と重篤に結合することで嫡流の地位を固め、重盛の一門は傍流に追いやられることとなった。

すべてに絶望し「トク死ナバヤ（早く死にたい）」と称した重盛は、果たせるかな重病に倒れ、治承三年七月（八月一日とも）に息を引き取ることになる。享年は四十二。無力であったとはいえ、清盛と後白河との緩衝帯となる人物が消滅したのである。

3　治承三年政変

世情の混乱

治承三年（一一七九）正月、平時忠《たいらのときただ》が三度目の検非違使別当に就任した。三度の検非違使別当就任は前代未聞だが、その背景には平氏一門の支援があった。平氏は、京中の警察権を握る検非違使別当の地位に関心を持ったが、実務的な側面が強いだけに武門平氏の勤仕は難しく、これ以前には平治の乱後に清盛が一年余り在任したことがあるに過ぎない。弁官《べんかん》・蔵人頭を歴任した実務官人で、清盛の義弟でもある時忠は、平氏一門にとって検非違使別当に最適の公卿であった。

時忠は、甥高倉天皇即位後の仁安二年（一一六八）七月、はじめて別当に就任したが、嘉応元年（一一六九）十二月の強訴に際して理不尽に解任され、別当を成親に明け渡した。安元元年（一一七五）十二月、成親に代わって二度目の就任を果たすが、翌年の建春門院の死去が影響したのか、この年の暮れに辞任している。二度の不本意な離任が、執念とも言うべき三度目の就任につながったのである。

注目されるのは、五月十九日、捕らえた強盗十二名の右手を切断したことである。これは、永承五年（一〇五〇）から康平七年（一〇六四）まで検非違使別当の任にあり、罪人に対する厳しい処置で「荒別当」と恐れられた宇多源氏の源経成の先例によるが、『今昔物語集《こんじやくものがたりしゆう》』などの説話で知られるように、手足の切断は武士の所領における私刑であり、時忠の残忍な処置の背景に武門平氏の影響があったのも事実であろう。さらに治承三年政変後の翌年正月には、斬首を行うに至った（上横手雅敬 二〇一五）。

この直前の五月十六日に行われた著駄政《ちゃくだのまつりごと》に連行された強盗には、「良家の子息」、すなわち有官位者の子弟が多く、希代のこととされた（『百練抄』）。安元の大火以降、治安の悪化が進行したこと、有力者まで加わって強盗集団が肥大化したことが窺知される。京の市中支配権を奪い返した平氏にとって、治安の回復は大きな課題となった。

七月には、天下に疫病がはやり、「銭の病」と称されたという。この年に制定された公家新制では、物価統制に関する「沽価法《こかほう》」が問題となり、銭の流通を制限する動きがあった。日宋《にっそう》貿易による宋銭《そうせん》の大量輸入にともない、大きな経済変動と混乱が発生していた。「銭の病」という名称には、これを忌避する空気が反映していたのである。

一方、宗教勢力でも混乱が起こっていた。五月十四日には祇園社《ぎおんしゃ》の大衆と清水寺僧とが、祇園御《ご》霊会《りょうえ》馬上役《ばじょうやく》をめぐる紛議から合戦となり、八坂塔《やさかのとう》が焼失している。そして、京周辺の緊張を高めたのが、延暦寺内の情勢である。

同寺内では、前年八月ごろから、修学に励む上流の学僧と、雑務を担当する下級の僧侶である堂衆《どうしゅ》との対立が激化し、十月四日の合戦では学僧が敗北、多数の死者を出して敗走し、恒例の仏神事が悉く中止に追い込まれるに至った。治承三年に入って抗争は激化し、七月二十五日には堂衆に対する追討宣旨《せんじ》が下された。しかし、平氏による官兵派遣が実現しないことから、大衆が強訴の構えを示したのである。本来平氏とは友好的な関係にあった延暦寺学僧との関係に、亀裂を生じたことになる。

十月に入り、清盛の弟である参議平教盛《たいらののりもり》が官兵を率いて出撃し、近江三個荘を攻撃した堂衆を撃退したが、堂衆はその後も活動を続け、十一月二日には西塔の堂舎を焼き払うに至った。延暦寺問題を平氏は解決できず、同寺との政治的関係にも悪化の兆しが生じたのである。

こうして、京の治安悪化、日宋貿易による経済混乱、延暦寺内紛に直面し、平氏は苦境に陥った。その最中、重盛に先立ち、六月十七日に清盛の娘盛子が亡くなっている。亡き関白基実の北政所《きたのまんどころ》で、まだ二十四歳の若さであった。基実死去に際して摂関家領を継承し、父清盛による押領《おうりょう》を可能とした人物であったから、その死去で摂関家領問題が再燃する。息を吹き返した後白河は関白藤原基房《ふじわらのもとふさ》と連携し、清盛に挑みかかることになる。これに対する清盛の反撃が、治承三年政変であった。

政変の勃発

治承三年十一月十五日、武士が京中に充満した。福原にいた平清盛が、大軍を率いて上洛したのである。ここに、治承三年政変が勃発することになる。清盛は、中宮徳子、東宮言仁とともに鎮西《ちんぜい》に下向すると称して、後白河を威圧した。このため、後白河は側近の僧静賢を通して今後政治に介入しないことを清盛に伝えている。

後白河の政治活動を封じた清盛が次に行ったのは、関白基房の解官・配流と、その息子権中納言師家《もろいえ》の解官であった。これらは公的な処罰であり、清盛は高倉天皇を動かして実行したのである。摂関家は菅原道真《すがわらのみちざね》・源高明《みなもとのたかあきら》など、他氏族の有力者を配流・失脚させて権力を確立してきた。その摂関家

図34　藤原基房画像　『天子摂関御影』　宮内庁三の丸尚蔵館所蔵

の当主である関白当人が配流されたのは、前代未聞の出来事であった。清盛が摂関家を最初に攻撃したのは、彼を憤激させた理由に摂関家が密接に関係していたためである。

事件の背景として、『玉葉』以下の諸書が指摘するのは、以下の三点である。まず後白河は、重盛没後に彼の知行国越前を息子の維盛から奪い、院近臣藤原季能を受領に任じた。次に盛子の死去で宙に浮く形となった摂関家領に対し、院が倉預を任命し自身の支配下に入れてしまった。そして清盛の女婿で、基実の子基通《もとみち》を斥け、関白基房の子師家《もろいえ》を権中納言に任じたのである。

摂関家に関する二つの問題は深く結び付いている。清盛は、先述のように、仁安元年（一一六六）の基実の死去に際し、基実の子基通が摂関家の後継者になることを前提に、基実後家で清盛の十一歳の娘盛子の摂関家領継承を後白河に認めさせ、摂関家領を事実上清盛のものとしていた。今回後白河は、盛子の死去によって正式な所有者を失った摂関家領を、自身の管理下に置くに至ったのである。この背景には、かつて藤原忠実《ふじわらのただざね》が鳥羽院に寄進して以来、摂関家領を王家家長が支配していたことが関係する（佐伯智広 二〇二〇）。

そして、後白河は基実の弟で、摂関家領押領、殿下乗合事件と、再三平氏一門に煮え湯を飲まされた関白基房と結び、その嫡子で八歳の師家を摂関家嫡流にのみ許された権中納言・中将に任じた。すなわち、後白河は基房・師家を摂関家嫡流に位置づけ、基通を排除したことになる。摂関家領は、当然摂関家の嫡流に継承されるから、平氏と関係のない基房・師家系統に与えられることが決定的となったのである。

『百練抄』には、後白河と関白基房とが、平家の一門を「滅ぼす」密謀を企てたと記されているが、滅ぼすとは経済基盤を奪うことを意味するので、平氏の基盤となっていた摂関家領の奪取を計画したものと考えられる。後白河は、関白基房とともに清盛を挑発するかのような強引な政策を行った。

平氏一門に公事《くじ》に堪能な者はいないし、肝心の高倉天皇は若年で、しかも後白河の皇子であるから、父権が絶対的であった当時、父院に太刀打ちできるはずもない。平氏は後白河の前になす術もなかった。しかも、平氏が世情の混乱を鎮圧できないことも、後白河に乗じる隙を与えかねない状況となった。ここで清盛に残されていたのは、武力による朝廷の制圧という前代未聞の強引な施策だったのである。

法皇幽閉

清盛は、関白基房父子の処罰に続き、後白河によって理不尽に解任された天台座主明雲を復帰させ、さらに太政大臣藤原師長、左衛門督平頼盛《よりもり》以下、四十名に及ぶ院近臣を解官・配流した。これらは、朝廷の公的処罰であり、清盛は高倉天皇を動かして実行したことになる（上横手雅敬　一九八九）。

解官された者の中には、清盛と長年対立してきた異母弟頼盛もあった。これを機に頼盛は弓矢を捨て清盛に屈服したという（『愚管抄』）。逆に言えば、重盛は死去したものの、依然として平氏一門にも後白河に接近する者がいたことになる。解官には至らないものの、以前から後白河院に近侍した教盛《のりもり》、重盛の遺子小松殿一門など、平氏一門内に院と結合する可能性のある者は少なくなかった。後白河が政治的生命を保つ限り、平氏の分裂は繰り返される危険性があった。ここにも清盛を追い詰めた一因が存したのである。

鹿ケ谷事件と同様に、清盛は後白河の政治基盤を徹底的に破壊した。そして今回はそれに留まることはなかった。最後に清盛は、後白河を洛南の鳥羽殿に幽閉して監視下に置き、院政を停止するに至ったのである。

図35　後白河院像　長講堂所蔵

再三政治基盤を破壊されながら復活した後白河には、彼が忌避してきた鳥羽殿への幽閉という結末が待っていた。これは、鹿ケ谷事件の成親殺害と同じく、清盛の私刑にほかならない。

あわせて、藤原為行《ためゆき》・上総介《かずさのすけ》同為保《ためやす》ら、武士である下北面の者たちが多数殺害されたのも、武士としての私刑である。清盛は福原への帰路、鳥羽の木津殿の前に舟をとどめ、人の頸を切って河中に投じたという（『山槐記』）。殺害されたのは、こうした下北面の武士たちであろう。

清盛は今回の政変において、後白河と関白基房父子という貴族政権の中枢を攻撃し、彼らを失脚させた。関白の後任には、清盛の女婿で基実の遺子基通が任じられた。また、翌年二月には高倉天皇から安徳天皇への譲位が行われ、後白河に代わる高倉院政が開始されるが、これも治承三年政変の結果にほかならない。清盛は、武力で院・天皇・関白を強引に交代させたことになる。武力による王権の改変は、壬申《じんしん》の乱や藤原仲麻呂《ふじわらのなかまろ》の乱による淳仁天皇《じゅんにんてんのう》の廃位など、奈良時代以前はともかく、平安時代以降でははじめてのことであり、のちの承久《じょうきゅう》の乱・足利尊氏《あしかがたかうじ》による建武新政《けんむのしんせい》打倒の先例となる事件であった。

通常、この治承三年政変によって平氏政権が成立したとされる。もっとも、清盛は京を高倉院・摂政基通・平宗盛に委ねて福原に帰っており、すぐに彼の独裁政権が成立したわけではない。しかし、京を委ねられた三人は何れも政治的に未熟であり、政変後の厳しい政治情勢に対応するのは困難であった。京周辺では権門寺院をはじめ、多くの勢力が激しく反発しており、翌年五月には園城寺・興福《こうふく》寺《じ》と連携した以仁王《もちひとおう》挙兵が勃発する。この事件を機に、清盛の独裁体制が成立することになる（元木泰雄 二〇一二）。

一方、京で起こった治承三年政変は、全国に重大な影響を与えることになる。清盛は、後白河や院近臣の知行国を奪取し、平氏一門等に与えた。『平家物語』（巻第一「吾身の栄花」）に、日本の半ばが平氏の知行国となったとされるのは、この時のことである。知行国主の交代は、同時に目代の交代につながり、従来の知行国主・目代と結んで国内を支配してきた在庁官人《ざいちょうかんじん》の立場に甚大な影響をもたらすことになる。荘園の紛争が、強訴となって京に及んだのと正反対に、平氏による知行国主の大規模な交代は、全国に混乱を及ぼし、内乱の火種となったのである（元木泰雄 二〇二〇）。

コラム2　大番役と王権守護の武力

鎌倉幕府守護の基本的職務大犯三箇条《だいぼんさんかじょう》の一つが、大番催促《おおばんさいそく》であったことは周知に属する。守護は任国内の御家人《ごけにん》を、京の内裏《だいり》大番役に動員することになっていたのである。このように大番役は、鎌倉幕府御家人の所役《しょやく》として知られるが、その起源は幕府成立以前に遡る。大番役を勤める「大番兵士」が、史料上で確認できる最初の例が、『吉記《きつき》』安元三年（一一七七）四月三十日条で、安元の大火後の中宮庁《ちゅうぐう》を襲撃した強盗事件に関する記事である。

天皇・内裏を警護する大番役の起源については諸説あるが、一定を見るに至っていない。後白《ご しら》河天皇《かわてんのう》の重篤な警護を必要とした保元《ほうげん》の乱に大番兵士は見えないし、二条天皇《にじょうてんのう》段階でも武士の警護を忌避する意見が根強かったことから、この当時は未成立で、高倉《たかくら》朝以降の成立とみられる。

そもそも政治が安定していた摂関時代、天皇を警護する武力は、滝口《たきぐち》の武士のように、物理的暴力というよりも、「辟邪《へきじゃ》」などと呼ばれる魔除けといった性格が強いものであった。正統な帝王は、宗教的な権威を持つとともに、摂関や多くのミウチによって支えられていて、皇位は安定しており、敵対勢力に脅かされる存在ではなかったのである。

しかし、院政の成立とともに、院の恣意で皇位継承が決定されるようになると、院の没後に皇位をめぐる対立が勃発し、強力な軍事貴族による天皇・皇居の警護が始まる。鳥羽天皇《とばてんのう》を美濃源氏の光信《みつのぶ》、河内源氏の為義《ためよし》ら（『愚管抄』）が輔仁親王《すけひとしんのう》派から警護したこと、保元の乱直前に後白河の内裏を源義朝《みなもとのよしとも》・義康《よしやす》が警護したこと、そして後白河院政派との対立の中で応保二年（一一六二）に造営された二条天皇の押小路内裏《おしこうじのだいり》を清盛《きよもり》の一族が警護したこと（『愚管抄』）などはその例である。そして、二条天皇の時代には源頼政《よりまさ》・同重貞・平経盛《たいらのつねもり》など、内裏に常駐する軍事貴族が登場する。

二条・六条皇統を斥けて即位した高倉天皇は、以仁王《もちひとおう》を猶子《ゆうし》に擁して二条皇統の復活を目指す八条院《はちじょういん》以下と対立したほか、天皇の正統性に疑念をもち、内裏に対して攻撃的な強訴《ごうそ》を行う、延暦寺《えんりゃくじ》・日吉社《ひえしゃ》との衝突を余儀なくされた。こうした危機の中で、天皇と内裏を警護する大番役も成立したのである。

後述するように、当時は後白河も軍事動員権を有していたから、大番役は国衙《こくが》の公役《くやく》として成立したと考えられる。大番役は武士の名誉と考えられたが、これは院による動員であったためにほかならない。治承《じしょう》三年政変で清盛が独裁権力を握ると、大番役も平氏家人《けにん》中心に移行し、非家人との軋轢を惹起することになる（元木泰雄 二〇二〇）。

そして頼朝《よりとも》軍が京を占領すると、大番役は御家人たちの職務となった。大番催促が鎌倉幕府守護の基本的職務の一つとなることは周知のとおりである。大番役の成立で、多くの地方武士が上洛することになり、地方武士と京との関係はより密接なものとなってゆく。

六　福原遷都と内乱

1　以仁王の乱と福原行幸

寺社勢力との対決

政変の余燼も消えやらぬ治承三年（一一七九）十二月十六日、清盛《きよもり》は再び福原から上洛し西八条邸に入った。清盛はこの邸宅に東宮言仁親王《とうぐうときひとしんのう》、のちの安徳天皇《あんとくてんのう》を迎えたのである。東宮は、閑院《かんいん》から、関白藤原基通《ふじわらのもとみち》・左大臣同経宗《つねむね》以下を従え、西八条に行啓《ぎょうけい》した。来年正月の御魚味《ごぎょみ》・御着袴始《ごちゃっこはじめ》の議定《ぎじょう》が名目だが、清盛にしてみれば、東宮を文字どおり擁することで、貴族たちに皇位決定権を掌握したことを見せ付けるのが目的であった。

このとき、清盛が指を湿らせ明かり障子《しょうじ》に穴を開けると、清盛の膝に抱かれた皇子はそれを真似た。清盛は感涙を流し、皇子が穴を開けた障子を家宝として倉にしまうように命じている。また、清盛は宋《そう》から輸入した百科事典『太平御覧《たいへいぎょらん》』を東宮に献じた。これは、かつて藤原道長《みちなが》が当時東宮であった敦良親王（のちの後朱雀天皇《ごすざくてんのう》）に、中国南北朝時代の名高い詩文集『文選《もんぜん》』を献じた先例による。海外に目を向ける才知あふれる帝王に成長することを期待したのであろう。また、清盛が道長を目指したことも示唆する。

孫のいたいけな児戯を祖父が見守る、誠に微笑ましい光景である。しかし、行啓に際し辻ごとに武士が配置され、その数は六百騎に上った。このことは、清盛と皇子とがいかに危機的な状況に置かれていたのかを如実に物語る。清盛が直面した敵対勢力の一つが、権門寺院であった。後白河《ごしらかわ》が厚い信仰を寄せていた園城寺《おんじょうじ》、統括者である氏長者《うじのちょうじゃ》関白基房《もとふさ》を配流された興福寺《こうふくじ》が敵対するのはいうまでもない。さらに平氏と連携していたはずの延暦寺《えんりゃくじ》との関係も不穏となっていた。

その背景には、安芸《あき》国厳島神社《いつくしまじんじゃ》の問題が介在していたのである。厳島神社はもともと安芸国の一宮《いちのみや》で、保元《ほうげん》の乱直前に安芸守に就任した清盛が篤く尊崇するようになった。彼が厳島を重視した背景には、大宰府《だざいふ》における日宋貿易に関心を持ち、瀬戸内海交通の拠点を確保しようとしたこともあったと見られる。同時に、承安年間（一一七一—五五）から厳島神社では厳島明神を皇祖神とする信仰が高まっており（森由紀恵 二〇〇三）、建春門院《けんしゅんもんいん》・高倉天皇《たかくらてんのう》を通して王家とのつながりを有し始めた清盛は、同社への信仰を高めたのである。

治承三年、清盛は厳島神社を、重大事に際し朝廷が奉幣《ほうべい》する重要神社である二十二社に加えようとしたが、貴族の反対にあって断念している。二十二社は、伊勢《いせ》・石清水八幡宮《いわしみずはちまんぐう》などの皇祖神《こうそじん》、賀茂《かも》・稲荷《いなり》・北野《きたの》・春日《かすが》・日吉《ひえ》といった、京・畿内《きない》の名高い神社で構成され、朝廷を擁護する神々という性格を帯びていた。伊勢を除けばいずれも畿内に所在する神々であり、はるかに離れた厳島をその中に加えようとすることには無理があった。

本来、平氏の氏神《うじがみ》は二十二社の一つである平野神社《ひらのじんじゃ》であったが、清盛はこれを重視しなかった。恐らくは、同社が王氏・源氏の氏神でもあったこと、皇祖神となった厳島神社は王家と結合した平氏の氏神にふさわしく、さらに瀬戸内海進出の拠点に好適であったためであろう。厳島神社の二十二社昇格に失敗した清盛は、驚くべき手を打つ。

治承四年二月、高倉が退位すると、清盛は退位後初の神社参詣先に厳島神社を選んだのである。白河院《しらかわいん》が紀伊《きい》国の熊野《くまの》に参詣したことを除いて、退位後の初参詣に畿外の神社が選ばれた先例はなく、京・畿内の寺社から大きな反発を招くことになる。参詣を阻止しようとする悪僧が蜂起するが、それには園城寺・興福寺のほか、延暦寺の悪僧も加わった。彼らは、参詣を阻止しようとしただけではなく、なんと高倉・後白河両院の身柄の奪取を計画するに至ったのである。清盛はこうした動きを退け、強引に参詣を実現することになる。権門寺院との対立、厳島と結合した新たな宗教体系の構築、そして福原《ふくはら》への遷都《せんと》という構想が清盛の中に生まれていたのである。

以仁王の挙兵

治承四年（一一八〇）五月十五日、突如として後白河院の皇子以仁王《もちひとおう》は臣籍《しんせき》に下され、土佐《とさ》に配流されることになった。彼の挙兵計画が露顕したためである。三条高倉にあった彼の邸宅は検非違使《けびいし》に囲まれるが、王は追捕《ついぶ》の手を逃れて逸早く園城寺に逃亡した。彼とともに挙兵を計画した摂津源氏の武将 源 頼政《みなもとのよりまさ》からの連絡があったとみられる。

『平家物語《へいけものがたり》』や鎌倉幕府の公式歴史書『吾妻鏡《あずまかがみ》』は、平氏の専制を不満とする源頼政の勧めで、王は挙兵を決断したとする。すなわち、首謀者は武士の頼政《よりまさ》ということになる。しかし、彼はすでに当時としては希な七十七歳の高齢で、しかも二年前には清盛の推挙で従三位に叙し、武門源氏初の公卿となっており、清盛に大きな恩義があった。そのような頼政に、平氏打倒への強い動機があるとは考えられない。

一方の以仁王は有能な人物で、母は大納言《だいなごん》藤原季成《ふじわらのすえなり》の娘という高い身分であったにもかかわらず、親王宣下《しんのうせんげ》もなかった。これは、本来異母弟高倉擁立を目指す平氏の圧力の結果である。しかし、彼は叔母の大荘園領主・八条院の猶子に迎えられ、その支援で皇位への野心を抱くに至った。ところが、治承三年政変で父後白河を幽閉されたばかりか、所領城興寺領《じょうこうじりょう》を奪われ、さらに翌年四月、清盛の外孫安徳《あんとく》の即位によって皇位が遠のいたことで、王は怒りを爆発させたのである。平氏に対する大きな遺恨と、即位の野望を有する彼こそが、挙兵の首謀者にほかならない（上横手雅敬 一九八六）。

権門寺院の激しい反発など、反平氏機運の高揚を看取した以仁王は、八条院の支援を受け、彼女に仕える摂津源氏の武将源頼政、平氏に反発し、多くの悪僧を有する園城寺・興福寺等の大寺院と平氏打倒を計画した。そして、源頼朝《みなもとのよりとも》以下、諸国の源氏に挙兵を促す以仁王令旨《りょうじ》を配布したのである。しかし、計画は中途で露顕してしまい、平氏の追及を受けることになった。

当初、平氏は頼政が挙兵に加わっていることに気づかず、彼の養子である検非違使源兼綱《かねつな》らを以仁王の追捕に派遣したが、王はすでに逃亡していた。このため、その行方を追及して八条院御所が捜索を受けるなど、京の内外で大きな騒動が勃発している。王は園城寺に逃れたことが判明したため、五月二十一日には園城寺攻撃が決定し、宗盛《むねもり》・頼盛《よりもり》らの平氏一門と並んで頼政も出撃を命じられた。

ここに至って、ついに頼政も立場を明らかにした。五月二十二日、彼は一族とともに園城寺の以仁王に合流したのである。この時、彼は近衛《このえ》南・河原東にあった自邸に放火しており、彼の拠点も平氏の六波羅同様、京外に存したことがわかる。頼政は八条院に仕えていたから、その参戦には女院の意向もあったとみられ、事件は八条院も関係する深刻なものであることが判明した。

それればかりか、延暦寺大衆三百人が以仁王に合流し、南都大衆も上洛するとの情報が京に伝えられた。さすがに平氏も動揺し、京中の合戦に備えて安徳天皇を平氏の拠点に近い八条櫛笥《くしげ》殿に移した。ここは高倉院の御所であったが、院を近隣の八条大宮邸に移し、そのあとに天皇が行幸したのである。京が騒然とする中、二十三日には、福原遷都の噂が流れている（『玉葉』）。京の首都の座を脅かすことになる「福原遷都」がはじめて史料に登場したのである。

二十六日未明、以仁王・頼政一行は離反者が出た園城寺を脱出し、より強大な勢力をもつ興福寺との合流を目指し南都に向かった。これを知った平氏は一行を追撃し、宇治《うじ》で合戦となった。往年の騎《うま》射《ゆみ》の達人源義家《よしいえ》を髣髴とさせる源兼綱の奮戦もあって、以仁王一行はその場を逃れるが、頼政らは木《き》津川《づがわ》の河原で、そして王は南都を目前にした光明山の鳥居の前で討たれたのである。

福原行幸

治承四年（一一八〇）六月二日、清盛は突如として安徳天皇、高倉・後白河上皇、女婿の摂政藤原（近衛）基通《もとみち》、そして平氏一門を京から摂津《せっつ》国福原に移した。これがいかに破天荒な出来事であったのかということは、先述のように安元三年（一一七七）の延暦寺強訴《ごうそ》の際、京外の法住寺殿《ほうじゅうじ》への行幸さえもが大きな問題となり、神器の一つ神鏡（内侍所《ないしどころ》）の移動が貴族の反対で実現しなかったことからも明らかである。

天皇・神器ばかりではない。高倉院、幽閉中の後白河院、摂政基通までもが同行しており、王権自体が根こそぎ福原に移されたことになる。これが遷都を前提とするものであることは、誰の目にも明らかであった。延暦十三年（七九四）、桓武《かんむ》天皇《てんのう》が遷都してから四世紀近くを経て、恒久の宮都であるはずの平安京は、遷都の危機に直面したのである。清盛は、なぜ遷都というとてつもない大事業を計画したのであろうか。

直接のきっかけは、むろん直前の以仁王の挙兵にあった。挙兵自体は、短期間で鎮圧されたが、清盛は大寺院が敵対したことに脅威を受けたと考えられる。従来の強訴は、荘園や末寺の人事など、既得権益の擁護を目指すものに過ぎなかった。しかし、以仁王挙兵において、寺院勢力は安徳天皇と平氏政権打倒を目指す以仁王に加担し、清盛と政治的に鋭く対立したのである（田中文英 一九九四）。大寺院とのきわめて深刻な対立に脅威を感じた清盛は、安徳天皇とともに彼らに包囲された京を脱出するに至った。

京は、権門寺院をはじめとして、天皇を守り、その権威を支える宗教勢力に囲繞された都であった。ところが、その宗教勢力が敵対し、天皇の権威を否定しようとしたのである。清盛が京を脱出し、厳島をはじめとする新たな宗教的権威との結合を目指して、福原に都を移すのも当然のことといえる。

また、先述のように安元三年（一一七七）には内裏を含む左京一帯が、翌治承二年（一一七八）には商業地区の七条大路周辺が焼失するという大規模な火災が相次いだ上に、強盗が横行するなど治安が悪化し、平安京の都市としての荒廃も顕著であった。こうしたことも、清盛が遷都を計画した一因とみられる。

さらに、遷都の理由として忘れてはならないのが、桓武天皇の先例である。桓武天皇は大化《たいか》の改新(乙巳《いつし》の政変)を断行したことで知られる天智《てんじ》天皇《てんのう》の子孫である。一方、奈良の都平城京は、天智の弟で壬申《じんしん》の乱に勝利して皇位を奪った天武《てんむ》天皇《てんのう》の子孫が代々宮都としていた。しかし、称徳《しようとく》女帝を最後に天武系皇統が断絶し、代わって天智天皇の孫光仁天皇《こうにんてんのう》が即位したことから、皇位が天智系の皇統に移り、新王朝が成立したとみられたのである。

高齢だった光仁の後を継いだ桓武は、新王朝の新都として長岡《ながおか》・平安京を造営することになる。当然清盛もこれを意識したに相違ない。では、彼が新王朝を樹立したと判断した理由はどのようなものであったのだろうか。

当時の安徳天皇の母は清盛の娘平徳子、先代高倉天皇の母も平滋子で、平氏の女性を母とする天皇が連続していた。平安後期の天皇の母がほぼ藤原氏であったことを考えると、これは大きな変化である。清盛は、天皇家と藤原氏が結合した王朝に代わり、天皇家と平氏が結合した新王朝を樹立したと考えた。そこで彼は、桓武天皇の先例に倣い、平安京に代わる新王朝の新都福原への遷都を計画したのである(元木泰雄 二〇一一)。

それにしても天皇・院の遷幸はあまりに唐突であった。後述するように、平氏一門内にも遷都反対派が多数存在したことを考え合わせると、清盛は以仁王挙兵の混乱を利用して強引に遷幸を実行したものと考えられる。福原には内裏も院御所もなく、天皇・院は平氏一門の邸宅に仮寓し、随行者は路上に坐す有様であったという。地形の制約もあって、遷都は清盛の思惑どおりには進まなかった。以後、福原遷都をめぐり、推進する清盛と反対派との駆け引きが続くことになる。

2 内乱の勃発と還都

遷都をめぐる軋轢

福原は日宋貿易の舞台となった大輪田泊《おおわだのとまり》の北に隣接し、清盛の別荘の所在地であった。先述のように、清盛は仁安三年（一一六八）の出家後は、ここを本拠とし、重大事件の時に限って上洛していた。このため、福原には平氏一門や彼らに仕える家人《けにん》の邸宅が存在し、都市としての性格を有していたが、天皇・上皇の御所をはじめ、首都としての機能が整備されていたわけではなかった。

そこで清盛は、平城京を模して大輪田泊の近くに「和田京」を計画した。道幅に応じて邸宅の区画の大きさが左右される平城京は、宮都として完成した形態とはいい難いが、その平城京を模倣したことに、平安京を否定しようとする清盛の意図が窺知される。しかし、東西に細長い地形では、平城京のような条坊を設定することは困難で、和田京計画は断念せざるを得なかった。

ついで、摂津国昆陽野《こやの》（現兵庫県伊丹市付近）・播磨国《はりま》印南野《いなみの》（同加古川市付近）への遷都も計画されるが、これも実現困難とされた。しかし、清盛は遷都を諦めようとはせず、福原を離宮として天皇・院を留め、京に帰そうとしなかった。

これに反発した貴族たちの間では、九世紀後半のものとされる「嵯峨隠君子算道命期勘文《さがいんくんしさんどうみようごかんもん》」という文書が流布した（『玉葉』八月四日条）。この文書によると、平安京は東に賀茂社、西に松尾社が鎮座して都を守り、南に開け北を山が塞ぐという理想的な地形であったため、桓武天皇が永遠の都に定めたとされた。この文書の真偽は詳らかではないが、平安京を礼賛し、平安還都を求める声が高まったことに相違はないだろう。

『平家物語』にも、王権を守護する社寺が存在し、五畿七道への交通の便もよいとして京を讃える記述がある。福原遷都に反発し、朝廷の儀礼と結びついた社寺が存在し、地理的にも優れた京を賞賛する空気が貴族の間に広まっていたことがわかる。

そして、福原に留められていた高倉院も、夢に現れた母建春門院が、墓所のある京を離れたことを怒ったとして帰京を望んだ。こうしたことから、清盛の義弟平時忠《ときただ》をはじめとする高倉院の側近は、清盛に還都を要求するに至った。しかし、清盛が「帰りたい者は帰れ。自分は福原に留まる」と一喝したため、還都を口にするものはいなくなってしまった（『玉葉』八月十二日条）。還都の動きは、清盛に一蹴されたのである。清盛は、傀儡《かいらい》とはいえ、治天《ちてん》の君《きみ》として、公家政権の頂点に立つ高倉院の意向をも無視したことになる。独裁者清盛の姿が明瞭である。

こうした還都を求める動きは、逆に清盛を遷都に向けて奮い立たせることになった。彼は、安徳天皇の即位を祝う大嘗祭《だいじょうさい》を福原で行うこととし、さらに八月下旬、ついに福原に内裏を造営し、八省以下の主要官司も建設するという本格的な首都移転の方針を打ち出すに至った（『玉葉』八月二十九日条）。以後、首都としての福原の整備、すなわち福原京の造営が本格化したのである。

清盛は貴族たちに土地を与え、邸宅を造営させたため、鴨長明《かものちょうめい》の『方丈記《ほうじょうき》』の記述で知られるように、京で建築された建物が筏《いかだ》に組まれて相次いで福原に運ばれることになる。徳子の中宮大夫《ちゅうぐうだいぶ》などをつとめた親平氏派の公卿中山忠親《なかやまただちか》は、福原の宿所の棟門《むねもん》を京で造り、堀河から福原に下している（『山槐記』九月六日条）。さらに貴族に仕える人々も多数福原に移動するが、これが民衆にとって大きな負担となったことはいうまでもない。さらに、九月に入ると、清盛は重要な儀式・祭礼を除いて、貴族たちが平安京に帰ることも禁じてしまった（『玉葉』九月十二日条）。

八月下旬の段階では遷都の実現は疑問視され、平安京も荒廃することはなかったが、こうなるとさすがに空き地も増えていったとみられる。一方の福原では、十一月には皇居も完成し、天皇の正式の転居を意味する「移徙《わたまし》」も予定されていた。もはや、福原への遷都は目前に迫り、首都平安京の地位は風前の灯となったのである。

「還都あるべし」

遷都目前の情勢に反対論も再燃し、九月には延暦寺が強硬な遷都反対を唱えた。平安京とともに繁栄してきた同寺としては当然のことであったが、清盛にしてみれば「想定内」のことであったろう。しかし、清盛の嫡男で優柔な性格で知られる宗盛《むねもり》が、「還都あるべし」と主張し激論に及んだことは（『玉葉』十一月五日条）、清盛に多大の衝撃を与えた。以後、彼は急速に還都に傾くことになる。

図36　平宗盛画像　『天子摂関御影』　宮内庁三の丸尚蔵館所蔵

それまで優柔だった宗盛が、この時に突如として還都を清盛に申し入れたのはなぜだろうか。その背景にあったのは、十月二十日の富士《ふじ》川《がわ》合戦で清盛が派遣した追討軍が頼朝《よりとも》軍の前に大敗を喫したという報告にほかならない。それにともなう内乱の激化に対する危機感が存したのである。また、福原遷都に反対する動きは、宗盛だけではなかった。先にも触れたように平氏一門内には、福原遷都に反対する機運がくすぶっていたのである。

元来、平氏一門の多くは福原遷都に反対していた。以仁王挙兵鎮圧直後の五月二十七日、高倉院御所の殿上《てんじょう》に公卿が集まり、興福寺攻撃の可否が議された。高倉院・平宗盛・時忠《ときただ》らと「内議」と称する打ち合わせをした平氏一門の代弁者、権大納言藤原隆季《たかすえ》、参議源通親《みちちか》は、以仁王の潜伏やこれまでの反抗的態度などを理由に、興福寺攻撃を強硬に主張するが、以仁王が討たれたことや、藤原氏公卿の反論で、興福寺攻撃は却下された。

興福寺こそ、平安京近郊における最大の反平氏勢力であり、それに対する攻撃は平氏政権の在京を前提とする。何としても興福寺を攻撃し、平氏政権を京にとどめたい。この議定にはそうした思いがこめられていたのである。それゆえに、興福寺攻撃が却下されるや、清盛は一門の反対を抑えて強引に天皇・院以下を福原に移したのであった。こうした福原遷都計画への反発は、その後も燻り続け、先述したように高倉院・時忠の反対が起こり、ついに嫡男宗盛も還都を主張するに至ったのである。

遷都に反発していたのは一門の有力者だけではない。天皇・上皇らが福原に移されてから二ヵ月余りを経た治承四年八月、平治《へいじ》の乱で敗れ伊豆《いず》に配流されていた源頼朝が平時忠の知行国伊豆で挙兵し、目代の平兼隆《かねたか》を殺害した。頼朝討伐のために、清盛は孫の維盛《これもり》を大将軍とする追討軍を派遣するが、頼朝が石橋山《いしばしやま》合戦で坂東の平氏軍に敗れたこともあって、平氏の緊張は弛緩した。追討軍は九月二十一日に福原を出立し、二十三日に六波羅に入ったが、そこで二十九日の出立まで六日も空費してしまうことになる。

遅延の原因は、侍大将伊藤忠清《いとうただきよ》が六波羅を先祖の旧宅、すなわち本拠として、本拠出立の日に選んではならない十死一生日を避けたことにあった。大将軍維盛が福原を本拠として、六波羅を「途中」としたのに対し、忠清は、先祖の墳墓もあり、所領伊勢にも近い六波羅こそを本拠と主張したのである。福原を否定し六波羅を本拠とする考えは、忠清だけではなく、六波羅に直結する伊賀《いが》・伊勢を拠点とする、平氏軍の中枢を占める家人たちに共通したものであっただろう。

周知のとおり、この遠征軍は十月二十日の富士川合戦で、戦わずして潰走するという無残な敗北を喫する。これによって、頼朝の反乱が長期化・深刻化するのはもちろん、反乱の火の手が全国に拡大することも容易に予想された。宗盛は、深刻化した内乱鎮圧のために、一門が反対する新都造営の中止を申し入れたのである。かくして、新都造営に全力を傾注してきた清盛は、内乱鎮圧というもう一つの大問題と、もはや抑えきれなくなった遷都反対という一門の意志に直面することになった。

清盛は十一月十一日、彼の邸宅にいた安徳天皇を新造内裏へ移し、正式な転居を意味する「移徙」を行った。しかし、同日の深夜、彼は平安京への還都を決断する。八月には高倉院・時忠らの反対をはねつけた清盛であったが、今回は違った。清盛は内乱鎮圧にも対処しなければならなかったのである。

皇居は完成したものの、主要官司や貴族たちの邸宅は建設途中であり、新都造営はまだ道半ばであった。内乱鎮圧と新都造営という大事業を同時並行で推進することは不可能である。二者択一を迫られた清盛は、内乱鎮圧を選ばざるを得なかった。平氏一門が遷都に強く反発したことを考えれば、内乱鎮圧に向けて一門を結束させるためにも、遷都断念はやむをえないことであった。内乱の激化こそが、平安京の首都の座を守ったのである。

内乱の激化と還都

本来、一介の流人でしかなかった頼朝が、挙兵に成功し坂東を占領できたのは、何も東国武士が源氏の家人だったからではない。反乱の背景には治承三年政変があった。後白河の知行国であった上総《かずさ》・相模《さがみ》、そして以仁王挙兵で滅亡した源頼政の知行国伊豆で、知行国主が交代した結果、平氏一門や家人が目代に就任したり、国内の軍事指揮権を掌握したりして、大きな権限を獲得した。また知行国主の交代はなくとも、下総《しもうさ》のように平氏家人が勢力を伸張させた国もあった。

こうしたことで追い詰められた、上総の上総介氏《かずさのすけし》、相模の三浦氏《みうらし》、伊豆の北条氏《ほうじょうし》などの従来の在《ざい》庁官人《ちょうかんじん》、そして後白河院に近い下総の千葉氏《ちばし》などが、頼朝を擁して一斉に蜂起したのである。大庭《おおば》景親《かげちか》・伊東祐親《いとうすけちか》・畠山重忠《はたけやましげただ》ら、平氏家人は石橋山合戦等でいったん反乱軍を破るが、大庭・伊東は敗死し、畠山は頼朝側に参戦するに至った。わずかな家人に大きな権限を与え、多くの武士を敵に回したことが平氏の敗因であった。京都を支配したものの、地方情勢を把握していなかった平氏の弱点が露呈したといえる（元木泰雄 二〇二〇）。

平氏政権は、清盛と結合した高倉・安徳の王権、それを荘厳する厳島社などの神社、そして平氏家人が権力を有した政権であった。言い換えれば、権門としての平氏が国家権力を奪取し、権門外の勢力を排除するとともに、家人以外の武士を家人の統制に従属させたことになる。それだけに、排除された後白河や以仁王、興福寺以下の権門寺院、そして平氏家人以外の武士たちの反発は強烈なものがあった。そして、以仁王挙兵に始まる内乱が勃発したのである。

先述の維盛以下の追討使は、沿道における武士の徴募にも失敗した。知行国主の交代や平氏家人の権力伸張が反平氏機運をもたらしたのは、坂東以外の国々でも同様だったのである。東海道の諸国でも、平氏に対する反発が高まっていたことは言うまでもない（元木泰雄 二〇一三）。わずかな人数しか組織できなかった平氏軍は、富士川で頼朝の大軍を目の当たりにし、到底勝ち目がないと判断して撤退を決めた。その刹那、水鳥が飛び立ったのである（『吉記』）。羽音を敵襲と勘違いした平氏軍は、戦うこともなく潰走することになる。

平氏の追討軍が無様な敗北を喫した結果、平氏政権の権威は崩壊した。京では、東国の反乱が十五ヵ国に及んだと噂され、その火の手はたちまちのうちに京に程近い美濃《みの》、近江《おうみ》にまで及んだのである。

もはや反乱が容易に鎮圧しえないことは、誰の目にも明白であった。こうした情勢を受けて、さすがの清盛も内乱鎮圧に専念することを決断し、あれほど固執した遷都を断念するに至ったのである。

十一月十七日から二十日にかけて、新造内裏において五節舞姫《ごせちのまい》の参入から豊明節会《とよのあかりのせちえ》に至る、新嘗祭《にいなめさい》に付随する華やかな儀式が行われた。しかし、肝心の新嘗祭が京の神祇官《じんぎかん》で行われたことは、首都が福原に移転していなかったことを明示する。その直後の二十四日、安徳天皇の一行は福原を出立し、二十六日に京に入った。出迎えた民衆は、天皇の行列に手を合わせ歓喜したという。遷都が民衆にとっていかに過酷な負担であったかを物語る。

『玉葉』によると清盛は福原に「一人として残るべからず」と命じ、自身も京に向った。彼は福原遷都を断念したばかりか、みずからの本拠も京に移したのである。安徳天皇は、藤原邦綱《ふじわらのくにつな》の五条邸に、高倉院は平頼盛《たいらのよりもり》の六波羅邸《ろくはらてい》、いわゆる池殿に、そして後白河院は、やはり六波羅内の故平重盛《しげもり》邸（『山槐記』は清盛邸とする）である泉殿に入った。

清盛は天皇一行から遅れて、二十九日に入京している。還都の目的は、いうまでもなく内乱鎮圧にあった。以後の清盛は全力で内乱鎮圧に乗り出すことになる。

3　内乱鎮圧体制と首都改造

還都に際し、最大の問題は京に隣接する近江における反乱の激化であった。十一月二十一日には、近江の瀬田《せた》・野地《のじ》において、伊勢に向かっていた宗盛の郎従十余人が殺害される事件が起こった。平氏は、京と伊勢・伊賀との通行さえも思うに任せなくなってしまったのである。反乱の中心は、近江源氏の源（山下）義経《よしつね》・義兼《よしかね》父子らで、彼らは源義家の弟義光《よしみつ》の系統に属し、京で衛府《えふ》の役人などとして活動していた軍事貴族であった。福原で平氏に従属していた源氏一門の中にも、これに合流する者も現れ、平清盛の弟経盛《つねもり》の知行国である若狭《わかさ》の在庁官人にも、近江源氏に同調する動きが出てきた。

清盛の反転攻勢

このため、清盛は還都に際し、延暦寺・日吉神社に対して、近江国内の賊徒追討を命じている。還都と引き換えに荘園領主をも賊徒追討に組織しようとする姿勢を示したのである。そして月が替わった十二月一日、満を持した清盛は、かねてからの計画通り、反転攻勢に出た。伊賀を拠点とする平田《ひらた》家継《いえつぐ》をはじめとする、伊賀・伊勢における平氏重代相伝の家人がまず近江に攻め込んだ。翌日、平知《とも》盛《もり》以下の追討使が率いる官軍が三方向から進撃し、近江源氏の拠点を次々に攻略していった。

伊賀・伊勢は伊勢平氏の古くからの拠点であり、忠実で精強な重代相伝の家人たちが多数居住していた。いわば平氏の最精鋭部隊である。彼らが前衛部隊として進撃して戦果を挙げ、「かり武者」などと称される強制徴発された武士を含む追討使が、残敵を掃討したのである。これは、平氏の基本的な軍事動員体制であった。前衛部隊が全滅し、戦意を失った追討使が潰走した富士川合戦とは全く対照的な結果となった。

次いで清盛は諸国から「兵乱米」（兵粮米《ひょうろうまい》）を供出させるとともに、貴族たちに内裏警護の武士を差し出させた。前者の対象となったのは平氏の知行国が中心であったが、後者は時忠の献策で、公卿・受領《ずりょう》たちに賦課されている。九条兼実《くじょうかねざね》は「奇異」「未曽有」として「朝廷の軽忽（軽率）」を批判している。内乱鎮圧は平氏の責任と、傍観者であった公卿たちにとってはまさに仰天すべきできごとであった。

このことは、先の延暦寺・日吉社に対する近江の賊徒追討命令に続き、公家たちも内乱鎮圧に組織していったことを物語る。もっとも、藤原定家《ふじわらのさだいえ》は、適当な「白丁《はくてい》」（一般の民衆）に甲冑《かっちゅう》をまとわせて送り出してお茶を濁しており、大半は実際の戦力とはならなかったと思われる。しかし、公家たちも還都とともに内乱鎮圧に本腰を入れた平氏に組織され、その強い統制のもとに置かれたことを痛感させられたに相違ない（元木泰雄　一九九六・二〇一一）。

この間、清盛は後白河院の幽閉を緩和し、院司《いんし》を補任《ぶにん》して限定的ながら院政を復活させた。さらに、前関白基房も配流先の備前《びぜん》から京に呼び戻している。治承三年政変による強硬な措置を後退させたことになるが、これは彼の妥協ではなかった。後白河の院政再開は、病篤い高倉の代替とみられ、院御所も六波羅の池殿・泉殿にあったように、後白河はあくまでも清盛の統制下に置かれていた。また、基房が政治に参加することはなく、この召還には、来るべき南都攻撃に向けて、藤原氏の不満を和らげようとした意図があったものと思われる（元木泰雄　一九九六）。

高倉院の死去と総官制

近江源氏の拠点を次々と攻略した清盛は、以仁王挙兵に参戦した権門寺院にも矛先を向けることになる。まず、十二月十一日、近江源氏とも連携する動きを見せた園城寺が攻撃された。悪僧らの抵抗もむなしく、園城寺の房舎は焼き払われたが、金堂や堂舎は焼け残った。侍大将平盛俊《もりとし》が、金堂への延焼を食い止めたという。清盛は寺院そのものを破滅させることを目指したのではなく、あくまでも悪僧を追討し、その拠点となる房舎を焼却するのを目的としていたのである。

そして暮れも押し詰まった十二月二十八日、平重衡《しげひら》を大将軍とする平氏軍は、山城《やましろ》・河内《かわち》の二方面から南都に攻め込んだ。平氏軍は悪僧の抵抗を退け、やはり興福寺の房舎に放火する。ところが、南都では折からの北風にあおられ、炎は興福寺・東大寺《とうだいじ》以下の堂塔にも燃え広がり、東大寺の大仏殿をはじめ主要な寺院のほとんどを焼き尽くすに至った。大仏までも焼損させた南都焼き討ちこそ、清盛最大の悪行とされたことは周知のとおりである。

大仏殿や主要な堂舎の焼失は、清盛にとって想定外であったかもしれない。しかし福原遷都の要因の一つが大寺院の脅威であったことを想起すれば、還都した清盛が徹底的な攻撃を加えることは当然であった。平氏に抵抗してきた園城寺・南都の悪僧は、拠点を失って四散した。畿内における最大の反平氏勢力であった興福寺悪僧が壊滅した結果、畿内やその周辺で平氏政権に反抗する勢力はほぼ消滅したのである。

抵抗勢力の討伐に成功した清盛は、年が明けるとさらに攻勢を強め、近江源氏を掃討し、ついで追

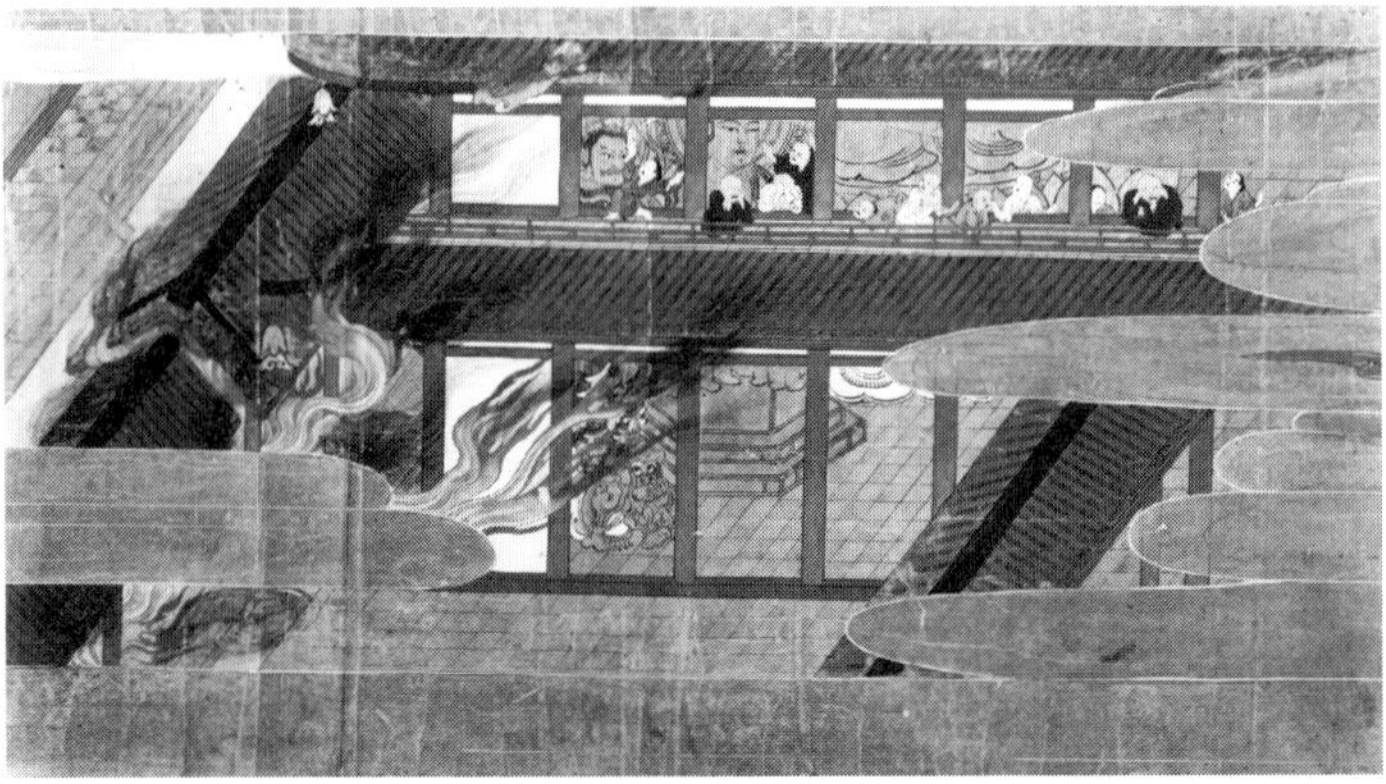

図37　南都焼き討ち　『東大寺大仏縁起』　東大寺所蔵

討軍を美濃に進入させることになる。こうして清盛の反転攻勢は相応の戦果をもたらし、反乱軍入京の危険性は低下した。

治承五年（一一八一）正月十四日、その清盛を不幸が襲った。傀儡とはいえ、治天の君として清盛の独裁政治を正当化する役割を担ってきた高倉院が、六波羅泉殿でわずか二十一年の生涯を閉じたのである。すでに福原遷都のころから体調がすぐれず、還都後の十二月には「日を待つがごとし」という重篤な状態となっていた。岳父清盛と父後白河の板ばさみとなった苦悩が、院の寿命を縮めたことは疑いない。そして、十七日には、後白河院政が復活することになる。

しかし、清盛は挫けることはなかった。後白河は、六波羅から法住寺殿の一部である最勝光院《さいしょうこういん》御所に帰るが、清盛存命中は国政の重要事を審議する院御所議定は開かれておらず、依然厳しい監視下に置いて自由な院政は許さなかった。その一方で、高倉の遺詔と称して、畿内とその周辺九ヵ国を包括的に支配する総官を設置して宗盛を補任し、それを補佐するべく丹波《たんば》国に諸荘園総下司を設置し平盛俊を任命した。これによって、一国単位ではなく、より広域から兵士・兵粮米を徴収する体制を構築したのである。

さらに、二月には時忠の献策で、京中の富裕な在家から兵粮米を徴収する制度も導入された。左右京職、官使、検非違使等が、在家の状況を調査したという。検非違使別当として京中支配に当たった時忠らしい施策といえるが、正月には、武士が在家に乱入し追捕が相次ぎ、京中が物騒であったというから、すでに富裕者から兵粮を奪おうとする動きがあったとみられる。もちろん、院宮王臣家の年貢も徴発から免れることはなかった。清盛は、富が集中する京を基盤として、内乱鎮圧体制を構築していったのである。

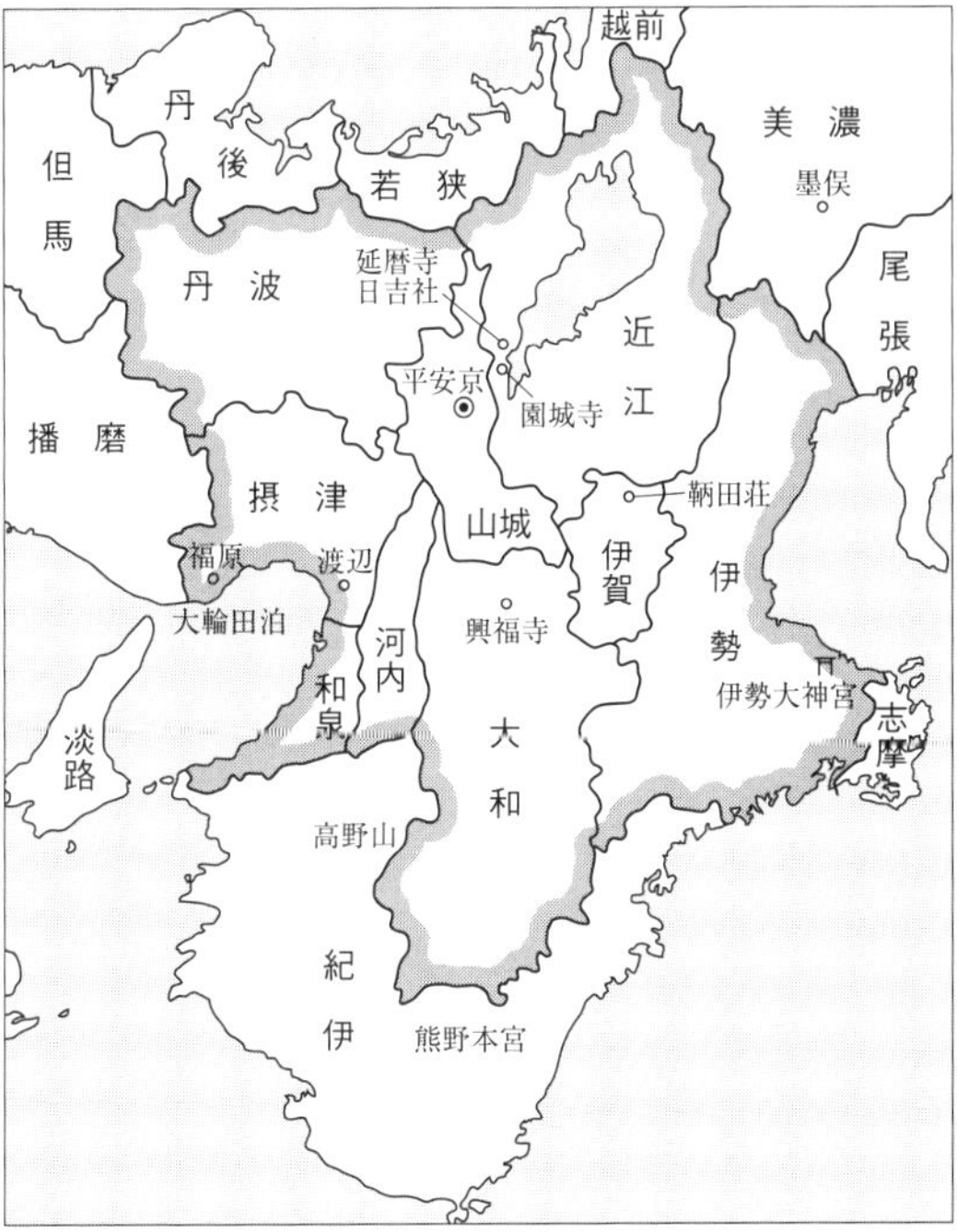

図38　総官の支配範囲

京の改造と清盛の死去

二月十七日、安徳天皇は八条にある清盛の異母弟頼盛の邸宅に行幸した。後白河院は鴨川《かもがわ》東岸で八条の末に所在した最勝光院御所に居住していたから、天皇と院は鴨川をはさんだ京の南東の端を御所としたのである。すでに正月末、平氏は右大臣九条兼実やその姉皇嘉門院《こうかもんいん》から、九条付近の土地を奪取している。その対岸、すなわち鴨川東岸に宗盛が新造した堂に清盛が居住するために、九条家関係の土地に兵士の宿営を造営しようとしていたのである（『玉葉』正月二十七日条）。この地はまさに天皇・院の御所の間近であった。

清盛は、平安京の南東隅の地域に、平氏の新拠点を構築し、天皇・院御所と一体化させようとしていたのである（上横手雅敬 一九八九）。それは、まさに首都改造であった。こうした改造計画が行われた一因は、この地域が平氏旧来の拠点六波羅・西八条に隣接しており、内乱の最中、天皇・院の警固が容易ということにあった。

また、大内裏《だいだいり》が平安京の北端にあったように、本来天皇や公卿たちは高燥な京北部を住居としてきたが、先にも触れたように流通の発展とともに京の南部が繁栄し、九条兼実、八条院など、その名前が示すように、貴顕たちにも八条・九条に居住する者が現れていた。こうした変化も影響したと考えられる。

さらに、福原遷都には、新王朝の新都造営という意味が込められていたことを忘れてはならない。清盛は福原遷都を断念したが、新王朝の新都造営まで断念したわけではなかった。清盛にとって、八条・九条付近の鴨川両岸にまたがる地域を王権の所在地とし、平氏の拠点と一体化させることは、平

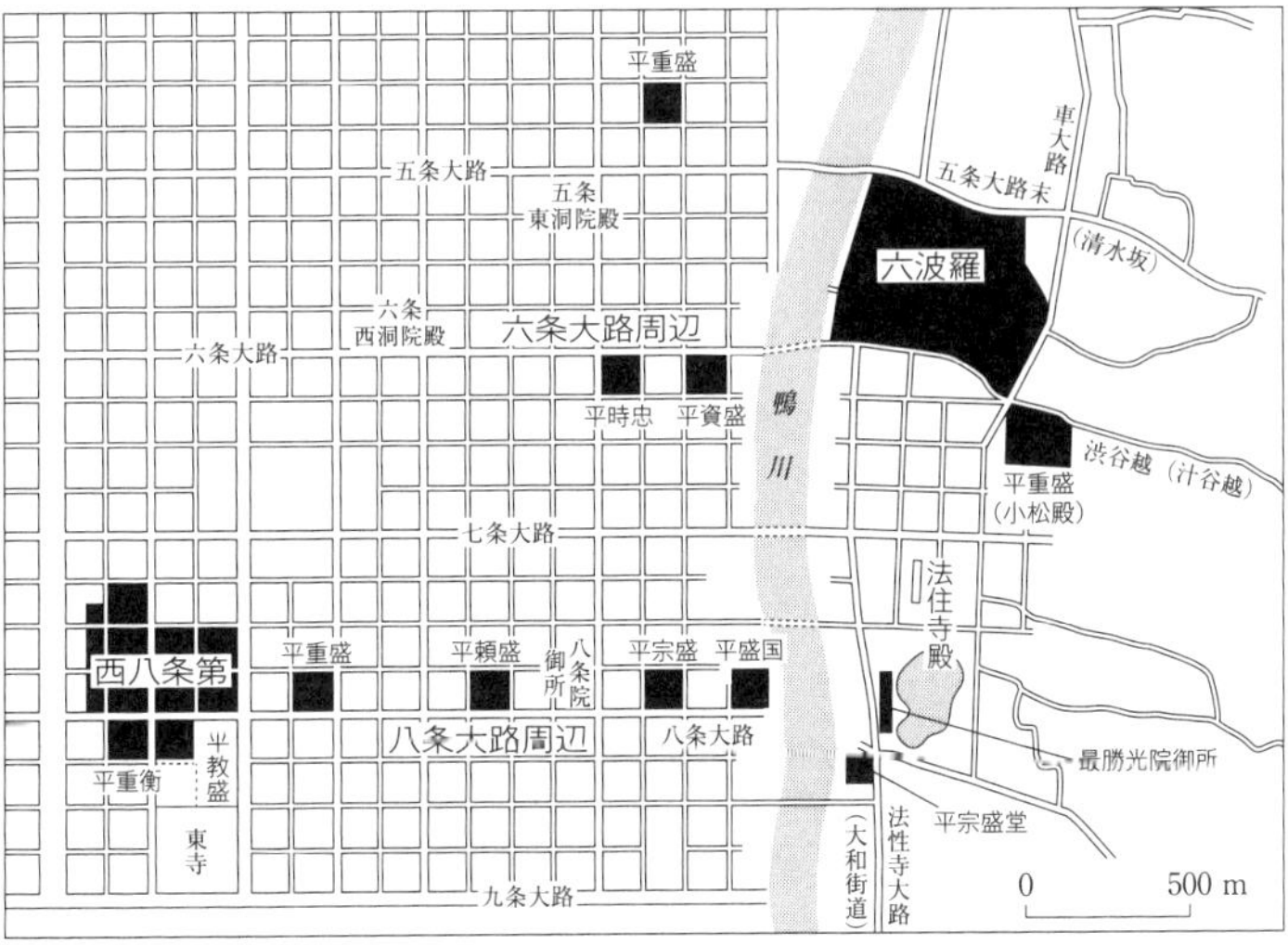

図 39　八条・九条付近の平氏邸宅　山田邦和『日本中世の首都と王権都市』所収地図をもとに作成

安京の在り方を根本的に改変することであり、福原にかわる新王朝の新都建設を意味したのである。

清盛は、内乱鎮圧に邁進するとともに、福原で果たせなかった新都造営をも実現しようとしていたのである。しかし、その動きは突如として断ち切られた。当時としては高齢の六十四歳であった清盛は、連日の激務に苛まれて、その肉体は限界を迎えていた。突如、熱病に冒された清盛は、治承五年閏《うるう》二月四日、一週間の苦悶の末についに息を引き取った。亡くなったのは、左京東南部の八条河原口（『吾妻鏡』は九条河原口とする）の家人平盛国《もりくに》の邸宅で、まさに首都改造の最前線で最期を迎えたのである。

清盛は京で生まれ、京で没したことになる。しかし『吾妻鏡』によると、彼は播磨国山田の法華《ほっけ》堂《どう》に葬られたという。山田は現在の神戸市垂水区付近とされ、明石海峡を見下ろし、大輪田泊に入る船舶を見守る場所であった。彼は政争に明け暮れた京ではなく、福原の近郊を永遠の安息の地に選んだのである（元木泰雄 二〇一一）。

重篤な状態に陥った清盛は、没後の政務について後白河と交渉し、宗盛と協議して政務を行うように求めた。言い換えれば平氏の特権的地位の保証、平氏政権の存続を後白河に要求したのである。しかし、それは彼の死によって、あっけなく否定された。それればかりか、清盛没後、驚くべきことに後継者宗盛は父の所業を批判して、後白河に政権を返上してしまったのである。後白河は全面的に院政を再開し、治承三年政変で成立した平氏政権は、一年三ヵ月ほどで消滅した。

そして四月には、安徳天皇も左京の中心二条にあった、高倉天皇以来の里内裏閑院に戻り、清盛が計画した首都改造も霧消したのである。

コラム3　平氏政権と福原

恒久の都平安京の地位を脅かしたのが、福原である。福原《ふくはら》は摂津《せっつ》国八部《やたべ》郡《ぐん》（現在の兵庫県神戸市）に所在し、日宋《にっそう》貿易の舞台となる大輪田泊《おおわだのとまり》の北に隣接していた。大輪田泊は大型船が入港できる京に最も近い港湾で、大宰府《だざいふ》や瀬戸内海各地を結ぶ流通の拠点であった。

平清盛《たいらのきよもり》が八部郡の土地調査である検注《けんちゅう》を行って付近の所領を手に入れたのは、平治《へいじ》の乱後の応保二年（一一六二）である。大輪田泊を掌握し、厳島《いつくしま》・大宰府など、政治的に連携する地域との結合を深めるとともに、永暦元年（一一六〇）まで大宰府の実質的な長官である大宰大弐をつとめ、博多津における日宋貿易の利益に目をつけていた清盛は、宋の大型船が入港できる大輪田泊において、将来の日宋貿易を計画した可能性が高い。

清盛は仁安三年（一一六八）に出家した後、福原の北部にあって大輪田泊を見下ろす平野《ひらの》（現神戸市兵庫区）という地域の高台に別荘を構え、重大事にのみ上洛するようになった。福原が清盛の本拠となったのである。その後、大輪田泊の日宋貿易も本格化し、後白河《ごしらかわ》も建春門院《けんしゅんもんいん》とともに姿を見せ、宋商と対面して保守的な貴族たちを仰天させた。また、毎年三月には京の高僧を集めた千僧供養が開催され、京から多くの人々が福原を訪れている。清盛や弟頼盛《よりもり》以下一門、彼らの家人《けにん》、さらに宋人を含む商人らが居住し、福原はしだいに都市として発展することになる。

福原は、瀬戸内海を介して、平氏と家人や宗教勢力とを結ぶ都市であった。大輪田泊を造営したのは阿波《あわ》国の平氏家人粟田《あわた》（田内）成良《しげよし》とされ、大宰府安楽寺《あんらくじ》別当《べっとう》の房舎があったほか、厳島の神官《しんかん》らも常駐していた。また、播磨《はりま》国印南野《いなみの》には、清盛が太政大臣《だいじょうだいじん》を辞任した際に朝廷から与えられた広大な大功田があり、付近には多数の平氏家人が存在していたから、福原は彼らに囲繞された軍事拠点でもあった。

白河・鳥羽院政期、権門となった院には鳥羽、摂関家には宇治《うじ》といった、家長と家人が居住し、物流の拠点となる権門都市が生まれたが、福原はまさに権門に成長した平氏の権門都市にほかならない（美川圭 二〇〇二）。平氏は、伊賀《いが》・伊勢《いせ》の家人を基盤とした京武者を脱却し、瀬戸内海・西国と結び、日宋貿易とも結合した権門として発展していた。福原こそは、そうした平氏の新たな拠点であった。

平氏政権の中枢には、清盛と結合した王権があり、それを清盛と結ぶ厳島などの神社が荘厳し、平氏家人がそれを擁護していた。言い換えれば、権門としての平氏が国家権力を奪取した政権だったのである。その意味で、権門都市福原が首都となるのも当然のことであった。反面、福原遷都構想は、平氏内部において京や伊賀・伊勢の拠点を重視する勢力との摩擦を惹起したし、東国の軽視が頼朝《よりとも》以下の反乱への対応を遅らせたといえる。こうした矛盾を解消するためには、平安京への還都以外に方策はなかったのである。

清盛が、内乱鎮圧を実現したなら、福原は再び宮都となったかもしれない。しかし、内乱鎮圧は実現せず、宗盛《むねもり》は政権も返上してしまった。やがて、寿永二年（一一八三）、源（木曽）義仲《よしなか》に追われて、平氏は大宰府を目指して都落ちする。この時、福原の豪華な邸宅は焼却され、京を脅かした福原の都市としての生命は終焉を迎えた。

一方、内乱の終了とともに、大輪田泊は兵庫津として蘇ることになる。兵庫津は、京に最も近い大規模港湾都市として繁栄し、中世を通して首都である京の外港という役割を果たすのである。

七　戦乱と荒廃

1　養和の飢饉と平氏都落ち

和平と追討

清盛《きよもり》の訃報に接した後白河《ごしらかわ》は、最勝光院御所《さいしょうこういんごしょ》で近臣たちと今様《いまよう》を乱舞した。清盛の圧力で一時は政治生命も絶たれかけた絶望の淵から蘇った後白河は、歓喜を抑えることができなかったのである。清盛の死去から二日後の治承五年（一一八一）閏《うるう》二月六日、後白河は、清盛の下で行うことができなかった院御所議定《ぎじょう》を開催し、公卿たちとともに今後の政治方針を話し合った。院御所議定こそは国政上の最重要事を決定する、院権力を象徴する会議であった（美川圭 一九九六）。

そこに、宗盛《むねもり》から政権返上の申請がもたらされたのである。宗盛は「父清盛の所行に反対することもあったが、諫めることができなかった。しかし、今となっては何事も院命に従う」と申し入れた（『玉葉』閏二月六日条）。ここに平氏政権は消滅し、後白河院政が全面的に復活することになる。宗盛は政権返上に際し、すでに兵粮米《ひょうろうまい》が払底していたために、追討続行は困難であると申し出ていた。清盛は、西国・北国（北陸）からの運上物《うんじょう》を兵粮に充当しようとする有様であったというのである。

京は、やがて養和の大飢饉に発展してゆく食糧難に直面していた。兵粮米の徴収も含め、追討こそ民衆の最大の苦役にほかならない。また、貴族たちには、諸国の源氏の蜂起も清盛の暴政に反発し、後白河の救援を目指したもので、必ずしも謀反ではないという認識があった。このため、後白河や貴族たちは、議定において追討の延期と和平に向けた使者の派遣を決定したのである。

翌日、信西《しんぜい》の子で、後白河・平氏双方と関係が深い僧静賢《じょうけん》が使者となり、院御所議定の結果を宗盛に伝えようとした。ところが、これを無視して平重衡《しげひら》以下の追討使は、京を出立してしまった。後白河の意向は宗盛に蔑ろにされたのである。宗盛が強引に追討使を派遣した背景には、最後の一人まで頼朝《よりとも》と戦えという清盛の遺言があった（『玉葉』養和元年八月一日条）。政権返上をうたいながら、父の遺言を重視し、院命を無視した宗盛に、後白河が強い不信を抱くのも当然で、後白河と宗盛の関係は悪化した。

後白河との軋轢の中で出撃した重衡率いる平氏軍は、三月十日、美濃《みの》・尾張《おわり》の国境墨俣川《すのまたがわ》において、頼朝の叔父源行家《みなもとのゆきいえ》、義経《よしつね》の同母兄義円《ぎえん》以下の源氏軍に圧勝した。広範囲の諸国から船を徴収するなど、清盛が導入した総官《そうかん》制が、奏功した結果といえる。もっとも、この源氏軍は、頼朝とは無関係に活動していた、源氏の傍流に過ぎない。とはいえ、源氏軍の上洛を阻止したとみなされて、京では安堵の空気が広まった。

清盛が開始した反転攻勢によって、平氏軍は尾張までも奪回し、大きな戦果を挙げた。しかし、清盛も懸念していた兵粮不足、そして食糧難は次第に深刻なものとなっていた。平氏の軍事活動が停止を余儀なくされたのはもちろん、京の人々に恐るべき飢饉の災禍が襲い掛かってきたのである。

養和の大飢饉

養和元年（一一八一）、京を襲った飢饉による空前の惨状は、鴨長明《かものちょうめい》の『方丈記《ほうじょうき》』の記述で知られる。京中に餓死者があふれ、異臭が立ち込め、河原は遺骸で埋まった。仁和寺《にんなじ》の隆堯《りゅうぎょう》法印が一ヵ月間に放置された遺体の額に「阿」字を記して供養したところ、なんとその数は四万二千三百余りに及んだという。川に流されたり、山野に遺棄されたりした遺体を加えれば、犠牲者の数は膨大なものになったとみられる。

同書が描く京中の惨状は、まさに地獄絵図であった。むろん文学的な誇張もなしとはしないが、公家日記を編纂した『百練抄《ひやくれんしょう》』にも、治承五年（七月に養和と改元）六月のこととして、「近日天下飢饉。餓死者、その数を知らず。僧綱《そうごう》・有官の輩、その聞こえあり」という記述がある。餓死者は、一般庶民は言うに及ばず、位階・官職を有する上流の僧侶である僧綱、そして官人層にもおよんでいたことがわかる。

こうした飢饉の最大の原因は、前年からの日照りであった。治承四年の六月、遷都が計画されていた福原《ふくはら》に下った九条兼実《くじょうかねざね》は、安定した水路であるはずの淀川《よどがわ》でさえも水が乏しく、航行に難渋したことを日記に記している。さらに長明は、渇水に続いて、今度は大雨や台風などの自然災害が相次ぎ、地方の農業生産が壊滅したことを食糧不足の原因とし、地方からの運上物に頼る京の弱点がさらけ出されたと記した。

また、長明が崇徳天皇《すとくてんのう》の長承年間（一一三二—三五）にも飢饉があったとするように、平安京が飢饉に見舞われた先例はあった。しかし、その原因が、おそらく自然災害のみにあったのに対し、今回の飢饉には人災の側面があった。まず反乱の勃発で東国からの運上が途絶え、さらに追討のために大量の兵粮米が徴収されたことが、食糧不足に輪をかけたのである。

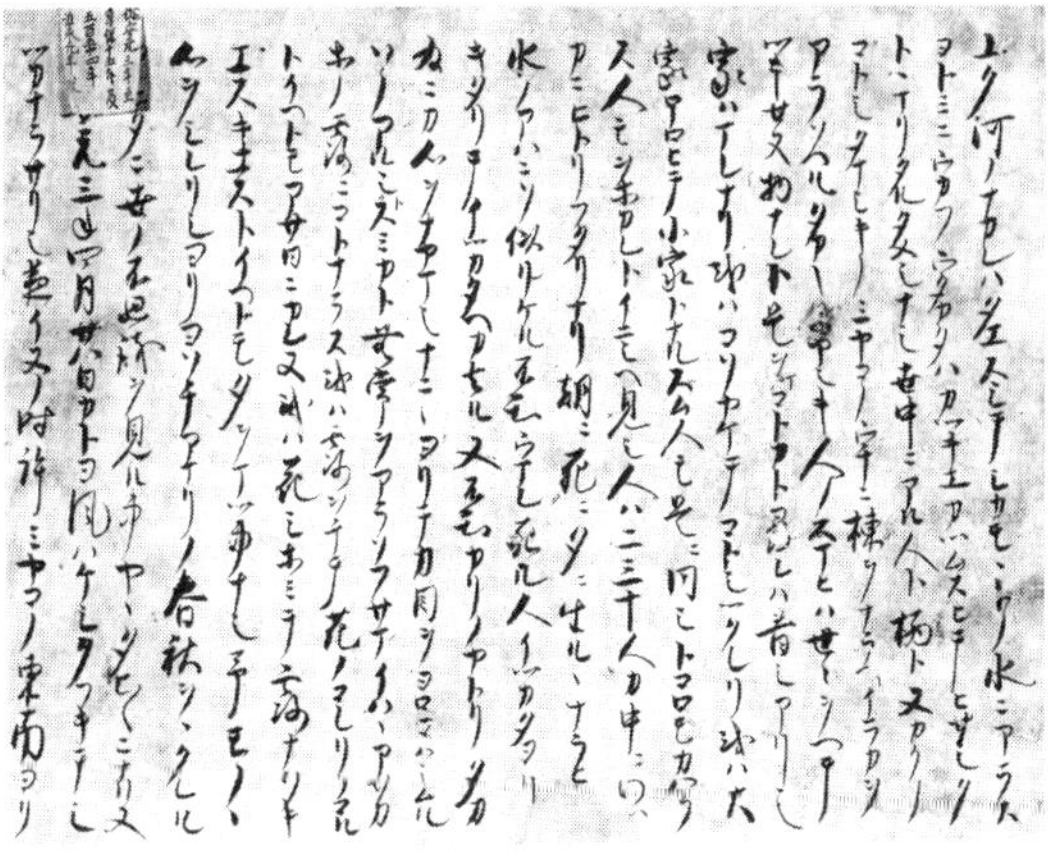
図40 『方丈記』 大福光寺所蔵

兵粮が危機的状況であることは、先述のように清盛も認識していたし、宗盛も後白河の制止を振り切って追討軍を派遣したものの、墨俣合戦の勝利後は、さすがに追討を停止したのである。頼朝も坂東から動かなかったため、東海道の戦線は膠着状態となった。しかし、京を脅かす新たな問題が発生した。

清盛も西国と並んで食糧供給源として期待していた北陸道で、大規模な反乱が勃発したのである。治承四年九月、源頼朝の後を追うように信濃《しなの》で挙兵した源（木曽）義仲《よしなか》は、北陸道に進出した。そして翌年六月、義仲の前に立ちはだかった、越後国の豪族で北陸道最大の親平氏派であった城《じょう》（平）助職《すけもと》に、信濃国横田河原で圧勝したのである。この結果、北陸道一円で反平氏の蜂起が勃発し、平氏はその鎮圧のために追討軍の派遣を余儀なくされた。このことが、京の人々に大きな負担を強いたことはいうまでもない。しかも、追討使はほとんど戦果もなく撃退されてしまった。こうしたことから、平氏が安徳天皇《あんとくてんのう》とともに都落ちをするという噂も流れている(『玉葉』九月十九日条)。

かくして、東国に加え、北陸も反乱が勃発して貢納は途絶え、西国の不作とあいまって、収納の時期である養和元年の秋になっても京に貢物は届かなかった。当然、京の飢饉はさらに深刻化する。『百練抄』は養和二年(一一八二)正月のこととして、嬰児が道路に捨てられ、死骸は巷に満ち、毎夜強盗、放火が繰り返され、院の蔵人《くろうど》でさえも餓死を免れず、まして庶民の死者は数をも知れないという有様であったと記す。

強盗が猖獗を極めたことは、養和元年十月二十八日の円勝寺執行《えんしょうじしぎょう》の法眼任祐(『百練抄』)、翌年の十月九日には勘解由《かげゆ》次官藤原惟基(同書)といった高い身分の者が賊に襲われて命を落としたことからも明らかである。こうしたことから、京を脱出する者が増え、検非違使《けびいし》の制止にも関わらず、養和二年(五月に寿永と改元)の夏ごろから民家が破却・売却されて、ほとんど「人家なきがごとし」という状況に陥った(同書寿永元年十月二日条)。

平氏都落ち

養和二年五月に寿永元年(一一八二)と改元されても、飢饉は収まることはなかった。

しかし、北陸の義仲の動きもやや沈静化したため、十一月にはかねてから延期されていた安徳天皇の即位大嘗祭《だいじょうさい》も挙行された。天皇の御禊行幸《ごけいぎょうこう》で、節下の大臣を務めた宗盛の威厳は、あたりを払うほどであったという。しかし、これが、平氏一門の京における最後の晴れ姿となった。

同年、義仲は、のちに北陸宮《ほくりくのみや》と称される以仁王《もちひとおう》の遺子を迎えて権威を高めた。義仲は、久寿二年（一一五五）、武蔵《むさし》国で父義賢《よしかた》が、その兄義朝《よしとも》の長男義平《よしひら》に討たれた際、信濃国の木曽の山奥に逃れ、同地で成長した。このため、王朝権威と無縁の存在と見られることもあるが、彼の兄仲家《なかいえ》は八条院《はちじょういん》の蔵人となり、養父頼政《よりまさ》とともに以仁王の乱で戦死しており、義仲は八条院との関係を有していた。それゆえに、八条院の猶子《ゆうし》以仁王の遺子が彼のもとに逃れたのである。

さらに翌寿永二年には、八条院蔵人として以仁王令旨《りょうじ》を配布した叔父行家《ゆきいえ》、八条院領常陸《ひたち》国志田《しだの》荘《しょう》にいたもう一人の叔父義憲《よしのり》が、相次いで頼朝に離反し義仲と合流することになる。義仲は八条院と関係する源氏の武将と連携していった（元木泰雄 二〇一二）。強大となった義仲の影響力は北陸道全体に及び、上洛をも窺うに至ったのである。

これに対し平氏は、義仲を阻止するとともに、食糧確保のためにも北陸道の奪回を目指すことになる。寿永二年四月、三位中将維盛《さんみちゅうじょうこれもり》を大将軍として、十万人とも称された空前の規模の追討軍が、北陸に向けて出撃したのである。しかし、この軍勢の大半は強制徴発によって動員されただけに戦意も低く、指揮系統もあいまいで全軍の統制が取れていなかったために、大軍の利点を生かすことができなかった。

しかも、飢饉の京を出立する大軍の兵粮が不足したのはいうまでもない。厳しい統制を受けなかった彼らは、宗盛の制止も無視して京やその周辺で激しい略奪を行った。さらに沿道でも略奪を行ったために、現地の住民をも敵に回すことになる。城氏《じょうし》の敗北後、北陸には平氏の有力な家人《けにん》や同盟軍はなく、地理に疎い平氏軍は、地元民の道案内もないまま北陸に向かったのである。こうした軍勢が大敗を喫するのも当然であった（元木泰雄 二〇一三）。五月には礪波山《となみ》（倶利伽羅峠《くりからとうげ》）、続く六月には篠原と、二つの合戦で敗北した平氏軍は壊滅した。逆に義仲軍は、周辺の武士を巻き込んで肥大化し、京を目指すことになる。

七月八日、義仲軍が近江《おうみ》に侵入したことから、平氏は延暦寺《えんりやくじ》を最後の砦と恃んで、義仲軍に対する防御を依頼した。宗盛以下一門の有力者は、藤原氏の興福寺《こうふくじ》・春日社《かすがしや》と同様、延暦寺を氏寺とし、日吉社を氏社とすることまで申し出ている。追い詰められた平氏の窮状に、貴族たちも同情を禁じえなかった。しかし、延暦寺はこれに応じることはなかった。そればかりか、二十二日には逆に義仲軍を寺内に導き入れたのである。

もはや義仲を防ぎきれないとみた平氏は、都落ちを決断する。二十五日、平氏一門はついに大宰府《だざいふ》を目指して京を去った。これに先立ち、二十四日に安徳天皇は平氏の武士とともに後白河の院御所法住寺殿《ほうじゆうじ》に移った。平氏は後白河も拘束し、都落ちに同道させようとしたのである。しかし、後白河はいち早く延暦寺に逃れた。院の脱出を許したことは、宗盛の大失策であった。院が平氏を信頼して同行すると考えたのなら、あまりにお粗末といわねばならない。しかし、後述する義仲の例からも明らかなように、院に対する厳しい拘束はその正統性を奪うことにもなる。先述した源氏との和平の可能性、さらに院に近い頼盛《よりもり》・資盛《すけもり》といった平氏一門が離反する危険性を考えると、宗盛も院に対する拘束を躊躇せざるを得なかったのである（コラム4参照）。

二十五日、三種の神器をはじめとする皇位を象徴する宝物をともない、安徳天皇・国母《こくぼ》建礼門院《けんれいもんいん》とともに平氏一門は都落ちしていった。その際に、いったんは同行した摂政近衛基通《このえもとみち》が脱出したのも大きな誤算であった。彼は清盛の女婿であり、治承三年政変で清盛の支援で摂政に就任していたから、彼の離脱こそ平氏には想定外といえる。その裏には、後白河に急接近し保身を図った基通の平氏に対する裏切りがあった。安徳はわずか六歳に過ぎず、摂政不在ではその命令を正当化することはできなかったのである。三種の神器を擁するとはいえ、治天も摂政もいない幼主では、王権の正統性を確保することは困難であった。

都落ちで、京における合戦は回避されたが、平氏は六波羅・西八条の壮麗な邸宅に放火した。まさに平氏の栄華は瞬時に灰燼と化したのである。残された財宝を求めて、盗賊たちが燃え盛る邸宅に侵入するなど、京は空前の混乱に陥った。その様子を慈円《じえん》は地を「カエシタ」(ひっくり返した)騒擾と述べている。翌日、その京に平氏に代わって、義仲以下の源氏が入京することになる。

2 源義仲の滅亡

義仲軍の狼藉

平氏の都落ちで、京における源平両軍の衝突という最悪の事態は回避された。しかし、平氏が去って、権力の空白となった京では、延暦寺の悪僧らによる狼藉《ろうぜき》が横行した。参議吉田経房《よしだつねふさ》によると「人家一宇として全きところなし」という有様であった。そして彼は

「眼前に天下滅亡を見る、ああ悲しきかな」と慨嘆している（『吉記』七月二十六日条）。しかし、それは京に吹き荒れる狼藉の嵐の前触れでしかなかった。

その翌日、後白河院は源氏軍とともに延暦寺から法住寺殿の一角にある蓮華王院御所《れんげおういんごしょ》に帰った。翌二十八日、後白河はここで義仲と行家に対し、平氏追討を命じることになる。一夜にして平氏は賊軍に、源氏は官軍に転じたのである。参入した義仲・行家の姿を見た吉田経房は「夢か夢に非ざるか」と衝撃を記した。洗練された平氏と比べるべくもない野卑な姿に貴族たちは仰天したのである（『吉記』）。また両者は相並んで参入し、互いに前後を競ったという。両者は身分の上下を争っており、不仲は明白であった（『玉葉』）。

主力武将が互いに対立するような軍勢の統制が取れなかったことはいうまでもない。兵粮の準備もなく、勢いに任せて入京した無統制な軍勢が、飢饉の京で乱暴狼藉を繰り広げるのは当然のことであった。

源氏軍入京直後である七月三十日の惨状を、吉田経房は次のように記した（『吉記』）。これによると、被害は公卿家にも及んでいる。そればかりか、武士たちは神仏をも恐れず、有力寺社にまで襲い掛かった。二十二社《にじゅうにしゃ》の一つとして朝廷の尊崇を受けた松尾社では防戦した社司《しゃし》が家に放火され、同じく梅宮社《うめのみやしゃ》では神殿が追捕された。寺院でも、広隆寺《こうりゅうじ》では本堂が追捕され、さらに行願寺《ぎょうがんじ》も襲撃されたのである。まして一般民衆の受けた災厄がいかばかりであったのか、想像を絶する。

たまりかねた後白河は、義仲以下の武将たちに分担させて、京中を警護させることになった。大内《だいだい》裏《り》が大内守護《おおうちしゅご》であった源頼政《みなもとのよりまさ》の子息たち、それ以外の洛中（左京）が義仲、法住寺殿がある鴨川《かもがわ》以東・七条以南を行家が担当したほか、遠江《とおとうみ》から上洛した甲斐源氏の安田義定《やすだよしさだ》、近江源氏・信濃源氏の武将らが京外警護を分担することになった。この顔ぶれをみても、義仲軍が寄せ集めであったことがよくわかるであろう（浅香年木 一九八一）。

もちろん、京の飢饉と兵粮不足が解消されなければ根本的な解決は困難であった。まして、略奪の張本人ともいうべき武士による警護が有効であるはずもない。兼実はひと月あまり後の九月五日、日記『玉葉』に「近日、京中物取り、今一重陪増」し、「およそ緇素貴賤涙を拭わざるなし」と京の惨状を記している。

後白河院との衝突

乱暴狼藉で後白河を怒らせた義仲であったが、恩賞問題でも両者は激しく対立した。後白河は、源氏を一枚岩とみて、最初に挙兵し、元来従五位下右兵衛権佐《うひょうえごんのすけ》という高い官位を持つ頼朝を勲功の第一とし、義仲・行家を第二、第三とした（『玉葉』七月三十日条）。しかし、義仲・行家の行動は頼朝とは無関係で、この序列は義仲らを憤激させたとみられる。紆余曲折の末、義仲は熟国伊予《いよ》、行家は備前《びぜん》の国守に就任したのに対し、なんと頼朝は謀反人のまま据え置かれたのである。

さらに、後白河と義仲の対立を決定的とする出来事が起こった。都落ちした安徳に代わる皇位の決定に際し、高倉の皇子尊成親王《たかなりしんのう》（のちの後鳥羽天皇《ごとばてんのう》）を擁立しようとした後白河に対し、義仲は彼が保護してきた以仁王の遺子北陸宮の即位を主張したのである。

図41　北陸宮関係系図

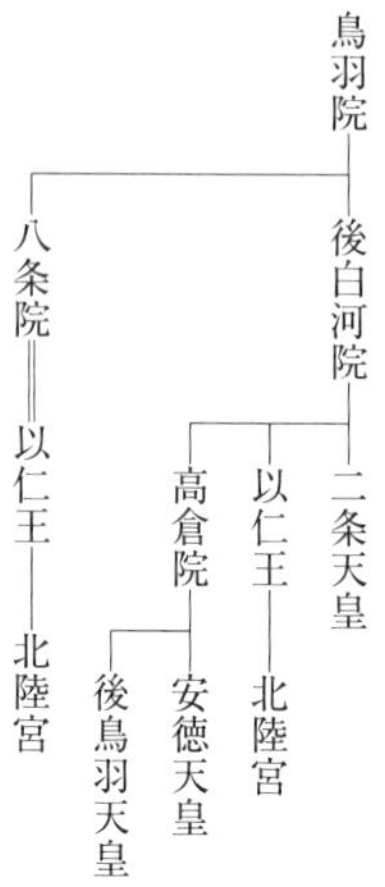

義仲は、治承三年政変に際し、幽閉された父院を救援するために挙兵して命を落とした以仁王こそ「至孝」の皇子であり、清盛を恐れて傍観した高倉天皇《たかくらてんのう》の系統ではなく、以仁王の遺子の即位を当然と述べている（『玉葉』八月十四日条）。また、以仁王挙兵で戦死した兄仲家が八条院蔵人であったように、義仲の一族は八条院との関係が深く、八条院の猶子以仁王の系統が皇位につくべきであると考えたのである。

しかし、皇位は天皇の皇子が優先されるのが原則で、父が天皇ではなく皇孫《こうそん》に過ぎない北陸宮が即位することなどあり得ない。何より皇位決定こそは治天《ちてん》の君《きみ》の最重要権限であり、義仲はそれを侵害したのである。後白河の憤激は想像を絶するもので、後白河と義仲との関係が修復不能となったのはいうまでもない。さらに、義仲のあまりの粗野さと荘園侵略から、八条院以下の権門も義仲を見限った（長村祥知 二〇一一）。もはや義仲は京で孤立無援となったのである。

後白河は、義仲を西海の平氏追討に追いやり、その留守中に頼朝と交渉して上洛を促した。寿永二年（一一八三）十月、後白河は頼朝を本位に復させて謀反人状態を解除し、さらに東海・東山両道における徴税と軍事・警察権の行使を公認した（寿永二年十月宣旨）。ここに頼朝軍は官軍に位置づけられ、頼朝は東国に対する強固な支配権を獲得したのである。この権限付与には頼朝の上洛を促す意味もあった。しかし、頼朝自身は平泉藤原氏《ひらいずみ》や常陸佐竹氏《さたけし》の脅威、そして京の飢饉などを理由に上洛を断り、代わって弟義経、京下の官人中原親能《なかはらちかよし》率いるわずかな軍勢を京に進発させたのである。

一方、平氏追討に向かった義仲は、備中《びっちゅう》国の水島《みずしま》合戦で平氏軍に大敗を喫した。慣れない海上戦闘に加え、平氏に心を寄せる者が多い西国で、軍勢の徴募も思うに任せなかったためである。不首尾のまま帰京した義仲は、留守中に後白河が頼朝と交渉し上洛を促したことに怒り、院との対立を深めた。後白河も義仲を挑発したため、十一月十九日、ついに義仲は後白河の院御所法住寺《ほうじゅうじ》殿を攻撃した。法住寺合戦である。

臣下に過ぎない義仲と対等に争い、挑発を繰り返したことに、帝王学を知らない後白河の軽率さが明示される。後白河は、院御所法住寺殿の周囲に溝を掘り、逆茂木《さかもぎ》を儲けるなどして防御を固めた。鴨川に面し、背後に東山がそびえる法住寺殿には、防御に適した側面もあった（野口実 二〇〇六）。そして院は、美濃源氏・摂津源氏等、京周辺の武士たち、そして悪僧を招集して義仲に対抗したのである。しかし、集めた軍勢は実戦経験に乏しい弱体な集団に過ぎず、生死をかけた激戦を勝ち抜いてきた義仲軍のまえにひとたまりもなく敗北した。

義仲の独裁と滅亡

壮麗な法住寺殿は炎上し、捕らえられた後白河は五条東洞院《ひがしのとういん》の摂政近衛基通邸に幽閉された。武士のほかに多くの貴族や女房、さらには祈禱に駆け付けた天台座主《てんだいざす》明雲《みょううん》・園城寺《おんじょうじ》長吏《ちょうり》円恵法親王《えんけいほっしんのう》（後白河皇子）という高僧が殺害されるという悲劇が起こった。義仲軍が王朝権威を軽視したことを物語る。

図42　源義仲像　義仲寺所蔵

義仲は後白河に近い摂政近衛基通を更迭し、義仲と結んだ基房《もとふさ》の子で、わずか十二歳の師家《もろいえ》を摂政に就任させた。基房は先述のように治承三年政変で配流され、出家していたため、自身の身代わりとして息子を摂政に任じたのである。このほか、治承三年政変と同様に、中納言藤原朝方をはじめとする多数の院近臣《いんのきんしん》が解官されたが、義仲は後白河の院政を停止することはなかった。

後白河を強力な監視下に置いた義仲は、院に強制して自身の思うとおりの政策を行わせることになる。十二月十日には頼朝追討の院庁下文《いんのちょうくだしぶみ》を発給させ、さらに翌年正月には頼朝追討のための征東大将軍に任命させたのである。義仲は院の権威を利用して、自身の立場を強化しようとした。しかし、これらの措置が後白河の自発的意思によるものではなく、義仲の強制であることは明白であったから、彼の目論見とは逆に京周辺の武士たちは義仲に対する反発を強めることになる。

十二月初頭、法住寺合戦から本拠の摂津《せっつ》国多田《ただ》に逃げ帰っていた多田行綱《ゆきつな》が挙兵したのをはじめ、伊賀《いが》・伊勢《いせ》における平氏の残党、義仲の同盟軍だった近江源氏をはじめとする京周辺の武士たちが、義経率いる頼朝軍に合流していった。さらに鎌倉からかけつけた兄源範頼《のりより》の軍勢も合流したことで、当初は五百人程度とされた義経の軍勢は、「数万」と呼ばれる大軍に肥大化する。逆に、かつての盟友行家が河内国《かわち》で反旗を翻し、その討伐のために軍勢を派遣したことで、ただでさえ少ない義仲の軍勢は分散を余儀なくされた。

寿永三年正月二十日、義経は宇治川《うじがわ》における義仲軍の防御線を突破して入京、当時六条西洞院御所に幽閉されていた後白河を救出した。一番手は頼朝の腹心梶原景時《かじわらかげとき》であった。義仲は京に放火し、院を北陸に拉致しようとしたが、間一髪で義経に阻まれて失敗した（『玉葉』）。彼はわずかな軍勢とともに北陸を目指すが、逃亡途中の近江国粟津《あわづ》で討たれた。享年三十一、入京から僅か半年。後白河との対立、院の幽閉という強引な行動が致命傷となったといえる。

義仲の滅亡で、京はようやく激しい乱暴狼藉の災厄から逃れることができたのである。右大臣兼実は、法住寺合戦から六十日で義仲が滅亡したことを、平治《へいじ》の乱における藤原信頼《のぶより》が、十二月九日に蜂起し同月二十六日に処刑された先例に比して、遅きに失したと日記に記している（『玉葉』正月廿日条）。

3　源義経の栄光と悲劇

頼朝軍の畿内占領

京は、義仲を討伐した範頼・義経率いる頼朝軍の支配下に入った。しかし、今度は源氏内紛の間に屋島《やしま》で勢力を蓄えた平氏が再起し、京に迫っていた。平氏は正月二十六日にかつての拠点摂津国福原を奪回しており、上洛は目前とみられたのである。貴族たちは、天皇・神器を擁する平氏との闘いに慎重で、平氏と和平して入京を認めるべきとする意見が強かった。頼朝軍に随行した京下りの官人中原親能、相模《さがみ》の豪族土肥実平《どひさねひら》らもこれに傾いたという（『玉葉』二月二日条）。

しかし、院近臣らは強硬に平氏追討を主張した。その背後には、後白河の意志が存したのである。もしも平氏が帰京すれば、都落ちに際して脱出し、平氏を賊軍に貶めた後白河に報復することは疑いない。さらに、安徳が入京すれば、神器を有した彼こそが正統帝王となり、後白河が擁立した後鳥羽《ごとば》は否定されてしまうのである。そうなれば、後白河の治天の君という立場も崩壊しかねない。彼が平氏追討に固執したのも当然であった。

後白河は、平氏を油断させるために、偽の和平の使者を送っている。そして、後白河の強い意志によって、頼朝軍は範頼率いる大手、義経率いる搦手《からめて》の二手に分かれて、平氏追討に出立することになる。しかし、その軍勢は大手、搦手の両軍を合わせてもわずか二、三千に過ぎず、数万に上るとみられた平氏を優勢とする見方が強かった。

二月七日、源平両軍は、東は生田森《いくたのもり》、西は一ノ谷で衝突した。いわゆる一ノ谷合戦である。合戦は貴族たちの予想に反し、義経や地元の地理に精通した多田行綱の活躍などで頼朝軍の圧勝に終わった。平氏は一門の多くを失い、屋島に退却したのである。この結果、頼朝軍は京や畿内を支配し、後白河の王権を守護《しゅご》する唯一の官軍となった。頼朝の代官《だいかん》として、京の守護を担当したのが、源義経であった。

平氏の再上洛が阻止されたことで、ひとまずは京における合戦の危機も去った。思えば、安元三年

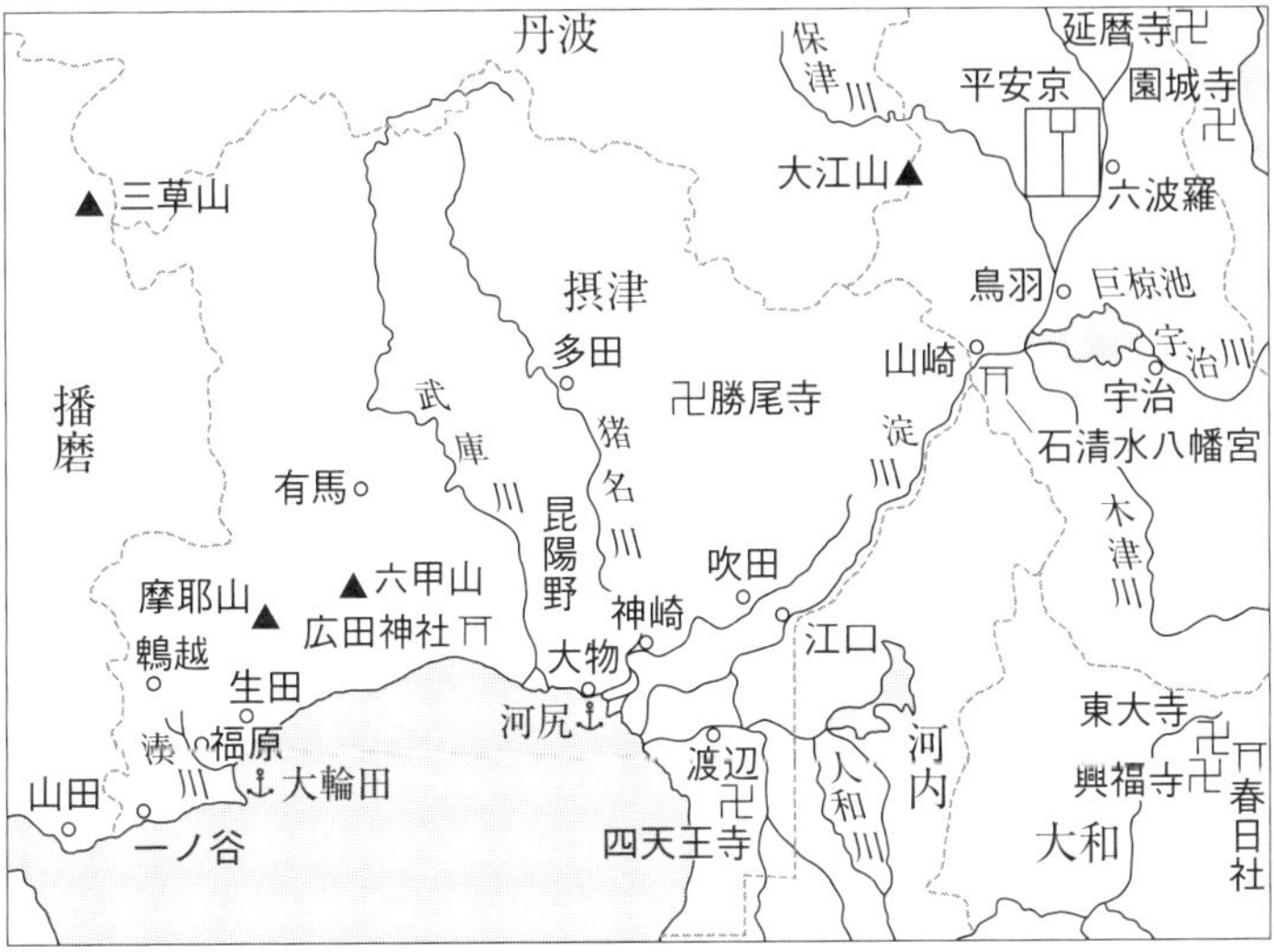

図43　一ノ谷合戦関係地図

（一一七七）の大火から始まり、鹿ケ谷事件、治承三年政変、以仁王挙兵と相次ぐ政変、遷都騒動、養和の大飢饉、平氏都落ちの混乱、そして義仲軍の乱暴・狼藉と、京は立て続けに甚大な災厄に見舞われた。義仲軍に代わり京に駐屯した頼朝軍も、兵粮の徴発などをめぐる紛争も起こしたが、軍規の厳しさは義仲軍と比較にならず、京における略奪などに関する記述は公家の日記などから姿を消すことになる。

一ノ谷合戦の直後、頼朝は朝廷に対し、ただちに義経と京周辺における源平の武者らを屋島に派遣し、平氏を追討させると申し入れた。一ノ谷合戦における鮮やかな勝利が、義経の指揮と、多田行綱以下の活躍でもたらされたことが明らかである。しかし、京周辺の武士たちが疲弊しており、兵粮徴収も困難であったことから、義経らの出撃は延期される。かわって、山陽道諸国に惣追捕使《そうついぶし》として土肥実平・梶原景時が派遣され、平氏に対する警戒にあたった。しかし、一ノ谷合戦後も、平氏は瀬戸内海の制海権を掌握しており、土肥・梶原軍は平氏に翻弄されることもあった。

源義経の活躍

そうした中、七月初めに伊賀・伊勢両国で大事件が勃発した。両国の平氏家人や、平氏一門が大規模な反乱を惹起したのである。頼朝は、平氏旧来の拠点であった伊賀国を信濃源氏の武将大内惟義《おおうちこれよし》に支配させたが、彼の強圧的な支配に反発した平氏家人は、一斉に蜂起し惟義の家人を殺害するに至った。さらに伊勢国でも、平氏の有力家人や、平氏傍流の平信兼らが挙兵に呼応したため、大規模な反乱に発展したのである。

反乱に加わった者の多くは平氏重代相伝の家人で、重盛《しげもり》の系統である小松《こまつ》一門に属していた。重盛の子資盛が後白河を頼って京に留まろうとしたように、この一門は宗盛以下の平氏主流と距離を置いており、家人たちも都落ちに従わず平氏の先祖以来の所領を守っていたのである。重盛は、平治の乱の際に池禅尼《いけのぜんに》とともに頼朝助命に尽力したし、伊賀・伊勢の平氏家人たちは、前年に義仲討伐に上洛した義経の入京にも協力していた。このため、小松一門も池禅尼の子頼盛と同様に、頼朝に救済されることを期待していたとみられる。

しかし、頼朝は彼らに冷酷であった。小松一門の中には、頼盛のように頼朝に救済された公達《きんだち》はなく(上横手雅敬 一九八七)、伊賀の平氏家人も大内惟義の厳しい支配で追い詰められていた。かくして彼らは伊勢の平氏家人たちとともに一斉に蜂起したのである。大内の家人を殺害した反乱軍は京に向けて進撃し、近江国に侵入した。この報を受けて、後白河以下は恐慌状態に陥った。

反乱軍は、近江国大原荘《おおはらのしょう》で源氏軍と衝突し、激戦の末に敗北した。しかし、源氏の総大将で事実上の近江守護であった佐々木秀義《ささきひでよし》が戦死したのをはじめ、源氏側も数百人とされる多数の犠牲者を出した。しかも、敗れたとはいえ、反乱軍の首謀者の一人で、かつて平氏の侍大将であった伊藤忠清《いとうただきよ》らが行方をくらまし、朝廷に脅威を与えることになる。この間、義経は前年の入京に協力した平信兼《のぶかね》の子息三人を京の邸宅に招いて殺害し、さらに『源平盛衰記《げんぺいじょうすいき》』によると、伊勢滝野に出撃して信兼も打ち取っている。

『吾妻鏡《あずまかがみ》』八月十六日条によると、義経が頼朝に無断で後白河から検非違使・左衛門少尉に補任されたため、憤慨した頼朝は、義経の平氏追討を「猶予」したとする。しかし、その後も義経が在京して院に近侍し、さらに昇進を続けたこと、翌年正月の検非違使としての祝宴を大江広元《おおえのひろもと》が準備したこと（「大夫尉源義経畏申記」）などから、この『吾妻鏡』の記述は事実とは考え難い（菱沼一憲 二〇〇六）。

翌年正月、後白河は、屋島に進発しようとした義経を、忠清らの脅威を理由に制止した。すなわち、義経は伊賀・伊勢で蜂起し

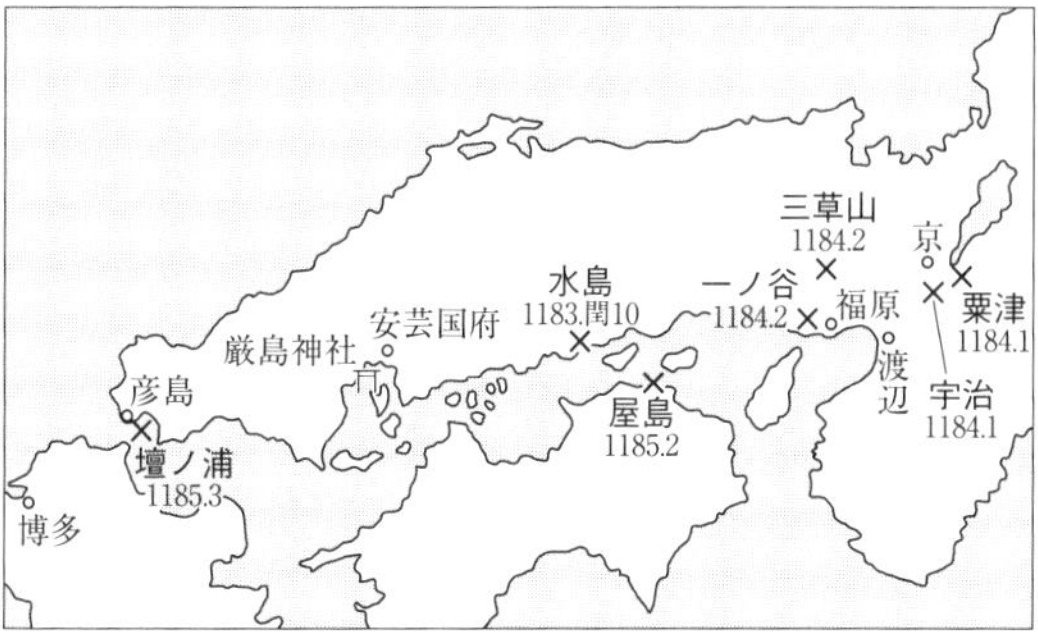

図 44　瀬戸内での合戦

た平氏の残党追捕のために、京にとどまったのである。このことは、同時に義経が京周辺の治安維持に活躍し、後白河の強い信頼を得ていたことを明示している。義経は、河内源氏歴代と同じ、六条堀河に居館を構えたが、これは当時の院御所六条西洞院殿の近隣であり、院御所の警護という意味も有したとみられる。また頼朝は、義経が追討した平信兼の京中の家地を義経に与えた（『吾妻鏡』九月九日条）が、これは義経の在京活動に対する頼朝の恩賞であり支援といえる。

義経の屋島攻撃が延期されたのに対し、兄範頼は東国武士を率いて、平氏の一方の拠点長門《ながと》を目指して山陽道を下向する。範頼軍は短期間で山陽道を制圧し長門に到達したが、彦島《ひこしま》を拠点とする平氏の頑強な抵抗で釘付けになった。長門は長年平氏の拠点であったから、兵粮徴収は難航し、しかも屋島の平氏が依然制海権を掌握していたために、海路からの補給も困難で、武士の戦意は著しく低下した。源氏を弱体とみて、瀬戸内海沿岸の武士の中に平氏に味方する者も現れるに至った。

これを重大な危機と考えた義経は、翌元暦二年（一一八五）正月、屋島への出撃を後白河に申請する。先述のように、後白河は伊藤忠清らの脅威を理由に出撃を制止するが、義経は振り切って京を出た。頼朝は、京下の官人中原久経と伊豆《いず》の武士近藤国平を鎌倉殿御使に任じ、京・畿内の治安維持を担当させた。彼らは義経の代行者で、義経の屋島出撃が頼朝との連携のもとで行われたことを示す。

摂津国渡辺で兵力を整えた義経は、渡辺党の支援で阿波《あわ》に渡り、かつて院近臣西光《さいこう》を生んだ阿波の豪族近藤氏《こんどうし》の協力で、迅速に屋島を攻撃、たちまちに攻略に成功した。そして、そのわずかひと月余りのちの三月二十四日、義経は長門国壇ノ浦《だんのうら》で、平氏を滅亡に追い込んだのである。ここに、長く続いた戦乱は終結し、京の民衆は戦闘の恐怖、そして兵粮負担による飢餓から解放されることになった。壇ノ浦合戦後、範頼と東国武士たちが九州に留まり、平氏方の所領を没官《もつかん》したのに対し、義経は宝剣を除く神器、救出された建礼門院や捕虜となった平宗盛《むねもり》以下を伴って帰京した。宝剣は安徳天皇、その祖母平時子とともに水中に没したのである。

義経の挙兵

頼朝は、義経を伊予守と院御厩別当《みまやべっとう》に推挙している（延慶本『平家物語』）。伊予守は、百年余り前に前九年合戦を平定した先祖頼義《よりよし》の先例に倣った栄誉ある官職であり、院政期には受領《ずりよう》の最高峰とされ（『官職秘抄』）、富裕で高い権威をもつ。また、院御厩別当は院の親衛隊長であるとともに、王権を守護する在京武力の第一人者を意味した。このように、壇ノ浦合戦直後、頼朝は義経の武功を高く評価し、彼を京に戻して王権や京の守護を担当させようとしたのである。

ところが、五月に義経が鎌倉に下向したころから、頼朝と義経との関係は急速に悪化する。義経を腰越宿《こしごえ》に留め、対面さえも拒否したという『吾妻鏡』の記事には疑問があるが、冷淡な対応であったことは疑いない。そして、六月に義経が鎌倉から京に向かうと、頼朝は義経に預けた平氏没官領を奪い、御家人《ごけにん》らに与えたのである。このことから、義経の在京活動を停止し、鎌倉に召還しようという頼朝の意図が窺われる。

当初、義経に京の守護を委ねようとした頼朝が、鎌倉召還に方針を変えたのはなぜか。延慶本『平家物語』によると、京では義経の功績を頼朝以上と評価して、これからは義経の時代とする声も聞かれ、義経も頼朝の後継者を自任したという（元木泰雄 二〇一一）。そのまま鵜呑みにはできないが、平氏滅亡という赫々たる戦果が、義経の増長や朝廷での高い評価、そして平氏残党や反頼朝派の結集を招いたのは疑いない。捕虜となった平時忠《ときただ》の娘との婚姻は、その表れである。

また当時の朝廷では、武士は王権の守護者であり、武士の頂点に立つ者が在京するは当然とみなされていた。それゆえに、源平争乱の最中、後白河は頼朝に再三上洛を慫慂したのである。このまま頼朝が上洛せず、義経が京に留まれば、高い名声を背景として後白河と結び、頼朝を凌駕する政治的地位を築く恐れがある。そうなれば、幕府の分裂、さらにはまだ四歳の頼家《よりいえ》を退け、頼朝の後継者の座を奪う危険性も生じることになる。そこで、頼朝は義経を鎌倉へ召還し、自身の統制下に置こうとしたのである。

義経は十月に挙兵するが、彼はその理由として、没官領の没収、刺客の派遣と並び、受領となった伊予に地頭《じとう》が設置され、国務（徴税）が妨げられたことを挙げている（『玉葉』文治元年十月十七日条）。義経は八月十六日に伊予守に補任されており、没官領に代わる義経の経済基盤となるはずであった。ところが、頼朝は国内に地頭を設置して義経の収入源を奪い、彼を追い詰めたのである。

伊予守就任に関して注目されるのは、義経が検非違使・左衛門少尉に留任したことにほかならない。受領昇進とともに検非違使を離任するのが原則であったから、九条兼実は「未曽有」と仰天している（『玉葉』文治元年八月十六日条）。なぜ、このような強引な人事が行われたのであろうか。

受領は任国に赴かない遙任《ようにん》が通例で、一般貴族の受領は在京したが、三河《みかわ》守範頼らの源氏一門は鎌倉に居住していた。したがって、受領となった義経は鎌倉に召還される可能性が高まったのである。

一方、検非違使に留任すれば京の治安維持を担当するため在京しなければならない。後白河は、京を離れ頼朝監視下の鎌倉下向を拒む義経を支援し、検非違使に留任させ、鎌倉召還を阻止したのである（元木泰雄 二〇〇七）。

先述のように、義経は院御所の警護という意味もあって、院御所六条西洞院殿《ろくじようにしのとういんどの》の近隣六条堀河を居館とした。後白河は、義仲追討以来、京の治安維持に活躍した義経を、腹心として自身に近侍させていたのである。その義経の鎌倉下向を忌避するのも当然だが、同時に特別な事情もあった。

この除目《じもく》のひと月余り前の七月九日、京を大地震が襲った。鳥羽院の御願寺《ごがんじ》で、平忠盛《ただもり》が建立した得長寿院《とくちようじゆいん》が全壊したのをはじめ、法勝寺《ほつしようじ》の九重塔も崩落し、院以下の御所も多大の被害を受けた。そして、邸宅の築垣《ついがき》が崩壊したために群盗が侵入し、京の治安が悪化した。その鎮圧に義経の力は不可欠だったのである。しかも、大地震が平氏の祟りと噂される中、京の守護者はその平氏を倒した義経以外にあり得ない。長く余震が継続する危機的状況の中で、後白河は義経を頼り、義経の求めに応じて京に留めようとしたのである。

検非違使留任で、鎌倉帰還を拒んだ義経に頼朝は怒り、国務を妨害した。さらに、十月には父義朝と腹心鎌田正家の菩提を弔う勝長寿院《しようちようじゆいん》の供養が行われたが、義経はそれにも参列しなかった。ここで両者の関係は完全に破綻し、頼朝はついに刺客土佐房昌俊《とさのぼうしようしゆん》を派遣したのである。

文治元年（八月に元暦から改元）十月十七日、昌俊一行の襲撃を受けた義経は、後白河院に迫って、頼朝追討宣旨《せんじ》を発給させるに至った。しかし、彼のもとに武士は集まらず、十一月三日、義経と叔父行家は、九州を目指して京を退去し、摂津国大物《だいもつ》（現兵庫県尼崎市）からの出港後、暴風雨に遭遇し行方不明となるのである。

これを受けて朝廷は、十一日、諸国に義経・行家追討院宣《いんぜん》を下した。都の救世主だったはずの義経は、一転謀反人となったのである。

コラム4　後白河院の脱出

寿永（一一八三）二年七月二十五日、平氏一門は安徳天皇《あんとくてんのう》、国母《こくぼ》建礼門院《けんれいもんいん》、三種の神器以下、王権を象徴する宝物とともに、大宰府《だざいふ》をめざして都落ちをした。平氏は、北陸道《ほくりくどう》で源 義仲《みなもとのよしなか》に大敗し、彼らの京への侵入を阻止できないと判断し、京を明け渡したのである。都落ちには、兵粮《ひょうろう》徴収も困難な飢饉《ききん》の京に源氏軍を引き込むという戦略的退去の側面もあった。

しかし、平氏は重大な失策を犯した。後白河院の同道に失敗したのである。いかに三種の神器を擁しても、安徳は清盛《きよもり》が強引に立てたまだ六歳の幼帝であり、みずから政治が行えるわけではない。しかも地方に下ったのでは、後白河に対抗してその正統性を保持することは難しい。果たせるかな、都落ちの直後、後白河は平氏を賊軍とみなし、逆に源氏を官軍として、平氏の追討を命じたのである。賊軍となった平氏は苦難の道を歩むことになる。

先述のように、都落ち前日の二十四日、平氏一門と安徳天皇は、後白河の院御所《いんご》法住寺殿《しょほうじゅうじ》に移った。この時点では、安徳を後白河の保護下に移し、源氏との和平、もしくは決戦に臨む可能性も残されていた。しかし、後白河は、平氏にも伺候していた院北面《いんのほくめん》の武士、そして清盛の女婿でありながら後白河とみだらな関係を結んで近侍した摂政近衛《このえ》基通《もとみち》から、平氏都落ちの情報を得ていた。そこで後白河は、わずかな供人のみを従え、法住寺殿を脱出し、新熊野神社《いまくまのじんじゃ》から東山伝いに鞍馬《くらま》に向かい、比叡山延暦寺《ひえいざんえんりやくじ》に逃れたのである。院の脱出は院御所の者もほとんど知らない隠密裏の行動であった。

それまでもたびたび院と衝突した宗盛《むねもり》が、院が素直に同道すると信じていたとは考え難い。では、なぜ宗盛はあらかじめ後白河を監視しなかったのか。それは、法住寺合戦後の義仲《よしなか》のように、院の厳しい拘束がその正統性を奪うことになるためである。院の意志によるものであれば、わずかながらも源氏との和平の可能性も残される。平氏一門でも院に近い頼盛《よりもり》・資盛《すけもり》が、院に対する拘束に反発して離反・敵対する危険性を考えると、宗盛も院を厳しい監視下におくことができなかったのである（元木泰雄 二〇一三）。

平氏を信頼せず、逆に頼朝《よりとも》以下の源氏を自身の救援を目指す味方とみなす後白河が、平氏の手を逃れ源氏と合流したのも当然であった。後白河は正統王権として源氏に平氏追討を命じた。平氏は摂政基通にも脱出され、安徳の王権の正統化は困難となった。賊軍となった平氏は、苦難の末にたどり着いた大宰府も奪われ、辛くも讃岐《さぬき》の屋島《やしま》に逃れる。

もし後白河が同道していれば、平氏は正統性を保ち得たであろう。入京して北陸宮《ほくりくのみや》や八条院《はちじょういん》を擁立した義仲との対立は深刻になったと考えられる。またそうなれば、後白河救援を旗印にしていた頼朝はどのような行動に出たのであろうか。

後白河院の脱出は、王権、さらに日本の分裂を防ぎ、大きく歴史を変えたのである。

コラム5　義士義経

文治元年（一一八五）十一月三日、源義経《みなもとのよしつね》と叔父行家《ゆきいえ》は西海を目指して京から退去していった。頼朝《よりとも》による相次ぐ圧力に憤慨し、十月十八日に頼朝追討宣旨《せんじ》を受けて挙兵したものの、義経に従う西国の武士はなかった。平氏に遺恨を持つ彼らは、平氏追討に際し義経に電撃的な勝利をもたらしたが、敵対関係にない頼朝との戦いは忌避したのである。

京に迫る頼朝の大軍に抗しきれないとみた義経は、豊後《ぶんご》の武士たちの支援を得て九州に向かった。このとき、右大臣九条兼実《うだいじんくじょうかねざね》は、義経が院や貴族を拉致することもなく、京中が安穏であったことから、義経らの所業を「義士」とたたえた。

二年前の平氏都落ちでは、安徳天皇と三種の神器が京から奪われ、平氏の邸宅が炎上したことで大混乱が起こったし、義仲《よしなか》も在京中の乱暴狼藉に加え、京からの脱出に際し、失敗に終わったとはいえ、後白河《ごしらかわ》の拉致や京への放火を企て、京中を恐怖に陥れた。これに比べて義経の粛然たる潔い退去は兼実以下の心を打ったのである。兼実が義経を讃嘆したのは、退去の潔さだけが理由ではなかった。

義経が京を退去してから四日後の七日、兼実のもとに、船出した義経・行家が遭難したとの情

図45　源義経画像　中尊寺所蔵

報が届いた。これで大規模な戦乱が回避できたことを兼実は喜びながら、同時に「仁義の感報すでにむなし」「義経、大功をなし、その詮なしといえども、武勇と仁義とにおいては、後代の佳名を残すものか、歎美すべし歎美すべし」と記した。義仲、平氏を滅ぼし、朝廷を守った義経が大功をなした武勇の人であることはいうまでもない。同時に、「仁義」でも称賛されていることに注意したい。

仁義は儒教《じゅきょう》の徳目であり、人を救う正しい行いを意味する。義経が仁義の武将と評価された原因は、いうまでもなく内乱を終結させて、戦乱から京と朝廷、民衆を救済したことにある。

寿永三年（一一八四）正月、入京した義経は義仲を滅ぼし、その乱暴狼藉から京を救った。ついで一ノ谷合戦で再上洛を目指した平氏を撃退し、平氏軍の入京と京中出の合戦を防いだ。その後は、伊賀・伊勢の平氏残党の鎮圧、鎌倉武士を含む、畿内周辺の武士の乱暴の禁圧に尽力し、事実上の京都守護の役割を果たした。

そして元暦二年（一一八五）の正月に出撃するや、たちまちに屋島《やしま》を陥れ、壇ノ《だんの》浦《うら》合戦で平氏を滅ぼし、戦乱を終結させた。飢饉《ききん》の惨禍に苦しむ京を兵粮《ひょうろう》徴収から解放し、何より合戦の危険から救ったのである。まさに仁義の武将であり、京の救世主であった。

しかし、宣旨を受けて挙兵したにもかかわらず、かつての一ノ谷合戦のように京周辺の武士たちは参集しなかった。この背景には、宣旨が義経の強制によるものとされたこと、多田行綱《ただゆきつな》以下、京周辺の武士たちが、かつて圧迫をうけた平氏に敵意を有したのに対し、頼朝には敵意がなかったこと、そして、入京の際の協力者平信兼一族を滅ぼし、頼朝に本領多田荘を奪われた行綱の没落を救えなかった義経が、京周辺の武士たちの信望を失っていたこと等が考えられる。

幕府の分裂や後継者問題という頼朝の危機感は、兼実を含む朝廷の人々に理解できるはずもなかった。理不尽に没落に追い込まれた義経は同情を誘い、苦難の逃亡の末の悲劇的な最期が多くの伝説を生むことになるのである。

余談であるが、室町時代の『義経記《ぎけいき》』などでは美男子と描かれる義経も、近い時代の『平家物語《へいけものがたり》』では、色白の小男で、前歯が特に大きかったとされる。「出っ歯」というより、強靭な歯をもった獰猛な容貌ということになる。

元暦元年（一一八四）十月、後鳥羽天皇《ごとばてんのう》の大嘗祭《だいじょうさい》の警護にあたった義経は、二年前に安徳天皇《あんとくてんのう》の大嘗祭の警護にあたった平氏と比較され、義仲などよりは遥かに都慣れしているものの、平氏の中で最低の人物よりも劣ると酷評されてしまった。これも、義経の容姿が優美ではなく剽悍であったことを物語るものである。

八　鎌倉殿の入京

1　京都守護

北条時政の上洛

義経《よしつね》を討伐すべく、大軍を率いて上洛を目指した頼朝《よりとも》は、駿河《するが》国黄瀬川《きせがわ》まで進出するが、義経の没落を聞いて鎌倉に帰った。そして、代官として岳父北条時政《ほうじょうときまさ》を千騎の軍勢とともに京に派遣した。時政は、周知のとおり室政子の父であり、もともとは伊豆《いず》国の在《ざい》庁官人《ちょうかんじん》、すなわち地元の有力者ではあるが、京で五位以上の身分を有する軍事貴族としての政治的地位を持たない、六位以下の地方武士でしかなかった。

しかし、時政は、かつて伊豆守を務め、当時は権中納言《ごんのちゅうなごん》の座にあった吉田経房《よしだつねふさ》の知遇を得ていたし、また時政の後妻牧ノ方も清盛《きよもり》の継母池禅尼《いけのぜんに》の近親で、平頼盛《たいらのよりもり》をはじめとする京の政界との人脈を有していた（森幸夫　一九九〇、野口実　二〇一一c）。さらに、時政は外孫頼家《よりいえ》の頼朝後継者の地位を擁護するために、彼の立場を脅かす義経の追い落としに積極的な姿勢を示していた。こうしたことが、彼の代官起用の背景にあったとみられる（元木泰雄　二〇〇七）。

時政に先んじて入京した東国武士たちは殺気立っており、かつて後白河《ごしらかわ》が幽閉された平清盛による治承三年政変と同様に、院の身に危険が及ぶことが懸念された。さらに、頼朝が後白河を「日本国第一の大天狗」と罵倒する書簡を送りつけたこともあって、京の緊張は高まった。そして二十四日に上洛した時政は、五日後に権中納言経房と対面し、朝廷に対して重大な要求を突きつける。それが、「守護《しゅご》地頭《じとう》」設置と、朝廷改革であった。

図46　北条時政関係系図

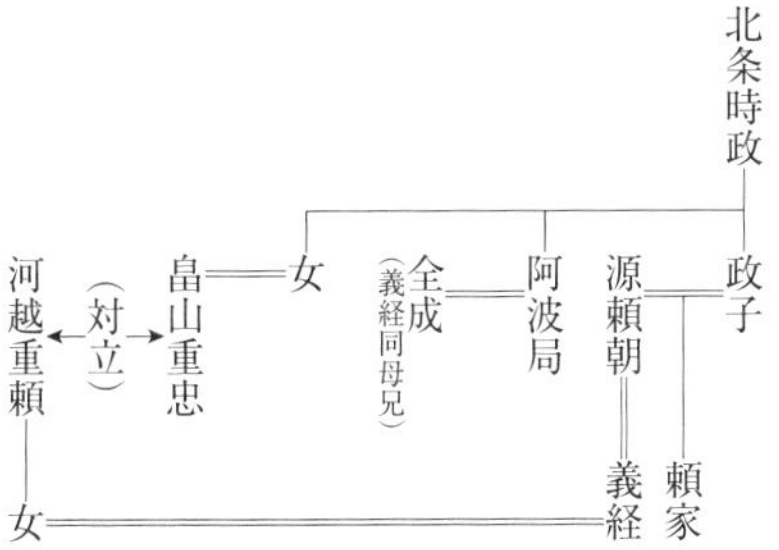

前者の「守護地頭」は、鎌倉時代を通して存続する、一国に一人の守護、荘園・公領ごとに一人が任命された地頭ではなく、一国に一人が任じられ、反別五升の兵粮米《ひょうろうまい》徴収権や、国内の全武士の動員権をもつ、国《くに》地頭《じとう》であったとされる。のちの守護の権限が、謀叛・殺害人の検断《けんだん》、大《おお》番催促《ばんさいそく》という大犯《たいぼん》三ヵ条であったことと比較しても、その権限の過大さは明白であった。ただ、後述するように翌年には廃止されており、義経追捕を目的とした臨時の軍政官とみられる。

一方の朝廷改革については、頼朝の憤りの深さから、かつての平清盛や源 義仲《みなもとのよしなか》のように、院政停止や摂関の更迭、院近臣《いんのきんしん》の大量解官などが予想され、貴族たちを慄かせた。しかし、ふたを開けてみると、頼朝の要求はごく微温的なものであった。処罰されたのは義経に対する頼朝追討宣下に関与した少数の貴族のみで、後白河に対しても院の専恣を制約する議奏《ぎそう》公卿を任命したに過ぎず、後白河側近で、平氏とも関係の深い摂政近衛基通《このえもとみち》も解任せず、頼朝が支援した九条兼実《くじょうかねざね》も準関白というべき内覧《ないらん》に留められた。

頼朝が、かつての清盛や義仲《よしなか》の失策を回避した面もあるが、朝廷に十分な橋頭堡がなかったことも、改革が微温的であった一因である。頼朝と兼実とが提携したのはこの直前であり、政治的関係はさほど緊密とは言い難い。しかも、頼朝が依拠すべき王朝の権威は後白河であり、彼を否定することなどできるはずもない。議奏公卿も後白河を制約するものではなく、その政務を補完する目的で設置されたのである（美川圭 二〇一五）。

はたして議奏公卿は名目のみで機能せず、義経への宣下に関与したとして頼朝が排除した左大臣藤《ふじ》原経宗《わらのつねむね》が頼りにされる有様であった。兼実は、翌年三月に摂政に就任するが、後白河の圧力で兼実は摂関家領の大半は基通のもとに留められた。摂関家は、再び摂政の地位と家産の支配者とが分裂し弱体化する。逆に当時の後白河は、王権をめぐって競合した安徳天皇《あんとくてんのう》が滅亡した結果、後鳥羽天皇《ごとばてんのう》を擁して盤石の正統王権を築いていた。結局は後白河が朝廷における政治主導権を保持し、頼朝もそれを認めていたのである。

さて、在京した時政は、京周辺七ヵ国の国地頭を兼務するとともに、初代京都守護として、京の治安維持と義経追及に全力を注ぐことになる。彼の行動で特筆すべきは、治安の悪化した京において、捕らえた犯人を検非違使《けびいし》に渡さず、直ちに処刑するという強硬な措置をとって治安を回復したことである（『吾妻鏡』文治二年二月一日・一三日条）。

京の治安維持を担当していた検非違使は、その中心だった義経の没落で弱体化し、犯人追捕も困難な上に、捕らえた犯人も厳刑を回避して簡単に保釈したために、治安は著しく悪化していた。時政は、死刑を忌避する貴族社会と異なり、敵対者を原則として殺害するという武士社会の論理を持ち込んだことになる。ただ、先述した検非違使別当平時忠による罪人斬首の先例との関係は注意されよう（上横手雅敬 二〇一五）。

朝廷から高く評価された時政であったが、上洛からわずか四ヵ月ほどの三月末、頼朝によって鎌倉に召還される。代わって二代目の京都守護に就任したのは、頼朝の妹婿一条能保《いちじょうよしやす》であった。

一条能保と義経追捕

時政が急遽召還された一因は、畿内周辺七ヵ国の国地頭を兼任した彼が、強引な兵粮米徴収を行い、諸方面と軋轢を生じたことにあった。強硬な措置は、義経追捕に対する彼の強い意志の現れといえる。しかし、朝廷との対立を懸念した頼朝は、義経・行家《ゆきいえ》の身柄確保に至らないものの、蜂起の危険性が低下した判断し、時政を鎌倉に呼び戻したのである（大山喬平 一九八二）。義経追捕や治安維持は、時政の弟時定《ときさだ》や北条氏ゆかりの御家人《ごけにん》に委ねられた（野口実 二〇一二c）。

時政の武断的な姿勢に問題があったのは事実だが、この交代の原因は、それだけではない。時政が、京の治安回復などで、朝廷に評価されたことは、彼の政治的地位の上昇、頼朝に対抗する地位の構築の可能性もあった。京の時政は、頼朝にとって義経と同様の危険性を秘めた存在だったことも忘れてはならない。

図47　一条能保系図

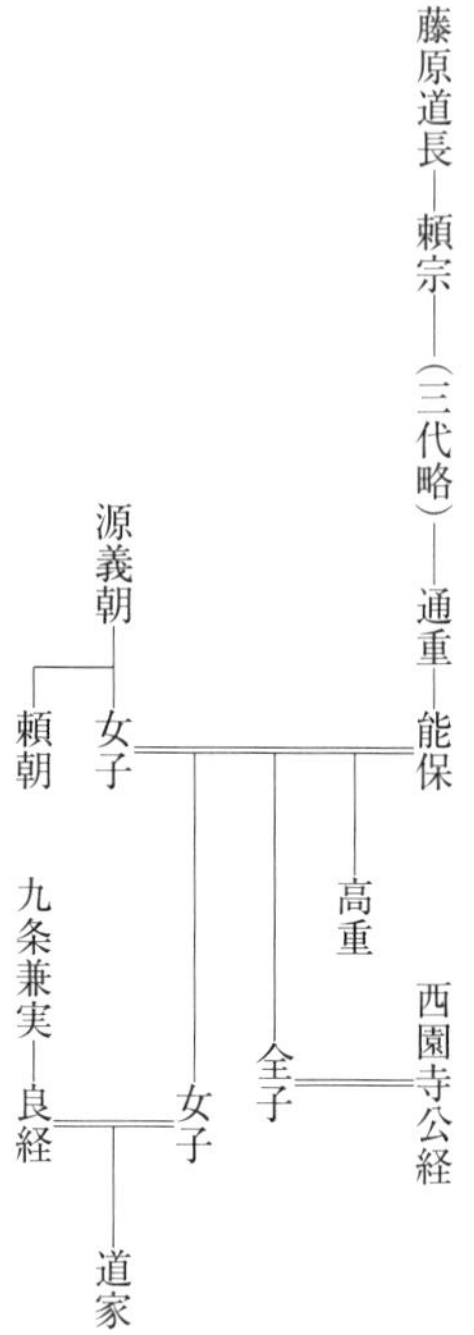

一方、二代目の京都守護に就任した一条能保は、藤原道長《みちなが》の庶子頼宗《よりむね》の子孫で、従四位下左馬頭《さまのかみ》兼讃岐守《さぬきのかみ》であった。父は従四位上丹波守藤原通重《みちしげ》、母は右大臣藤原公能《きんよし》の娘で、当時の内大臣で頼朝とも親しい徳大《とくだい》寺《じ》実定《さねさだ》の姉妹にあたり、能保は実定に伺候《しこう》していた。さらに彼の叔父基《もと》家《いえ》が平頼盛の女婿となっていたことから頼盛《よりもり》とも連携し、さらには八条院《はちじょういん》ともつながりを有した（佐伯智広 二〇〇六）。

義経挙兵の危険性が低下したことから、軍事活動よりも朝廷との交渉が重要な意味をもつようになり、中級貴族の身分で多様な人脈を持つ能保が起用されたとのである。時政は、地方武士に過ぎない在庁官人出身ということで、兼実から「北条丸」（「丸」は小児などの一人前ではない人間を指す）と蔑まれ（『玉葉』文治元年十一月二十四日条）、「田舎の者」などと罵倒されたばかりか、その立ち居振る舞いまで嘲笑されている（同書文治二年三月二十四日条）。その意味で、中流貴族の能保は、身分に強いこだわりを持つ兼実以下の朝廷との交渉役として適切であった（元木泰雄 二〇一九）。

ただ、時政の離任後、再度群盗が横行し京中の治安が悪化し（『吾妻鏡』五月十三日条）、翌年八月には有力御家人の千葉常胤《ちばつねたね》・下河辺行平《しもこうべゆきひら》らが上洛して、時政と同様に即座に強盗を処刑するという武断的措置を取らねばならなかった。これは、まだ大番武士が十分に機能していなかったこと、そして能保が再び京中警護を検非違使に委ねたことに原因があった。頼朝の義弟とはいえ、公家出身の能保の軍事・警察活動には限界があったといえよう。

一方、義経・行家の追捕については、時政の「眼代《がんだい》」（代官）だった弟時定が次々と功績をあげた。時政帰東後の文治二年（一一八六）五月、時定は和泉国《いずみ》において、義経の叔父で挙兵の首謀者の一人行家を討った。ついで時定は翌六月、大和国《やまと》で義経の女婿源有綱《ありつな》を殺害する。有綱は、頼政《よりまさ》の孫という名門の有力武士で、義経の盟友であった。七月には義経の腹心伊勢三郎能盛《いせさぶろうよしもり》が、さらに九月には京で平泉《ひらいずみ》から義経に随行した佐藤忠信《さとうただのぶ》が殺害され、腹心の堀景光《ほりかげみつ》が生け捕りとなった。こうして義経の有力な同盟軍・郎等《ろうとう》はほぼ壊滅したのである。

もはや義経が西国において大規模な反乱を惹起する可能性は消滅し、義経追捕と反乱抑止を目的に設置された国地頭も文治二年には廃止されることになる。しかし、義経自身は延暦寺《えんりやくじ》・興福寺《こうふくじ》、さらには院近臣に保護されて、各地を転々とする。このことが、頼朝と寺社勢力との軋轢を生むことになる。

文治二年閏《うるう》七月には、延暦寺に義経が逃亡したことを理由に、土肥実平《どひさねひら》以下の武士が延暦寺内の捜索を主張して全面衝突の危機を生じ、一条能保が辛うじて制止する一幕もあった（大山喬平 一九八二）。九月には、義経が興福寺に匿われていたことが判明し、鎌倉御家人の比企朝宗《ひきともむね》が軍勢を率いて興福寺を追捕し衆徒《しゅと》を激昂させた。義経問題をきっかけに、平氏滅亡後の京周辺における最大の軍事勢力である権門寺院と頼朝軍との間に緊張が生じたのである。

頼朝軍と寺社権門とは直接衝突することはなかったが、その後も両者の緊張は継続することになる。一方、義経は厳しい頼朝の追及をかわし切って、文治三年には平泉に逃亡することになる。

義経滅亡と奥州合戦

平泉は、かつて義経が元服直後に逃れた場所であり、また当時日本中で唯一まだ頼朝の勢力が及ばない地であった。後白河の院近臣も義経の逃亡に関与したとして頼朝に処罰されているが、その中には陸奥《むつ》の貢馬《くめ》を管理する院御厩《みまや》別当《べっとう》の藤原朝方《ともかた》、そして治承三年政変まで院の知行下で陸奥守を務めた藤原範季《のりすえ》らの名がある。義経の平泉逃亡には、院やその周辺の支援も存したのである。

陸奥の産物には駿馬・砂金はもとより、北方交易によってもたらされる、矢羽の原料となる大鷲の羽、馬具となる海豹《あざらし》の皮革などもが含まれていた。砂金が日宋《にっそう》貿易輸出品として大きな意味を有したのをはじめ、駿馬・馬具・武具が武士はもちろん貴族社会で必需品であったことはいうまでもない。これに着目した後白河は御厩舎人を派遣して砂金を購入し（五味文彦 一九八八）、さらに治承三年政変以前の数年間は範季を受領《ずりょう》として陸奥を知行していた。

このため、当時の陸奥の実質的支配者である平泉《ひらいずみ》藤原氏の秀衡《ひでひら》は、知行国主後白河と緊密に連携することになる。後白河に対する清盛の横暴に怒った秀衡が、挙兵した頼朝のもとに義経と腹心の佐藤兄弟を送ったこともその表れである（延慶本『平家物語』）。しかし、清盛の死後に後白河院政が復活したことで、秀衡は頼朝に積極的な支援を控えたために、頼朝と義経との関係悪化をもたらした（元木泰雄 二〇一二）。

源平争乱後、秀衡は後白河のもとに定期的に貢金・貢馬を送り、強い関係を保持していた。ところが、平泉と後白河との連携を警戒した頼朝は、文治二年（一一八六）四月、京に対する貢物は鎌倉を経由するように命じたのである。これが、京との直接的な結合を分断し、鎌倉に従属させようとする方策であることは明らかであった。また、秀衡は平氏亡きあと、頼朝の矛先が平泉に向けられることを察知していた。

そうした緊迫した情勢の中、義経は文治三年に平泉に到着し、秀衡に庇護されることになる。義経の逃亡を延暦寺が支援したとされるが、先述のように院近臣も関与していた。秀衡は頼朝との対決を決意し、頼朝に対する謀反人義経の擁立を目指して、院近臣藤原朝方・同範季らと連携し、義経を平泉に迎え入れたのである。しかし、肝心の秀衡は同年の十月二十九日に世を去ってしまった。

秀衡は義経を総大将として頼朝と戦うように遺言したが、一門内の不統一もあって、それは実現しなかった。秀衡の後を継いだ嫡男泰衡《やすひら》は度重なる頼朝の圧力に屈し、ついに義経の居館を襲撃し彼を殺害した。時に文治五年閏四月三十日、義経は享年三十一、京の救世主は平泉で妻子とともに無残な最期を迎えたのである。

泰衡は義経の殺害という究極の選択で、頼朝からの攻撃回避を図った。これに対し頼朝は、泰衡が謀反人である義経を庇護したことを口実に、平泉攻撃を命令する。平泉藤原氏を擁護しようとする後白河は、謀反人義経の討伐で問題は解決したとして、あくまでも追討を公認しようとせず、宣旨《せんじ》の発給を拒んだ。しかし、全国から御家人を動員した頼朝は強引に出撃し、たちまちのうちに平泉を攻略、泰衡を滅亡させたのである。

朝廷は頼朝の行動を追認して、追討宣旨を下した。事実上、独自の武力を失っていた後白河と朝廷は、頼朝に従わざるを得なかった。ただ、平泉追討をめぐり朝廷と軋轢を生じた頼朝であったが、合戦後は恩賞を辞退し、相模《さがみ》・伊豆以外の知行国を返上するなど、朝廷への恭順につとめている。長年の脅威であった平泉藤原氏を倒したことで後顧の憂いを解消した頼朝は、念願の上洛を果たすことになる。ここで、彼が目指したものが明らかとなるのである。

2 頼朝上洛

六波羅の新邸

頼朝が上洛したのは、奥州合戦に圧勝した翌年、元号も改まった建久元年（一一九〇）十一月七日のことであった。頼朝は十月三日に鎌倉を出立し、尾張国にある父義朝《よしとも》の墓所や、平治《へいじ》の乱後に頼朝が匿われた美濃《みの》国青墓宿《あおはかのしゅく》に立ち寄りながら、京を目指した。近江《おうみ》国の野路《のじ》（現滋賀県草津市）に宿泊した頼朝は、激しい雨で予定より一日遅れて、寒風吹きすさぶ中、入京を果たしたのである。

頼朝を警護する軍勢は千騎、先陣は畠山重忠《はたけやましげただ》で、行列は三騎ずつ並び、前後の随兵《ずいひょう》を従えた頼朝は水干姿《すいかん》で、行列のやや後ろに位置し、後陣は郎従《ろうじゅう》を従えた侍所所司《さむらいどころしょし》梶原景時《かじわらかげとき》と千葉常胤が並んだ。まさに威風堂々の入京であった。一行は三条の末から京に入り、鴨川《かもがわ》の河原を下って六波羅の宿所に入った。宿所は後述するように、亡き半頼盛の邸宅あとに再建された新邸である。

後白河をはじめ、多くの貴族たちもこの行列を見物した。頼朝の上洛を待ちかねていた摂政九条兼実は、「白昼、騎馬の入洛、存ずる旨あるか」(『玉葉』十一月十七日条)と意外の念を隠し切れなかった。平時の京において、二位の公卿である頼朝が牛車ではなく騎馬を用いたのをはじめ、随兵たちは冑《かぶと》・腹巻《はらまき》などの武具を身に着けていた。貴族社会の行列と明らかに異なる武士の大規模な行進は、貴族の度肝を抜いた。

思い起こせば、平治の乱後に捕らえられ、永暦元年(一一六〇)三月、伊豆に配流された頼朝にとって、京は実に三十年ぶりであった。また、治承四年(一一八〇)十月の富士川《ふじがわ》合戦に勝利し、敗走する平維盛《たいらのこれもり》以下の平氏軍を追撃して京を目指しながら、東国武士の制止で上洛を断念してから、ちょうど十年の歳月が経過していた。その後、後白河から上洛を再三要請されながら、平泉藤原氏の脅威などを口実に延期してきた上洛が、ついに実現したのである。

頼朝の京における宿所となったのは、六波羅にあった平頼盛邸跡である。いうまでもなく、六波羅はかつての平氏の本拠地であり、当時は没官領《もっかんりょう》として頼朝の管轄下にあった。六波羅が選ばれた背景には、多くの軍勢の駐屯地として相応しいこと、そして平氏を討伐した頼朝の威光を示す意図もあったのであろう。その中で頼盛邸の跡に新邸が築かれた理由は、やはり頼盛と頼朝との関係にあったのではないか。

頼盛は母池禅尼が頼朝助命に貢献したことから、平氏一門の主流から距離を置いており、都落ちの際には後白河院を頼って在京し、さらに鎌倉に下って頼朝の保護を受けていた。こうしたことから、彼の邸宅跡が頼朝の居館に選ばれたものと考えられる。ちなみに、頼盛は鎌倉から京に戻り権大納言に復任したが、文治元年（一一八五）に壇ノ浦《だんのうら》合戦で一門が滅亡した衝撃からか、その直後に出家し、翌年六月二日に五十六歳で没していた。

頼盛邸は広大な池を有することから池殿《いけどの》と称された。忠盛《ただもり》の正妻の子として清盛と嫡男を競っただけに、六波羅では清盛邸の泉殿《いずみどの》とならぶ広壮さを誇った。治承二年（一一七八）にのちの安徳天皇が生誕したのも、福原《ふくはら》から還都が行われた際に、高倉院の御所となったのも、この池殿であった。都落ちに際し頼盛は京にとどまったものの、池殿も他の平氏一門の邸宅とともに焼失していたから、頼朝は新邸を造営したのである。

通常の公卿の邸宅が一町であるのに対し、頼朝の新邸はその倍の二町に及ぶ大規模なもので、摂関家の正殿東三条殿《ひがしさんじょうどの》と並ぶ面積であった。この邸宅は恒久的なもので、五年後の再上洛でも、頼朝はここを宿所としていた。邸宅そのものは鎌倉初期に焼失するが、やがて承久《じょうきゅう》の乱後にはこの地に六波羅《ろくは ら》探題《たんだい》が設置され、六波羅は鎌倉幕府の京における拠点となるのである。

「朝の大将軍」頼朝

頼朝は入京から二日後の十一月十九日、御家人たちが警護する中、院御所、そして内裏《だいり》に参入した。頼朝は、まず六条西洞院殿《にしのとういんどの》で後白河院と対面し、長時間にわたる密談を行った。次いで、後鳥羽天皇の里内裏《さとだいり》である閑院《かんいん》に参入して天皇と対面し、同所で摂政九条兼実とも懇談している。六波羅の宿館に帰還したのは、すでに子《ね》の刻（午前零時）を回っていた。

以後、頼朝と後白河は八回にわたって会見をする。『愚管抄《ぐかんしょう》』によると、頼朝は挙兵時の功臣上総介広常が朝廷を軽視する「謀反心」を抱く者であったため、彼を粛清したとして院に対する忠誠心を強調したという。それ以外の具体的内容はほとんど知りえないが、忠誠心の具体化として朝廷の守護、大番役《おおばんやく》などの整備を約束したのであろう。翌年の公家新制で、頼朝は国家的軍事・警察権の担い手に位置づけられ、御家人を率いて国家を守護する立場となり、二年後には内裏大番役も御家人が独占することになる。

図48　源頼朝像　甲斐善光寺所蔵

頼朝はけっして後白河に諂い、従属したわけではない。戦時体制の中で成立した頼朝の軍団は、競合する武士団をすべて排除し、武装解除された朝廷を守護する、事実上の唯一の官軍となった。このことは、同時に王権と京の守護者という名誉ある役割を独占するとともに、朝廷を保護下においたことを意味するのである。そして、軍事・警察権の担い手という公的立場を確立したことになる。ここに、名実ともに鎌倉幕府は成立し、頼朝は自身を「朝（朝廷）の大将軍」と称した。

院との綿密な交渉と対照的に、頼朝と兼実との関係は冷淡で、会見もわずか二回にとどまった。義経問題が解決した以上、交渉相手が朝廷の中心である後白河となるのも当然といえる。頼朝にとって兼実は、後白河と対立した際に、その牽制に利用した存在に過ぎなかったのである。ただ、最初の会見の際に、すでに六十四歳という高齢の後白河が亡くなれば、幼主後鳥羽《ごとば》を擁した兼実を交渉相手にする可能性を示し、兼実を慰撫している。しかし翌年、頼朝は、すでに娘任子を入内させている兼実に断りもなく、娘大姫の入内工作を開始しており、兼実の軽視は明白であった。

頼朝が院と対面した六条西洞院殿は、かつての院近臣平信業《のぶなり》の邸宅の所在地で、寿永二年（一一八三）十一月、法住寺殿《ほうじゆうじどの》が義仲の攻撃で焼失したあと、後白河はもっぱらここを院御所として用いていた。また、後白河院領荘園の寄進先として知られる彼の持仏堂長講堂《ちょうこうどう》は、この御所内に存在していた。六条西洞院殿は、二年前の文治四年（一一八八）四月に焼失し、諸国の負担で再建されたが、そのうち褻《け》御所（常の御所）と丹後局《たんごのつぼね》の御所は頼朝が担当し、彼の担当部分は造作が丁寧であるとして院を喜ばせた。

一方、頼朝が後鳥羽天皇と対面した閑院は、左京の中心二条に位置した。地理的な利便性もあって、高倉天皇《たかくらてんのう》以来、本来の内裏にかわり天皇の居所として用いられてきた。この閑院も文治元年の大地震で被災したが、二年後に頼朝が修理していたのである。頼朝は、彼自身の手で再建した御所で院・天皇との対面を果たしたことになる。王権に関する重要な御所の修理は、頼朝が主要な部分を担っていた。もはや、頼朝は軍事・警察権と同様、経済面でも朝廷を保護下に置いたといえよう。

後白河とはじめて対面した十一月九日、頼朝は権大納言に補任《ぶにん》されている。彼は文治元年（一一八五）に平氏追討の功績で従二位に叙されて公卿に列し、同五年正月には正二位に昇っていた。位階《いかい》から見れば大臣に就任してもおかしくなかったが、頼朝は固辞したという（『愚管抄』）。ついで二十四日には武門の頂点である右近衛大将《うこんえのだいしょう》（右大将《うだいしょう》と略称される）にも任官する。しかし頼朝は十二月四日に、権大納言とともに辞任してしまった。

これを、征夷大将軍《せいいたいしょうぐん》を望んでいた頼朝が、王朝官職を拒否したとする解釈もあったが、後述する様に彼は征夷大将軍を熱望していなかったし、彼自身「前右大将」と称したように、右大将を忌避してはいなかった。権大納言・右大将は、ともに在京して政務・儀式に参加する必要があるが、彼はすぐに鎌倉に下向しなければならない。まして、儀式の故実《こじつ》も知らない彼が、直ちにそうした職を辞すのは当然のことであった。

頼朝は、ひと月余りを京で過ごし、後白河・兼実との交渉のほか、河内源氏所縁の石清水八幡宮《いわしみずはちまんぐう》、六条八幡宮、そして清水寺《きよみずでら》などに参詣し、建久元年（一一九〇）十二月末に鎌倉に帰った。

延暦寺との衝突

翌建久二年（一一九一）四月、京で一大事が起こった。延暦寺の強訴《ごうそ》である。原因は、延暦寺千僧供養の費用徴収をめぐり、延暦寺と近江守護の佐々木氏とが衝突したことにあった。水害や頼朝上洛の負担などで納入が遅延したため、取り立てに向かった延暦寺・日吉社《ひえしゃ》の下級の社僧宮司《しゃそうぐうじ》と佐々木氏との間で衝突が起こったのである（上横手雅敬 一九九三）。

この千僧供養の費用は、寿永二年（一一八三）に清盛供養のために、平氏が佐々木荘の年貢から延暦寺に貢納することとしたが、これは平氏が同荘を佐々木氏から奪取していた間に決められたことで、佐々木氏にとっては不本意な負担である。さらにいえば、延暦寺はもともと平氏と政治的に親しかったから、鎌倉幕府の守護となった佐々木氏との衝突は必然的でもあった。

事件は、三月に延暦寺・日吉社の神人・宮仕ら数十人が、日吉社の神鏡を擁して取り立てに佐々木氏の居館を襲撃した際に勃発した。当主で近江守護の定綱が不在であったため、留守を預かっていた次男定重が郎従に命じて迎え撃った。この時、宮仕に死傷者が出た上に、神鏡を破壊するという不祥事を起こしてしまったのである。

怒った延暦寺は佐々木一族の配流を要求、四月二十六日に悪僧・神人たちは日吉・祇園《ぎおん》・北野《きたの》社《しゃ》の神輿《みこし》を担いで強訴に及んだ。延暦寺の大規模強訴は、鹿ケ谷《ししがたに》事件の引き金となった安元三年（一一七七）以来のことであった。京都守護で検非違使別当でもあった一条能保が指揮を執るが、検非違使は参入せず、鎌倉武士も数十騎という有様で、悪僧はたちまち神輿とともに閑院内裏《かんいんのだいり》に殺到し、神輿を放置して退散するにいたった。この時、禁裏《きんり》警護の安田義定《やすだよしさだ》の郎等が刃傷されている。

強訴防御は惨めな失敗に終わり、佐々木定綱《さだつな》は薩摩《さつま》、定重《さだしげ》は対馬《つしま》への配流を余儀なくされ、他の一族や下手人《げしゅにん》も厳しい処罰を受けたのである。しかも、当初配流とされた定重は、近江国唐崎《からさき》で突如斬首されてしまった。頼朝は延暦寺に完全に屈服したことになる。先述のように、鎌倉武士は義経問題に際し延暦寺攻撃も辞さない姿勢を見せたが、頼朝は大きく姿勢を変え、有力御家人を守ることさえも放棄したのである。

この原因は強訴防御の失敗にあった。まだ大番役も十分に整備されておらず、鎌倉軍が強訴の防御にあたったのははじめてであった上に、公家である一条能保の指揮官としての未熟も、防御の失敗に関係した（佐伯智広 二〇〇六）。しかし、振り返れば、久安三年（一一四七）に平忠盛《ただもり》・清盛父子の配流を求めた強訴の動きを鳥羽院が未然に封じ込めて以後、延暦寺の強訴を防御、もしくは撃退に成功したことがない。すでに触れたように、院近臣藤原成親《なりちか》を訴えた嘉応元年（一一六九）、同じく藤原師高を訴えた安元三年の強訴は、ともに平氏が防御に失敗したことから、大きな政治的混乱を惹起している。

図49　延暦寺根本中堂

義経問題では、延暦寺悪僧が謀反人義経を庇護したのであるから、謀反への加担を理由に攻撃することができた。ところが、強訴は、宗教的権威を背景とした示威行為であり、謀反や合戦ではなかったのである。しかも、神体を毀損し、宮仕を殺傷した佐々木氏に非があった。したがって、悪僧・神人の殺傷や神体の毀損は神罰を招く行為であり、防御線を構築して彼らの入京を阻止するしか防御方法はない。入京を許した以上は、神威を背景とした彼らの要求に屈するほかなかったのである。

強訴への対応の困難さを、頼朝と幕府側は痛感したことであろう。佐々木氏を保護すれば、強訴の再発など事態の泥沼化を招き、後白河の権威を動揺させ、京を混乱に陥れかねない。頼朝は、定重を犠牲にしてまで、延暦寺との衝突を回避したのである。頼朝は御家人の保護よりも、荘園領主をも保護の対象とする「諸国守護」の役割を優先したことになる。

3　公武関係の展開

後白河の死去と征夷大将軍

建久二年（一一九一）暮れ、頼朝は義仲に焼かれた院御所法住寺殿を再建し、後白河を喜ばせた。むろん、それは頼朝が王権の保護者であることを誇示する行為にほかならない。しかし、その後白河は、次第に病気がちとなり、ついに建久三年三月十四日に六条西洞院殿で死去した。享年は六十六。中継ぎとして皇位につき、兄崇徳院《すとくいん》、実子ながら美福門院《びふくもんいん》の養子となった二条天皇《にじょうてんのう》、平氏と結んだ安徳天皇らと皇統をめぐって争い、再三幽閉や院政停止の苦難に遭いながら、ついに正統王権を確立した波乱の生涯であった。

彼が集積した長講堂領は、寵姫丹後局との間に儲けた皇女覲子内親王（宣陽門院《せんようもんいん》）に譲られた。女院の別当として彼女らを支えた村上源氏の公卿源通親《みちちか》を中心に、旧後白河近臣勢力は隠然たる勢力保つことになる。特に通親は、後鳥羽の乳母藤原範子を室としていたから、天皇とその後宮《こうきゅう》に大きな影響力をもっており、頼朝は大姫入内問題で彼を頼ることになるが、それは再上洛ののちのことになる。

後白河の没後、朝廷で政治の実権を掌握したのは、前年に摂政から関白に移った九条兼実であった。

後鳥羽天皇は成人したとはいえ、まだ十三歳で政治主導することはできない。頼朝は上洛の際の会見での約束通り、兼実と提携し支援したのである。頼朝が大姫入内工作を断念し、彼女に一条能保の男高能《たかよし》を娶せようとしたのはその表れにほかならない。

　後白河死後の七月、頼朝は「大将軍」任官を朝廷に申入れた。かつては、後白河との間で征夷大将軍任官をめぐって対立してきた頼朝が、その死去を機に任官を果たしたといった理解があった。しかし、先年、内大臣中山忠親《なかやまただちか》の日記『山槐記《さんかいき》』の抜書きである『三槐荒涼抜書要《さんかいこうりょうぬきがきのかなめ》』の建久三年七月九日の記事が紹介され、頼朝は「前右大将」に代わり「大将軍」を要望しただけで、決して征夷大将軍に固執していなかったことが判明したのである（櫻井陽子 二〇一三）。

　頼朝からの申し出を受けた朝廷は、かつて平宗盛《むねもり》が就任した「惣官《そうかん》」（総官）、同じく源義仲を先例とする征東大将軍、坂上田村麻呂《さかのうえのたむらまろ》が任じられた征夷大将軍、中国の上将軍などを候補として検討した。そして、頼朝と敵対した平宗盛、源義仲、そして中国の先例を除外し、無難な征夷大将軍を選んだところ、頼朝もそれを承諾したのである。では、後白河院没後、なぜ頼朝は「大将軍」を要求したのであろうか。

　おそらくは、右大将が後白河に補任され、院との政治的連携を示す官職であったことから、院の死去で兼実との協調関係に入ったことを象徴する官職が必要となった。しかし、容易に上洛はできないため、大将を越える大臣などへの任官は困難であった。そこで頼朝は、京都以外に居住していても就任可能で、しかも二位の公卿にして「朝の大将軍」に相応しい権威ある官職を求め、征夷大将軍に就任したのである。

このように、征夷大将軍就任には偶発的要素があり、まだ幕府首長の官職として確立したわけではない。後継者頼家が征夷大将軍になったのも、頼朝の死去から三年後の建仁二年（一二〇二）のことであった。したがって、のちに征夷大将軍が幕府首長として定着したことから遡及させて、頼朝の征夷大将軍就任を鎌倉幕府の成立とすることはできないのである（元木泰雄 二〇一九）。

頼朝との連携を背景に、朝廷の主導権を握った九条兼実は、大きな権勢を誇ることになる。当時の朝廷における大事業は、平氏に焼き討ちされた南都寺院や、内乱で荒廃した東寺《とうじ》などの復興であったが、関白にして藤原氏長者でもあった兼実は、建久五年（一一九四）、氏寺興福寺の再建を成し遂げた。その落慶の前日、春日社《かすがしゃ》に参詣した兼実は、行列の前駆《ぜんく》（先払い）を、道長《みちなが》の先例に倣って中納言にまで務めさせたという。まさに兼実は全盛期、権勢の頂点を迎えるが、わずか二年後、それが頼朝の支援の結果に過ぎないことを思い知らされることになる（上横手雅敬 二〇〇二）。

頼朝の再上洛

建久六年（一一九五）二月、頼朝は二度目の上洛を行う。前回と異なり、彼は室北《ほう》条政子《じょうまさこ》・娘大姫・長男頼家を伴っていた。頼朝は、三月十二日の東大寺大仏殿落慶《らっけい》供養に出席するとともに、再度企図した大姫の後鳥羽天皇入内の布石を打ち、さらに十四歳を迎え元服目前の後継者頼家の、朝廷へのお披露目をも目的としていたのである。三月四日、頼朝は前回の上洛と同じ六波羅邸《ろくはらてい》に入った。

三月十二日、頼朝は大壇越（施主）として、再建された東大寺大仏殿以下の落慶供養に臨んだ。朝廷の大事業を中心となって推進した頼朝には、文治元年（一一八五）に東大寺《とうだいじ》の大仏開眼を主導した後白河に代わる朝廷の支柱となったという自負もあったであろう。所詮は彼の威を借りたに過ぎない兼実に代わり、頼朝自身が朝廷を支配する野心を抱いたのではないか。大姫の入内こそ、それを実現する切り札であった。

東大寺から帰京した頼朝は、三月二十九日、丹後局を六波羅邸に招き、政子《まさこ》・大姫と対面させ、莫大な引き出物を渡した。これが大姫入内工作の一環であることはいうまでもない。以後、宣陽門院や丹後局との対面は再三に及び、頼朝の在京は三ヵ月にもわたることになる。

逆に、兼実との会見は空疎なもので、贈り物も馬二頭に過ぎず、兼実を愕然とさせた。長時間にわたる会見もあったが、兼実が廃止した長講堂領荘園の再興を説得するのが目的であった。もはや兼実は頼朝に見限られたのである。大姫入内を企てた頼朝が、娘任子を中宮《ちゅうぐう》とする九条兼実と鋭く対立し、後鳥羽の後宮に大きな影響力を持つ通親を中心とする旧後白河院近臣勢力に接近していったのも当然といえよう。

宣陽門院や母の丹後局を支えた女院別当の中納言源通親は、村上源氏嫡流で、邸宅の所在地から久《こ》我《が》通親《みちちか》、あるいは土御門《つちみかど》通親とも称された。村上源氏は、村上天皇《むらかみてんのう》の孫師房《もろふさ》が源姓を賜ったことに始まる。師房は藤原道長の女婿となって摂関家に接近し、その子顕房《あきふさ》の娘賢子は堀河天皇《ほりかわてんのう》の国母《こくぼ》となり、彼女の兄雅実《まさざね》は源氏初の太政大臣に昇進した。以後、代々大臣の地位を保ったが、しだいに勢威が低下し、通親の父雅通《まさみち》は美福門院らの院近臣に接近してようやく内大臣に昇ったのである（元木泰雄 一九九七)。

通親も、もともとは高倉院の側近で平氏に近かったが、平氏没落後はたくみに後白河院・丹後局に接近し、その皇女宣陽門院の別当に就任した。そして後鳥羽の乳母高倉範子を妻に迎えて乳母夫となり、後鳥羽の後宮に強い影響力をもっていたので、頼朝の大姫入内工作の鍵を握る人物だったのである。

頼朝が大姫入内に固執したのはなぜだろうか。許婚の義高を殺され、沈みがちになった娘に最高の婿を迎えようとした親心等々の側面も皆無ではないだろうが、頼朝は大姫没後に妹三幡の入内工作をしている。したがって、娘の入内は頼朝の重要な政治課題であったことになる。

頼朝にとって、幕府の安定のためにも、朝廷の掌握は不可欠であった。頼朝が地方武士の掌握に成功した要因は、戦時下で敵方所領を没収し、新恩給与として地頭に補任したことにあった。しかし、戦争の終結で新恩給与は困難となり、頼朝はかわって官位や大番役の名誉を与えることで御家人を統制しようとした。御家人統制に王朝権威が必要となった頼朝は、朝廷の掌握のために娘の入内、さらには外孫の皇子の即位を目指したのである。

一方、後継者としてのお披露目となる頼家は、六月三日に閑院で後鳥羽天皇と対面し、御剣を下賜された。しかし、すでに成人といえる十四歳に達しながら京で元服した形跡はなく、官位も授与されていない。『公卿補任《くぎょうぶにん》』によると、彼は二年後の建久八年、すなわち後述するように、兼実が失脚した後に初めて官位を得ている。おそらく、関白兼実との軋轢で、頼家の元服・叙爵が実現しなかったのであろう。頼朝は三ヵ月余りを京で過ごし、六月二十四日に鎌倉への帰路についた。

建久七年政変と頼朝の死

建久六年(一一九五)、関白兼実の娘中宮任子が懐妊した。兼実は空前の規模の祈禱を行い、男子の出産を祈った。頼朝との関係も動揺し、朝廷内に近衛基通や旧後白河院近臣など、多くの敵対勢力を有する兼実にとって、外孫の皇子生誕が唯一の権力維持の方法であった。皇子が得られ、その即位が実現したならば、兼実はかつての藤原良房《よしふさ》や道長のように天皇の外祖父となって大きな権勢を得る可能性も残されていた。しかし、八月に生誕したのは女子であった。昇子内親王、のちの春華門院《しゅんかもんいん》である。皇女の生誕で兼実の目論見は霧散し、求心力を低下させることになる。

一方、同年の十一月、源通親の室範子の連れ子在子は、後鳥羽天皇の第一皇子為仁《ためひと》を出産した。為仁の即位が実現すれば、義理の関係とはいえ、通親は天皇の外祖父となる。そうなれば、貴族社会の慣例で大臣昇進も可能となり、大臣の地位を継承する大臣家としての村上源氏の地位を守ることができるのである。ここで通親は謀略を企てたとされる。

翌建久七年十一月、通親の讒言により、突如九条兼実が関白を罷免された。これに先んじて娘の中宮任子が宮中を退出させられたほか、兼実の弟慈円《じえん》までも天台座主《てんだいざす》を解任され、九条家一門は徹底的に排除されるに至った。いわゆる建久七年政変である。関白には、後白河側近で、摂関家嫡流の近衛基通が復帰した。頼朝も、通親が大姫入内に協力することを期待して、盟友兼実の失脚を黙認したとされる。

しかし、大姫入内を目指す頼朝にとって、兼実の失脚と任子の退出はむしろ望むところであった。また政変の原因は、通親の謀略と頼朝の黙認だけではない。兼実の過度な権勢に対する貴族たちの反発、そして院近臣坊門家《ぼうもんけ》出身の国母七条院《しちじょういん》に対する彼の無礼が、後鳥羽天皇の怒りを招いたことも関係していた。（上横手雅敬 一九九三・二〇〇二）

翌建久八年七月、今度は頼朝の娘大姫が亡くなり、頼朝も朝廷に対する影響力を低下させた。その間隙を衝くかのように建久九年正月、通親は後鳥羽の第一皇子で、義理の外孫にあたる為仁親王の践祚《せんそ》を実現する。土御門《つちみかどてんのう》天皇である。天皇は父と同じ閑院で践祚している。通親は天皇の外祖父となり、大臣昇進を確実にした。頼朝も将来の外孫の即位を考えた場合、幼帝の存在は障害となる可能性があるためか、まだ四歳に過ぎない為仁の即位には賛成していなかったが、通親はこれを押し切ったという（『玉葉』）。

通親は、退位した後鳥羽院の院庁《いんのちょう》の中心執事別当に就任、天皇の外祖父として朝廷を支配し、院・内裏の実権を握った。通親は、当時まだ正二位権大納言で大臣に昇っていなかったが、後鳥羽はまだ若く、関白基通は無能であったから、通親が政治主導権を掌握し、「源博陸《げんはくろく》（関白）」と称された（橋本義彦 一九九二）。

この事件は、通親に翻弄された頼朝の失策とされる。しかし、大姫入内の頓挫は彼女の夭折が原因であり、その死後も次女三幡の入内工作が行われている。先述のように兼実との関係も悪化しており、その失脚は頼朝の痛手とは言い難い。また、すでに十九歳を迎えた後鳥羽が院政を目指すのも当然で、譲位には彼の意志も関係していた。そして後白河院の場合と同様、頼朝にとって重要なのは後鳥羽院との提携であり、幼帝の即位はさほど大きな問題ではない。

また通親と頼朝との関係も良好で、通親は頼朝の後継者頼家に多大の恩恵を施している。頼家は、兼実失脚後の建久八年十二月、従五位下を越えて従五位上に叙され、さらに頼朝死去後にも、通親はその喪を秘して頼家を五位のまま左近衛中将に任じた。元服時の従五位上、五位で中将を兼ねる五位中将は、ともに摂関家、その傍流などに認められた特権であった。したがって、通親は頼朝の一族に摂関家に準ずる家格を与えたのである（元木泰雄 一九九七・二〇一九）。

摂関家を頂点とする旧来の身分秩序に拘泥する兼実が、頼家にこうした待遇を与えることはあり得ないであろう。通親が外孫を即位させたのは、村上源氏の大臣家という家格を守るためであり、決して頼朝に敵対し幕府を否定しようとしたわけではない。

図50 後鳥羽院・土御門天皇関係系図

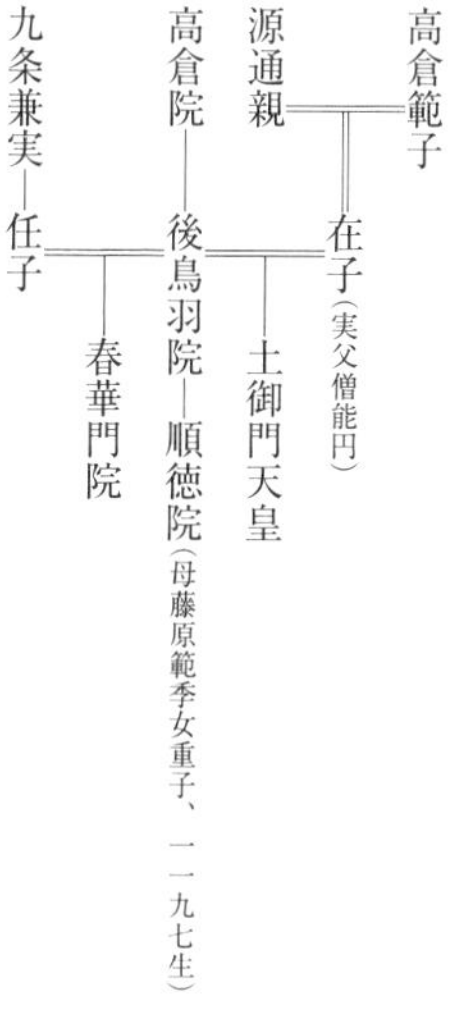

頼朝は、死去の直前、三度目の上洛を計画していた。次女三幡を後鳥羽の女御とすることが最大の目的であったことは疑いない。これに反対する勢力はなく、おそらく頼朝の計画は実現したであろう。もちろん、三幡一人が在京するわけではない。建久八年の一条能保死去後、喪失していた京における幕府

の窓口が再建されたはずである。

建久九年には、強訴を企てた興福寺に対し、みずから武士を率いて討伐を辞さない姿勢を示したといえる。ここで注意されるのは、頼朝がみずから上洛して、王権を擁護しようとしたことである。(上横手雅敬 一九九一)。延暦寺強訴防御に失敗した先例に鑑み、京と朝廷の防御に強硬な姿勢を見せた三度目の上洛を前に、頼朝は京に対する直接介入の意志を示していたことになる。頼朝の京における新たな拠点、彼の京の政界との関わり方はどのようなものであったのだろうか。それは彼の死去で永遠の謎となった。

頼朝死後、幕府では内紛が連続し、朝廷への介入どころではなかった。成長した後鳥羽が、後白河の没後中断していた院政を復活し、王家の中心となると、旧後白河近臣たちも後鳥羽に従属する。こうして後鳥羽院は、幕府と旧後白河近臣という基盤を失った通親を抑えて政治の中心に君臨した。制約する勢力が消滅したことで、正統な王権の担い手である後鳥羽院の独裁体制が確立されるのである。

九　中世荘園制の成立

1　中世荘園の成立と増加

荘園と荘園制

荘園とは何かを一言で説明すれば、「『○○庄』という称号を公的に認められた私有地」ということになる（伊勢《いせ》神宮《じんぐう》領の御厨《みくりや》・御園《みその》など、「庄」以外の呼称も存在する）。荘園は古代から存在するが、古代荘園と中世荘園では、質的に多くの違いが存在し、社会的機能も大きく異なっていた。

中世荘園の大きな特徴は、田地だけでなく村落や山野河海を領域内に含みこんでいることと、不輸《ふゆ》（国への納税の免除）の特権を認められていることであった。中世荘園の重要性はこの点に関わっているのだが、一方で、中世荘園のわかりにくさ・難しさにもつながっている。そこで、本章ではまず、古代荘園の出現から、中世荘園が成立するまでの過程を、土地制度だけでなく、税の制度や人の支配の変化と合わせて見ていく。

また、古代荘園から中世荘園への転換にともなって成立したのが、中世荘園に依拠した社会システム、荘園制である。荘園制は、中世社会の基盤となり、およそ五百年もの間、日本史上に大きな影響を与え続けたが、『京都の中世史』という本シリーズのテーマとの関わりで重要なのは、京都と地方とを結ぶ巨大な物流システムとしての役割である。地方の生産物は、荘園制を通じて京都へと集積され、貴族社会を支える富となった。もちろん、そこで行き来したのは物だけではない。物資の運搬や現地支配のために、人々はネットワークを構築し、京都と地方とを往来した。

長い年月の中で、荘園制そのものが変容していくが、本章では、治承《じしょう》～文治《ぶんじ》の内乱まで、言い換えれば、地頭《じとう》が広く設置される以前の、荘園制の成立と特質について述べる。

墾田永年私財法と初期荘園

大宝元年（七〇一）に出された大宝律令《たいほうりつりょう》などにより、律令制《りつりょうせい》が施行されると、諸国の既存の田地は、基本的に、朝廷によって管理された。その耕作権は、班田収授法《はんでんしゅうじゅほう》によって人々に配分されたが、配分を受けた者の耕作権が認められたのは一代限りであり、売買や相続は許されなかった。こうした田は、やがて公田と総称されるようになる。

一方、新規に開発された田地である墾田《こんでん》の耕作権について、律令制では明確な規定がなったが、養老七年（七二三）の三世《さんぜ》一身法《いっしんほう》で、新たに水利施設を開発した墾田については耕作権の三代先までの相続が、旧来の水利施設を利用した墾田については一代限りの耕作権が認められた。さらに、天平十五年（七四三）には墾田永年私財法《こんでんえいねんしざいほう》が出され、墾田の耕作権の相続が無期限で認められた。

墾田永年私財法では、個人による開発の場合、開発面積の上限が定められていたが、身分が高くなるほど、開発が許される面積も大きくなっていた。また、寺社の開発については、開発面積は無制限であった。こうして、皇親《こうしん》や貴族・寺社によって開発された墾田や、売買・寄進《きしん》(寄付)によって皇親や貴族・寺社の所有となった墾田のうち、庄号を認められたものが、初期荘園である。

初期荘園は、中世荘園と異なり、基本的に、既存の集落や耕地を含んでおらず、墾田の実際の耕作者は、庄外から雇い入れられた公民《こうみん》であった。この場合、墾田からの収穫のうち、荘園領主《しょうえんりょうしゅ》の取り分は、耕作者である公民が地代として納める地子《じし》のみだったのである(岸俊男 一九六六)。

また、墾田には、公田と同様に、税として租《そ》が賦課された。寺社が開発したり施入を受けたりした墾田であっても、租が免除されるためには、太政官《だいじょうかん》・民部省《みんぶしょう》から寺田《じでん》・神田《しんでん》として認可を受ける必要があった(認可を得て租を免除された荘園は、官省符荘《かんしょうふしょう》と呼ばれる)。

加えて、農業技術も未熟であり、毎年耕作可能な田地が少なかったうえに、風水害・干害といった気象的要因の影響も大きかった(戸田芳実 一九六七)。これらの理由から、初期荘園は、経営難のため、廃絶してしまうものも多かった。

律令制の崩壊と免田寄人型荘園

九世紀末に律令制による政務の仕組みが崩れると、荘園をめぐる状況も大きく変化した。まず、律令制の下で、諸国での徴税などの国務は守《かみ》・介《すけ》・掾《じょう》・目《さかん》という四つのランクの国司《こくし》が共同で行っていたのが、九世紀末以降、権限が最上位の守に集中していく。こうして単独で国務を行うようになった守は、受領《ずりょう》と呼ばれている(泉谷康夫 一九九二)。

また、戸籍の実態が失われ、班田収授も行われなくなった。律令制では、おもな税として、田の面積に応じて賦課される租と、人に対して賦課される庸《よう》・調《ちょう》・雑徭《ぞうよう》・公出挙《くすいこ》が存在したが、人数の把握が不可能となった結果、税は基本的に田の面積に応じて賦課されるようになった。課税対象とされる田は、名《みょう》と呼ばれる単位にまとめられ、名ごとに、負名《ふみょう》と呼ばれる納税担当者が設定された（坂上康俊　一九八五）。税目も、かつての租・庸・調・正税《しょうぜい》（地税化した公出挙）などが一本化された官物《かんもつ》と、かつての雑徭を中心とする臨時雑役《りんじぞうやく》とに二分された（中野栄夫　一九七九）。

各国には郡・郷・院といった徴税範囲が設定され、受領から派遣される国使が、現地の役人である郡司《ぐんじ》・郷司《ごうじ》らとともに、徴税業務に当たった（大石直正　一九七三）。税として徴収された物の保管先についても、律令制では、租米は徴収された国や郡の正倉《しょうそう》に、調庸は都の大蔵省《おおくらしょう》の正倉に納められることになっていたが、官物は受領が都やその周辺に置いた納所などに納められた（勝山清次　一九九五）。

こうした状況を受けて、田の所有者の持つ権利にも変化が現れる。まず、公田の官物は租・庸・調・正税などがすべて賦課されていたのに対し、墾田の官物は租の分のみに減額されていた。また、荒廃した公田を再開発した場合にも、やはり官物は減額された。こうした官物の減額分は地子と呼ばれ、所有者の収入となった。また、屋地に付属する公田が「便田《びんでん》（便宜要門田《もんでん》）」として私有化されることがあり、この場合、所有者は、官物とは別に、加地子《かじし》を追加で徴収した。

こうした墾田・再開発田・便田などに由来する田地は私領《しりょう》と総称され、十一世紀には多様な私領が数多く形成された（佐藤泰弘　二〇〇二）。私領の所有者となった領主の多くは、五位以下の位階《いかい》を持つ階層の人々であり、朝廷の下級官人（役人）や、受領の郎党《ろうとう》・国衙《こくが》の在庁官人《ざいちょうかんじん》・郡郷司などを務める

律令制	
税目	内容
租	田一段につき稲二束二把
調	各地の特産品
庸	京での 10 日間の労役，布で代納
公出挙	借り受けた種籾の利息
雑徭	地方での 60 日以内の労役

11 世紀
税目
官物（租・調・庸・公出挙より）
臨時雑役（雑徭より）

＊律令制での公出挙は税ではないが，便宜上税目として表記した．

図51　税制の変化

者と重なり合っていた。

こうした私領の所有や税の減免の許認可権を持っていたのは受領であったが、徴税額を大きくしたい受領によって、権利が取り消されたり縮小されたりすることも多かった。権利の安定化を図るため、領主は私領を都の貴族や大寺社に寄進して地子などを納め、保護を求めるようになる。

特に、十一世紀半ばに、度重なる火災による大内裏《だいだいり》復興事業の財源として臨時雑役の徴収が強化されると（上島享 二〇一〇）、領主は臨時雑役を免除された都の貴族や京都周辺の大寺社に私領を寄進し、臨時雑役分を貴族や大寺社に納める「寄人《よりゅうど》」となる動きが強まった。こうして朝廷や受領から臨時雑役を免除され、庄号を認められた荘園のことを、現在の研究では「免田寄人型荘園」と呼んでいる（小山靖憲 一九九八）。

受領としては、貴族や大寺社の機嫌を取る必要がある一方、税収を確保する上で、荘園の増加や税の減免は抑制したい。そこで、十一世紀半ば以降、荘園整理令《しょうえんせいりれい》が度々発令されるようになった。荘園整理令には、一律に全国を対象とした全国令と、個々の受領の要請によって対象を一国に限定して出された一国令とが存在したことが明らかにされている（曽我良成　二〇一二）。

なお、かつては摂関家に対する政治的抑圧と考えられていた荘園整理令であるが、現在はこうした財政上の理由から発令されたものと考えられている。十一世紀の貴族や大寺社の主たる収入源は、朝廷から給付される封戸《ふこ》（封戸とされた農民の家の調庸の全部と租の半額を給付する制度、律令制崩壊後は調庸を米に換算した額を受領から支給するよう変更された〈勝山清次　一九九五〉）であり、荘園からの収入は補助的なものであった。

領域型荘園の登場

免田寄人型荘園は、免田の集積体であり、その境界は不明確であったが、そこからさらに、境界を定められた領域を備えた荘園が新たに登場してくる。その理由は、税の免除を認められた荘園領主が、特権をさらに確実にするため、税の徴収役として受領から派遣される国使などが荘園に入ることそのものを禁じるよう朝廷に申請し、認められたことにあった。これは不入と呼ばれる権利であるが、不入の範囲を定めるためには、荘園の四至《しし》（境界）が定められる必要がある。こうして、定められた境界の内部を庄域として認められた荘園が出現したのである（木村茂光　二〇〇六）。こうした新たなタイプの荘園は、領域型荘園と呼ばれている（小山靖憲　一九九八）。これこそが、中世の荘園の中心となる存在であった。

とはいえ、領域型荘園は、出現当初はごく少数であり、一気にスタンダードな荘園となったわけではない。領域型荘園がまとまって成立したのは、治暦四年（一〇六八）の平等院領《びょうどういんりょう》が最初である。

平等院（京都府宇治市）は永承七年（一〇五二）に藤原頼通《ふじわらのよりみち》が建立した寺院であるが、治暦二年（一〇六七）に後冷泉天皇《ごれいぜいてんのう》（頼通の外甥）が行幸《ぎょうこう》した際、財源として封戸三百戸の施入を行った。これを受けて、翌治暦四年、頼通は、所有する私領を封戸分に充当することを申請し、九ヵ所の領域型荘園として、太政官牒《ちょう》（太政官から出される命令文書）によって認められたのである。

図52　平等院鳳凰堂

領域型荘園を成立させるための手続きは立荘《りっしょう》と呼ばれているが、このときの平等院領荘園の立荘の際には、私領周辺も含めた荘域の不入が認められた上に、平等院の財源として官物を免除することも認められた。こうした官物の免除特権は不輸と呼ばれる。

翌治暦五年（延久元、一〇六九）には後三条天皇《ごさんじょうてんのう》によって延久《えんきゅう》の荘園整理令《しょうえんせいりれい》が出されたが、太政官牒によって成立した平等院領九ヵ庄は整理対象とされず存続し、領域型荘園は中世社会に定着していったのである（上島享 二〇一〇）。

封戸制の崩壊と中世荘園

次に領域型荘園拡大への転機となったのが、白《しら》河《かわ》親政期・院政期における封戸制の崩壊である。封戸制は後三条天皇期まである程度維持されており、白河院も、法勝寺《ほっしょうじ》（京都市左京区）など御願寺《ごがんじ》の財源の中心は、封戸と定めていた。だが、延久四年（一〇七三）に白河天皇が即位したのち、受領の私財を財源として御願寺の造営などの事業を行わせる成功《じょうごう》が盛んとなる中で、成功を請け負った受領は、本来の納入物の一部免除を認められるようになった。受領たちはこの一部免除を拡大解釈し、免除を認められていない封戸物までも納入を怠るようになったが、有力な受領たちを大国受領系院近臣《いんのきんしん》として組織していた白河院は、近臣たちの封戸物の未進《みしん》を黙認した（上島享 二

図53　賀茂別雷神社（上）・賀茂御祖神社（下）

○一〇)。こうして封戸物の未進が多発した結果、封戸制はついに崩壊したのである(勝山清次 一九九五)。

封戸制による給付が不可能となった以上、代替措置が必要となる。寛治四年(一〇九〇)、御供《ごく》の進上が滞っていることへの対応として、賀茂社領《かもしやりよう》荘園が多数立荘された。その具体的な手順は、まず御供の必要量と見合う田数を調査し、賀茂社(賀茂別雷神社〈京都市北区〉・賀茂御祖神社〈京都市左京区〉)に寄進された私領周辺の田数を切りのよい数字に調整して四至を確定する、というものであった。

先述した平等院領の立荘は、関白藤原頼通が、自身の御願寺である平等院に対して行った、いわば利益誘導であった。これに対して、賀茂社は国家的な神社であり、立荘を命じた白河院は、国家的給付の不足という現実への対応策として、荘園の立荘を認めたのである。白河院自身は、荘園は封戸での不足分に充てるための補助的な財源と考えていたが、封戸制の崩壊という状況の中で、白河院政期に中世荘園の立荘が徐々に拡大していった(川端新 二〇〇〇)。

御願寺領荘園の一括立荘・賦課免除

そして大治四年(一一二九)に白河院が死去し、代わって鳥羽院《とばいん》が院政《いんせい》を行うようになると、御願寺領荘園の立荘が大々的に行われるようになる。それが如実に表れたのは、長承元年(一一三二)に建立された高野山大伝法院《こうやさんだいでんぽういん》に対する、寺領《じりよう》荘園の一括立荘と一国平均役免除《いっこくへいきんやく》であった。

大伝法院は、のちに高野山を追われ根来寺《ねごろじ》(和歌山県岩出市)となる、金剛峯寺《こんごうぶじ》(同高野町)の子院《しいん》である。大治元年(一一二六)、覚鑁《かくばん》はすでに建立されていた伝法院の所領として石手庄《いわでのしよう》(岩出市)の立荘

図54 根来寺多宝塔

を目指したが、白河院の承認は得られなかった。

ところが、大治四年七月に白河院が死去すると、十一月に鳥《と》羽院《ばいんの》庁牒《ちょうちょう》（院庁牒は院の家政機関から出される命令文書）によって石手庄の立荘が実現する。そして、長承元年には、新たに鳥羽院御願寺として大伝法院が建立されたのと同時期に、鳥羽院庁牒により大伝法院領弘田《ひろた》（岩出市）・山崎（岩出市）・山東《さんどう》（和歌山市）・岡田庄（岩出市）の四ヵ庄が立て続けに立荘されたのである。これは先述した平等院領と同様の処理であるが、平等院領は建立の十五年後に新たに施入された封戸の代替として立荘されたのに対し、大伝法院領は建立当初から財源として立荘されている点に特色がある。以後、御願寺の建立に際し、財源として御願寺領荘園が立荘されることが一般化する。

さらに、翌長承二年（一一三三）には、これら四ヵ庄に石手庄も合わせた大伝法院領五ヵ庄に対する一国平均役が、太政官符《だじょうかんぷ》（太政官から出される命令文書）により一括免除された。一国平均役は、内裏《だいり》の再建費用など国家的な臨時の経費を、荘園も含めたすべての田から徴収するものであり、十一世紀中ごろから受領の申請によって始まり、適用が次第に拡大していた（上島享 二〇一〇）。鳥羽院は御願寺をその徴収対象外として保護したのである。

こうして成立した中世荘園すなわち領域型荘園は、領域内に田地だけでなく村落や山野河海を含みこみ、不輸（免税）・不入《ふにゅう》（徴税役の国使の立ち入り拒否）の権利を認められている、という特徴を備えていた。

荘園以外の田

一方で、院政期にすべての土地が荘園とされたわけではなく、鎌倉時代の大田文《おおたぶみ》（土地台帳）が残存する十二ヵ国の事例によると、おおむね、荘園の占める割合は、田全体の約六割であった（石井進 一九九三）。残りの約四割は、従来どおり国に官物を納める田であり、これを公領《こうりょう》と呼んでいる。このように、中世前期の田は荘園と公領によって構成されていることから、中世前期の土地制度は、荘園公領制と呼ばれている（網野善彦 二〇〇八）。

公領についての史料があまり残っていないため、公領の実態については不明な点も多いが、先述した郡・郷・院といった旧来の単位のほか、郡がさらに分割された条《じょう》や、開発や給付に関わって新たに設定された保《ほう》・別符《べっぷ》・別名《べつみょう》などの単位が存在した。また、領域型荘園の内部には、不輸が認められた田以外に、従来どおり国に官物を納める田（加納《かのう》・余田《よでん》）が含まれていることが多かった（高橋一樹 二〇〇四）。このうち、在庁官人が領主である別名は在庁名《ざいちょうみょう》と呼ばれ、在庁官人の勢力の基盤であったと考えられている。また、公領を都の貴族たちに給付する国除目《くにじもく》と呼ばれる制度も存在した（戸田芳実 一九九一）。

公領での徴税や国除目といった国務を行う責任者は受領であったが、院政期には受領が現地に下向することはまれになり、目代《もくだい》と呼ばれる代理人を派遣することが一般的になった。また、受領のさらに上位に、院・女院《にょういん》や貴族などが知行国主《ちぎょうこくしゅ》として存在し、国務を行い収入を得ることも多かった。こうした制度は知行国制と呼ばれる。

2　荘園制と貴族社会

中世荘園の立荘

先に述べたように、中世荘園を成立させるための手続きは、立荘と呼ばれている。立荘に先立って、まず、何らかの私領が寄進されるのが一般的である。次に、御願寺の建立などを契機に、寄進された私領の立券《りっけん》を命じる文書が下される。そして、御使(院使など)・国使・郡司らによって、現地で田畠などの検注《けんちゅう》が行われ、立券文《りっけんもん》が作成されたのち、荘園の四至に牓示《ぼうじ》打《う》ちが行われて、立荘が完了するのである。

荘園の成立を考える上で、かつては私領の寄進に重きが置かれていたが、現在では、院などによる立荘が重視されている。立荘命令は、太政官の発給文書(牒・官符《かんぷ》・宣旨《せんじ》)、院・女院の院庁の発給文書(牒・下文《くだしぶみ》)、摂関家政所《まんどころ》発給文書(下文)によって行われた(佐藤泰弘 二〇〇一)。これは、貴族社会において院・女院・摂関家が占めた特権的地位の現れであり、院・女院・摂関家が荘園の本家たりえた理由であると考えられている。一般貴族は、荘園の本家となることはできず、院・女院・摂関家・権門寺社を本家に仰ぐ必要があったのである。

一方、私領の寄進者は、一般貴族・武士・女房・僧など多様である。寄進者が立荘後にどのような地位を得るかは場合によったが、寄進者が貴族社会の一員であり、都を主たる活動の場とした場合は、立荘後に領家《りょうけ》もしくは預所《あずかりどころ》の地位を得ることが多く、沙汰人《さたにん》などと呼ばれる代理人を現地に派遣し、荘園での年貢《ねんぐ》の収納といった荘務を行った。一方、寄進者の地位が低く、地方での活動が主であった場合は、下司・庄司・公文《くもん》などと呼ばれる現地の荘官《しょうかん》（荘園管理者）の最上位者となり、荘務に当った。その下で荘務を行う刀禰《とね》・専当《せんとう》など中・下級の荘官には、荘園内部に含まれる村落の領主が組織されたと考えられている（大山喬平 一九七八）。

本家と寄進者との間に直接の関係が結ばれていない場合は、仲介者が両者の間を取り持った。仲介者となった中心的な存在は、受領である。特に、鳥羽院の大国受領系院近臣の筆頭格であった藤原家《ふじわらのいえ》成《なり》をはじめとする末茂流藤原氏一門は、複数の国の知行国主を兼ね、知行国での立荘に主導的な役割を果たした（高橋一樹 二〇〇四）。

中世荘園の年貢

中世荘園の立荘時に不輸の特権が認められたのは、立荘前に公領として受領に納付していた官物を、本家の財源に充てるためである（佐藤泰弘 二〇〇一）。たとえば、本家が大寺社や院・天皇《てんのう》・女院の御願寺であれば、免除された官物が国家や天皇・院・女院の安泰を祈るための仏事・神事の財源とされるのが一般的である。こうした仏事・神事は公的なものであるため、本来であれば朝廷からの支出によって財源が賄われるべきところであるが、田地そのものを財源として給付したということになる。

こうして本家の財源に充てられた官物は、やがて年貢と呼ばれるようになる。荘園の負担する年貢額は、田一段（約一二〇〇平方メートル）あたりの米の徴収量に田数を掛け合わせて決定された。院領《いんりょう》荘園の立荘時には、あらかじめ本家と寄進者との間で年貢額が決定され、その年貢額に見合うだけの荘田数が設定されることになる（川端新 二〇〇〇、高橋一樹 二〇〇四）。

そして、立荘の作業の中で、実際の段別の徴収量が決定される。その際、荘園領主側は、徴収量をできるだけ高く設定しようとするが、在地側はできるだけ徴収量を抑えようとし、結果的には立荘前の徴収量が引き継がれることが多かったと考えられている（勝山清次 一九九五）。また、荘田の一部には、下司など荘官に給付する手当や、年貢輸送の経費などの財源とする田が設定されていた。

荘園で徴収された年貢米は、瀬戸内海沿岸のように京都まで水運で輸送可能な地域では、米のままで輸送された。東日本のように陸路で輸送される場合は、絹など陸上輸送に適した現地の特産品に交換して送られた。

一方、荘園は、本家である寺社や院・女院・摂関の家の行事の費用も負担した。加えて、荘官に給付された田の耕作や、荘園領主から派遣されてきた使者への供応も、荘園の負担であった。これらの荘園の負担は公事《くじ》と総称され、各荘園の名の名主である百姓が実際の負担者となることが多かった（網野善彦 二〇〇九）。

摂関家領荘園の成立と伝領

先に述べたとおり、かつては、摂関家は摂関政治期に荘園を政治基盤としており、後三条天皇は摂関家に対する抑圧として延久の荘園整理令を出した、と理解されていた。しかし、実際には、摂関政治期の摂関家の主要な財源は、受領家司《けいし》の経済奉仕であったことが明らかにされている。摂関家が荘園を財源として重視するようになったのは、白河院による院政が確立し、受領家司が摂関家から離反した結果であった（元木泰雄 二〇〇〇）。

だが、白河院政下で摂関を務めた藤原忠実《ふじわらのただざね》による摂関家領荘園の集積の試みは、荘園立荘を抑制し、摂関家を自身に従属させようとする白河院の意図と、しばしば衝突した。たとえば、元永二年（一一一九）、忠実は上野国《こうずけ》（群馬県）にて五千町（約六〇平方キロ）もの規模の大荘園を立荘しようとしたが、受領が徴税上の不都合を白河院に訴えた結果、白河院の意向により荘園の停廃に追い込まれている。

その後、忠実が保安元年（一一二〇）に藤原勲子の入内問題によって失脚したこと、大治四年（一一二九）に白河院が亡くなり、鳥羽院政へと移行すると、忠実が復権したこと、長承二年（一一三三）に鳥羽院が勲子を妻に迎えたことは、本書第一章の「1　鳥羽院政と貴族社会」で述べられているとおりである。勲子は長承三年（一一三四）に皇后《こうごう》に立てられ（立后に際し泰子と改名）、保延五年（一一三九）、院号宣下を受け高陽院《かやのいん》と称されることとなった。摂関家の主要財源の一つである高陽院領荘園は、鳥羽院政期に忠実によって高陽院の下に編成されたものである（川端新 二〇〇〇）。

鳥羽院と高陽院との間に子が生まれることはなかったが、藤原得子（美福門院《びふくもんいん》）所生の叡子内親王が、高陽院の養女に迎えられている。おそらく、鳥羽院と忠実は高陽院領が叡子内親王に継承されるよう構想していたものと思われるが、叡子内親王は高陽院に先立って久安四年（一一四八）に死去したため、実現せずに終わっている（佐伯智広 二〇一五）。

また、これも先述したとおり、鳥羽院政期には摂関家の相続問題が発生し、久安六年（一一五〇）

に大殿忠実《おおとのただざね》が、藤原忠通《ただみち》に譲っていた藤氏長者の地位を悔い返し、藤原頼長《よりなが》へと改めて譲った。この際、忠実は摂関家領の管理権も忠通から奪ったが、その摂関家領を鳥羽院へ寄進している。これは、鳥羽院の支持を取り付けることが目的であったと考えられるが（元木泰雄 二〇〇〇）、上述した高陽院領の問題と考え合わせると、院政という政治システムが確立された中で、忠実は院の保護を受けることで摂関家領の保全を図ったものと想定される。

一方で、保護を受けることは、影響力を受け入れることと表裏一体の関係にある。鳥羽院が摂関家領の問題に直接介入することはなかったが、鳥羽院の死後、保元元年（一一五六）の保元《ほうげん》の乱で崇徳院方となった頼長が敗れ、後白河天皇《ごしらかわてんのう》方となった忠通が摂関家領を継承すると、後白河天皇を補佐した信西《しんぜい》は、本家として摂関家領へ介入することを試みた。これは忠通の拒絶によって実現しなかったが、忠通の死後、仁安元年（一一六六）に忠通の長男藤原基実《もとざね》が死去し、摂関家継承問題が発生すると、後白河院の院宣《いんぜん》によって、基実の後家である平盛子（平清盛《きよもり》の娘）が摂関家領を伝領したのである。以後、摂関家領をめぐる争いについては、院政を行う院が裁定を下すこととなった（佐伯智広 二〇二〇）。

王家領荘園群の成立と伝領

摂関家と同じく荘園所有の頂点に位置したのは、院を長とする王家であった。すでに述べたように、王家領荘園の集積が本格的に行われたのは、鳥羽院政期に入ってからである。表1のように、数多くの院・天皇・女院・后の御願寺が京都周辺に建立され、それぞれの御願寺に、財源として荘園が立荘されている。

表1　白河院政最末期～鳥羽院政期に建立されたおもな御願寺

御願寺	建立年	願主	伝領者	所在地域
円勝寺	1128年	藤原璋子	統子内親王か（のち王家の長）	白　河
法金剛院	1130年	藤原璋子	統子内親王	仁和寺周辺
得長寿院	1132年	鳥羽院	藤原得子	白　河
宝荘厳院	1132年	鳥羽院	藤原得子	白　河
安楽寿院	1137年	鳥羽院	暲子内親王	鳥　羽
成勝寺	1139年	崇徳院	（王家の長）	白　河
歓喜光院	1141年	藤原得子	暲子内親王	白　河
金剛勝院	1143年	藤原得子	姝子内親王	白　河
延勝寺	1149年	近衛天皇	（王家の長）	白　河
弘誓院	?	藤原得子	暲子内親王	左京九条四坊一町

こうした御願寺領荘園は、願主の存命中は願主が管領《かんれい》するが、願主の死後は、誰かに伝領（相続）されることになる。すでに述べたように、鳥羽院政期に皇位は崇徳天皇《すとくてんのう》（母藤原璋子、待賢門院）から近衛《このえ》天皇《てんのう》（母得子）へと継承されたが、鳥羽院の集積した所領の大部分は、得子およびその娘暲子内親王（八条院《はちじょういん》）へと伝領された。鳥羽院と得子との間には、暲子内親王のほか、先述した叡子内親王と、姝子内親王（高松院《たかまついん》）が生まれたが、注目すべき点は、姝子内親王が、璋子所生の統子内親王（上西門院《じょうさいもんいん》）の養子とされていることである。統子内親王は母から法金剛院《ほうこんごういん》を伝領しており、近衛天皇が崇徳院の養子とされたことと合わせて、将来的にすべての王家領荘園群が得子所生の皇子女に伝領されるよう設定されていたのである。

ところが、こうした鳥羽院の構想は、近衛天皇が久寿二年（一一五五）に急死したことで破綻してし

図55　八条院像　安楽寿院所蔵

まう。鳥羽院は後白河天皇を即位させ、守仁親王《もりひとしんのう》を皇太子に立てるが、注目される点は、守仁親王の妃に姝子内親王が配されたことである。そもそも守仁親王は得子の養子であったから、鳥羽院は、すべての王家領荘園群が将来的に守仁親王とその子孫に伝領されるよう設定しなおしたのである。なお、保元三年（一一五八）には、後白河天皇の准母《じゅんぼ》となった得子に代わって、暲子内親王が守仁親王の准母となっている（佐伯智広 二〇一五）。

ところが、保元三年に即位した守仁親王（二条天皇《にじょうてんのう》）は、永万元年（一一六五）に死去してしまい、皇位はいったんは二条天皇の子六条天皇《ろくじょうてんのう》が継承したものの、仁安元年に後白河院政が再開された。しかし、後白河院は、在位時に得子から六勝寺領《ろくしょうじりょう》を譲られ、また、同母姉の統子内親王が伝領した法金剛院領、その養子である姝子内親王が伝領した金剛勝院《こんごうしょういん》については影響力を及ぼしえたものの、暲子内親王の伝領した大部分の王家領荘園群には影響力が及ばなかった。こうして形成された二つの王家領荘園群が、暲子内親王の伝領した八条院領と、後白河院が集積した長講堂領《ちょうこうどうりょう》なのである。この二つの王家領荘園群は、鎌倉時代後期の両統迭立《りょうとうてつりつ》において、八条院領は大覚寺統《だいかくじとう》の財政基盤として、長講堂領は持明院統《じみょういんとう》の財政基盤として、重要な役割を果たすことになる。

八条院領は、暲子内親王の死後、後鳥羽院に伝領されたのち、承久《じょうきゅう》の乱で勝利した鎌倉幕府によって後鳥羽院から後高倉院《ごたかくらいん》へと譲与され、後高倉院の娘邦子内親王（安嘉門院《あんかもんいん》）へと伝領された（野村育世 二〇〇六）。重要な点は、邦子内親王が八条院領を伝領したのちに領家・預所となっていた女院司たちが、暲子内親王の段階で領家・預所であった女院司の関係者であったことである（野口華世 二〇〇〇）。彼らは本家の移り変わりにもかかわらず領家・預所の地位を伝領し、女院司として本家に奉仕していたのであり、本家にとって、荘園は単なる財源ではなく、奉仕者の供給源ともなったのである。

本書の「六　福原遷都と内乱」で述べられているように、暲子内親王は以仁王《もちひとおう》を養子としており、以仁王が治承四年（一一八〇）に挙兵した際、武力の中核となったのは、源頼政《みなもとのよりまさ》をはじめとする八条院領の関係者であった。以仁王の挙兵ののち、東国で呼応して蜂起した勢力の中心は、治承三年政変によって知行国主が平家一門に交代した国で平家家人に抑圧された、非平家家人であった（元木泰雄 一九九六）。院政期に成立した荘園制・知行国制は、地方の富を京都へと吸い上げる機能を果たしただけでなく、京都の政治情勢を地方へと結びつける回路としても働いたのであり、そのことが治承～文治の内乱へとつながったのである。

十　院政と顕密仏教の展開――仏都京都と内乱

院政と宗教都市京都

承元元年（一二〇七）、後鳥羽院《ごとばいん》は、白河《しらかわ》御堂――のちに関東調伏《ちょうぶく》の修法を行った最勝四天王院《さいしょうしてんのういん》――を供養した。白河にあった法勝寺《ほっしょうじ》などの御願寺《ごがんじ》にくらべるとずいぶん小規模な堂舎だったが、それには理由があった。後鳥羽院は、かの白河の御願寺群が朽ち果てていく様子を悲しみ、過分な堂を作って世の末に塵灰になるよりは、修理で持続可能な小さい堂の方がよいと考えたのだ（『源家長日記』）。院権力のシンボルであった大規模堂舎が手に余る時代が到来していた。

その百三十年前にあたる承暦元年（一〇七七）十二月。在位五年目の白河天皇は、新造の法勝寺に行幸《ぎょうこう》し金堂《こんどう》・講堂《こうどう》・阿弥陀堂《あみだどう》を供養した。後鳥羽院が羨望のまなざしを向けた王家による仏教興隆の幕開けである。白河院・鳥羽院《とばいん》が執政した院政期は、顕密仏教の完成期であった。そしてこれに続く後白河《ごしらかわ》院政期は、政治社会の転換期にあたり、院政と仏教の関係もまた、後白河院の個性と全国的な内乱状況、さらに東アジアの対外情勢が相俟って新しい潮流を生み出していく。

本章では、院権力が生み出した宗教都市京都の構造と転換期における顕密仏教の推移を概観する。

1　仏都京都への変貌――六勝寺と鳥羽殿

院権力は強いリーダーシップで首都の都市改造を行った。白河院は、平安京外の白河・鳥羽に新都市域を開発し、平安京が首都として機能するための文化・宗教部門を大幅に拡充した。平安京は洛中と洛外からなる京都に生まれ変わる。荘園領主《しょうえんりょうしゅ》の集住する王朝の首都は、宗教都市南都《なんと》にならぶ仏都京都に変貌する。

白河の開発と御願寺群

白河天皇は、「国王ノ氏寺」法勝寺を平安京二条大路末に建立した。平城京二条大路末に建立された南都東大寺《とうだいじ》にならったものだった。白河地域には、法勝寺に続いて歴代天皇と待賢門院《たいけんもんいん》の御願寺が建立されて六勝寺と称された。これ以外にも、院・女院や摂関家・貴族らがこぞって堂舎を建立した（西口順子　一九八六）。白河院が白河に建てた仏閣は九百を超えたという（『本朝続文粋』巻第十二「白河法皇八幡一切経供養願文」）。ただし、六勝寺は学侶《がくりょ》・堂衆《どうしゅ》を再生産する院家《いんげ》を持たなかったから、南都北嶺の権門寺院のような大衆は育たず、不断念仏に携わる僧侶や寺院経営を行う一部の僧侶を除けば、大衆不在の大寺院であった（山岸常人　一九九七、遠藤基郎　二〇〇五）。しかしながら白河には供僧《くそう》らの宿所や私房が叢生し、大量造仏に携わる大工・仏師らの工房も確認できる（上島享　二〇〇六）。白河の御願寺群では、王家主宰の大小仏事が繰り広げられ、六勝寺は発願者である天皇・女院の追善仏事の場となった。特に法勝寺では、天仁元年（一一〇八）以降、大極殿《だいごくでん》で開催されていた千僧御読経《せんそうみどきょう》が同寺金

図 56 白河と六勝寺（復元模型） 京都市埋蔵文化財研究所所蔵

堂で行われるようになった。四箇《しか》大寺《だいじ》の学侶千人と法会に関与・聴聞する貴族が奉仕した大規模な宗教儀式である。堀河天皇崩御《ほりかわてんのうほうぎょ》による白河院の専制の開始に伴い、法勝寺金堂は大極殿にかわる公的な儀礼空間となったのだ（山岸常人 二〇〇四）。

法勝寺の寺司には、院権力の分身たる仁和寺御室《にんなじおむろ》を検校《けんぎょう》に据え、別当《べっとう》・権別当《ごんのべっとう》には天台座主《てんだいざす》・園城寺長吏《おんじょうじちょうり》・興福寺《こうふくじ》別当・東寺長者《とうじちょうじゃ》などを補任し、金堂・阿弥陀堂などの堂舎の供僧には、顕密の高僧を任じた。承暦二年（一〇七八）十月に始められた大乗会《だいじょうえ》は円宗寺法《えんしゅうじほっ》華会《けえ》・最勝会《さいしょうえ》とあわせて北京三会《ほつきょうのさんえ》と呼ばれた。院権力は、三会《さんえ》で講師を勤めた僧侶を僧綱《そうごう》に任じた。尊勝寺《そんしょうじ》では、長治元年（一一〇四）に結縁灌頂《けちえんかんじょう》が開始され、小灌頂阿闍梨《あじゃり》が僧綱とされた。顕密僧は、みずからの昇進のために六勝寺で開催される法会の公請を勤め、院権力に奉仕した。六勝寺は、顕密の高僧たちを取り込むことで、自立を強めた南都北嶺の権門寺院を院権力のもとにつなぎ止める役割も果たした（平雅行 一九八七）。法勝寺を筆頭とした白河御願寺群は、院権力が僧俗を動員し、王法の存続を祈らせる宗教空間となったのである。

院権力による仏教興隆・寺院統制のシンボルとなった法勝寺にはモデルがあった。藤原道長《ふじわらのみちなが》が創建した法成寺《ほうじょうじ》である。法成寺は、土御門殿《つちみかどどの》と東京極大路《ひがしきょうごくおおじ》を挟んだ京外地に建立された御願寺で、方二町の広大な敷地に金堂・講堂・阿弥陀堂・十斎堂・常行堂《じょうぎょうどう》などを建て並べた大伽藍だった。阿弥陀堂は道長終焉の場所であり、道長の御忌法要である法成寺八講《はっこう》をはじめ、摂関家主宰の数々の仏事が執り行われた。王家の氏寺法勝寺は、摂関家の氏寺法成寺と共通点が多いと言われる。平安京に隣接した京外地にあり、金堂に顕密共通の尊格たりうる毘盧遮那仏《びるしゃなぶつ》を据えたもので、複数の権門寺院の高僧を寺司・供僧に組織している。法勝寺が法成寺をモデルとしていることは明かである（平岡定海 一九八一、上島享 二〇〇一）。

法成寺と法勝寺

一方、相違点についても重要だ。法勝寺は寺域・堂舎・仏像の規模、いずれも法成寺を大きく上回り、塔を金堂の真南に配する四天王寺《してんのうじ》式の復古的な伽藍配置《がらんはいち》を取った。法勝寺金堂を独立させて、その前庭を大規模仏事や大量造仏・供養の場とし、権力を荘厳する大舞台として利用した。立地面では、法成寺が道長の私邸に隣接していたのに対し、法勝寺は二条大路を通じて、大内裏《だいだいり》と対比される位置にあった。〈天皇の政治空間〉としての大内裏に対して、法勝寺は、〈院の宗教空間〉であった。（冨島義幸 二〇〇一・二〇〇三）。白河院が法勝寺で正月修正会《しゅしょうえ》を主催することで、関白師実《もろざね》さえもが法成寺修正会の参加を諦め、法勝寺に向かわざるをえなかった。こうして摂関家が法成寺で主催する法会の地位は低下した（遠藤基郎 一九九六）。院の仏事は政治的な要素を孕んでいた。

宇治と鳥羽

白河天皇が京外に開発したもうひとつの衛星都市が鳥羽である。平安京の真南にあり、鴨川《かもがわ》・桂川《かつらがわ》の合流地デルタに建設された大規模水閣である（村山修一 一九五七）。大規模な伽藍《がらん》をもった寺院が建立された白河とは異なり、譲位《じょうい》前に後院《ごいん》として設けた院御所《いんごしょ》が中心で、院の家政を行う場、特に遊興の場として利用された（美川圭 二〇〇一）。

仏教との関係でみると、鳥羽は、白河とはおよそ性格を異にしている。当初は院御所の一郭に臨時に敷設された壇所と呼ばれる密教空間があるばかりであった。その後、御所の一部を改造し堂舎を敷設した御堂御所が南殿に建築される。証金剛院《しょうこんごういん》である。ここを住房として白河院の息災安穏を間近で祈った僧侶がいた。二人の「鳥羽僧正《そうじょう》」、すなわち真言宗《しんごんしゅう》の範俊《はんじゅん》と絵師として著名な覚猷《かくゆう》である。なかでも範俊は、鳥羽殿に籠居して数十年、御所に設けられた壇所で種々の御修法《みしほ》を奉仕した（『中右記』天永三年四月二十四日条）。院の生活空間に密着した宗教護持が行われたのが鳥羽だった（上川通夫 一九九八）。

その後、白河院政の本格化とともに墓所となる塔が建てられると、院政を引き継いだ鳥羽院も墓所と御堂を建築した（丸山仁 一九九八、美川圭 二〇〇一）。鳥羽は、白河皇統の墓所が加わり、王家往生の地となったのである。鳥羽院政期には、院御願の御堂造営がラッシュを迎える。とりわけ注目されるのが、宇治平等院《びょうどういん》を模した勝光明院《しょうこうみょういん》御堂と同経蔵《きょうぞう》——鳥羽宝蔵《ほうぞう》——である。鳥羽院は院政を執ると、白河院時代の摂関家抑圧政策をあらため、摂関家当主忠実との協調路線に転じた。宇治には藤原頼通《ふじわらのよりみち》以来、摂関家が築き上げてきた密教・浄土の理想空間、そして天竺《てんじく》・和漢の重宝を収めた宝蔵が異彩

図57　鳥羽の三天皇陵　京都市埋蔵文化財研究所提供

を放っていた。白河院も鳥羽院も、院政を執ると諸寺に先駆けて宇治入りし、氏長者《うじのちょうじゃ》の案内で経蔵の宝物を歴覧している。宇治には、王家が持ち得なかった和漢の宝物があった。鳥羽院はみずから平等院に足を運び定朝《じょうちょう》の手になる阿弥陀如来《あみだにょらい》坐像を拝したし、勝光明院造営のために木仏師《きぶつし》・絵仏師《えぶつし》・大工を派遣して平等院雲中供養菩薩などを調査させている（『長秋記』長承三年五月一日条）。院は摂関家の文化シンボルをコピーして規模を拡大し内容の充実を図ったのであった。院権力に屈服した摂関家は、摂関家の文化の枠組みを提供することで、文化の規範としての位置を維持した。院権力は、宇治が象徴する摂関家の文化遺産のモデルを継承しつつ、数量で圧倒したのである（横内裕人二〇一〇）。摂関家文化と院の文化が融合したことにより、平等院阿弥陀堂のデザインは、中世を牽引する権力者に継承された。奥州三代藤原秀衡《ひでひら》発願の無量光院《むりょうこういん》、建《けん》春門院《しゅんもんいん》御願の最勝光院《さいしょうこういん》、源頼朝《みなもとのよりとも》発願の永福寺《えいふくじ》も平等院をモデルとしたのだった（本中眞 一九九四）。

王家の家政に密着したプライベートな宗教空間としての鳥羽と、大規模な伽藍と法会で院権力を荘厳する白河。ふたつの新都市の核は、顕密仏教であり、仏都として生まれ変わる中世京都の変貌をビジュアルに見せる装置でもあった。

2 平安京と仏堂

白河院・鳥羽院二代の執政期に、平安京外部の新都市白河・鳥羽において仏都化が進行した。同時に平安京内部の仏都化も一気に進展した。平安京内に次々に仏堂が作られたのである。

叢生する京中・京外東部の仏堂

もともと平安京は、東寺《とうじ》・西寺《さいじ》二寺のほかは、寺院の建立が禁じられた空間であった。ところが十世紀末から十一世紀初頭にかけて慶滋保胤《よししげのやすたね》六条《ろくじょう》邸・藤原実資《ふじわらのさねすけ》小野宮《おののみや》邸・河原院《かわらのいん》など平安京内の貴族邸宅内仏堂、因幡堂《いなばどう》・六角堂《ろっかくどう》・壬生《みぶ》地蔵堂など生身仏の霊験を謳う京中寺院、法興院《ほうこういん》・法成寺・六波《ろくは》羅《ら》蜜寺《みつじ》など平安京東辺や革堂《こうどう》・世尊寺《せそんじ》など北辺の京縁辺寺院が次々と現れる。京内および京縁辺に浄《じょう》土教《どきょう》寺院や霊験所が叢生した背景に、入宋僧奝然《ちょうねん》による北宋《ほくそう》仏教導入とその反動としての天台浄土教の興隆が想定されている（上川通夫 二〇一五）。

摂関期に始まる京中・京縁辺の仏堂増加は、院政期に爆発的に拡大する。これを主導したのが白河院である。院は、院政開始直後の寛治元年八月（一〇八七）に、ちかごろ左右両京において多くの堂舎が建ち、「朝憲に乖《そむ》く」ありさまであるから、「京中堂舎」の建立を禁止せよと命じた（『本朝世紀』）。念頭に置いたのは、応徳二年（一〇八五）十月に太政大臣《だいじょうだいじん》藤原信長《ふじわらののぶなが》が九条邸を堂として丈六仏三体を安置したような動きであろう（『朝野群載』巻第三）。白河院は、白河地区を院権力の仏教空間に仕立て上げる一方、京中からの仏堂排除を試みた。しかし、平安京内での仏堂建立は止むことはなかった（清水擴 一九七六）。なにより白河院自身が、永長二年（一〇九七）に京内院御所六条殿を皇女郁芳門院《いくほうもんいん》供養の堂にあらためており禁令を犯している（『中右記』同年十月十四日条）。興味深いのは、禁を破って堂を建立したのが、村上源氏や摂関家、さらには勧修《かじゅう》寺流《じりゅう》・季茂流《すえしげりゅう》藤原氏など院の近臣たちであったことである。先の禁例は建て前であり、院が黙認するものは堂舎を建てることができたわけだ。前述の信長九条堂も信長後家が、「院御願寺」に寄進したことで寺院としての存続を許可されている（『中右記』康和五年三月十一日条）。白河院による京中堂舎禁令は、荘園整理令のように、院が京中私堂建立をコントロールする効力をもった。こうして院権力に有縁の貴族たちは、京中の邸宅に次々に私堂を造立するようになった。それらの私堂は、

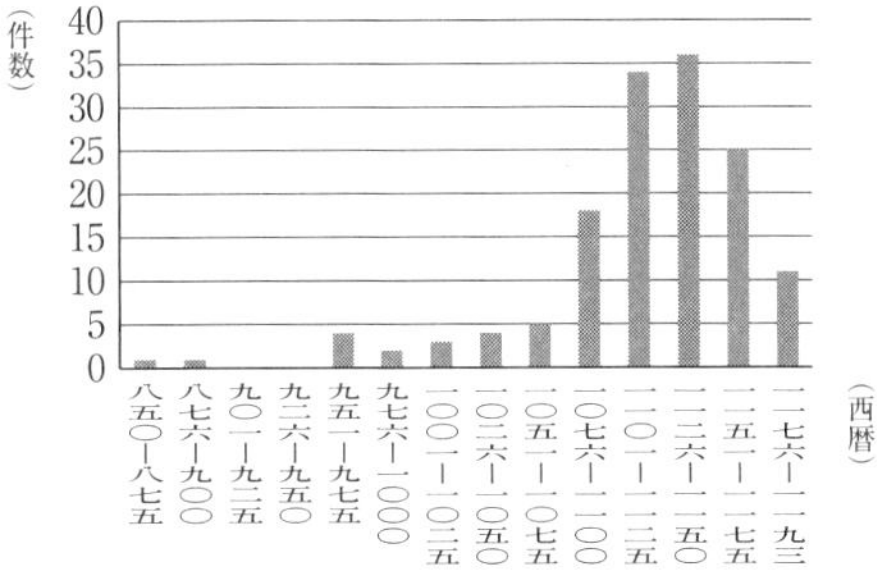

図58　平安時代における阿弥陀堂の増減

清水擴『平安時代仏教建築史の研究』（中央公論美術出版、1992年）所収「平安時代の阿弥陀堂一覧表」をもとに作成

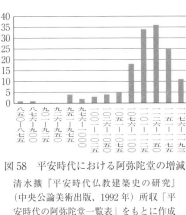

京辺に近い八条・九条に顕著だが、広く左京域に分布している。平成二十七年(二〇一五)、左京四条一坊二町から、庭園遺構を伴った勧修寺流の藤原為隆《ふじわらのためたか》堂が発掘された。大治《だいじ》二年(一一二七)に建立された丈六阿弥陀仏を本尊とした三間四面堂は、懺法堂《せんぼうどう》・迎接堂《ごうしょうどう》・鐘堂《しょうどう》に池と築山《つきやま》を備えたものであった(『中右記』同年十月十七日条)、院政期に急激に進行する京内の仏都化を示す貴重な遺構として注目される。

図58は、史料にあらわれる阿弥陀堂建立の推移を示すグラフで、京内外の私堂や権門寺院の堂を含んでいる。摂関期の建立は意外に少ない。白河院政期に急増し、鳥羽院政期にピークを迎え、後白河院政期に退潮する。摂関期に芽吹いた日本浄土教は、院政期の京都で一気に開花し、日本各地に伝播したのだ。

京都住人の私堂

私堂の建立ブームは、貴族層に限ったことではなかった。京都の住人たちの信仰を集めていたのが、十世紀末、空也が開いた六波羅蜜寺や観音信仰《かんのんしんこう》の拠点清水寺《きよみずでら》などの東山の諸寺である。なかでも、大宝年間草創を謳う珍皇寺《ちんこうじ》は、平安時代には東寺の末寺として堂舎を守り伝えていた(『平安遺文』一〇六六)。興味深いのは、院政期の珍皇寺寺内に京都の住人たちが造立した私堂が林立していたことである。そのありさまを伝える天永三年(一一一二)の寺内諸堂のリストには、築地《ついじ》の内側に二十ヵ寺、築地東外に三ヵ寺、南外に五ヵ寺、西外に十九ヵ寺の合計四十八もの私堂が書き上げられている(『平安遺文』一七七〇)。堂の建立者を表2にまとめてみた。こうしてみるとまことに多彩だ。

まずB1には、受領《ずりょう》を筆頭に衛門府《えもんふ》・陰陽寮《おんみょうりょう》官人や検非違使《けびいし》・府生《ふしょう》など中下級官人の個人堂が見

表2　寺内諸堂の建立者

A	珍皇寺僧・聖	権上座堂　先達堂　堂達堂　行事堂　堂僧堂　陽暹房堂　頼源聖人堂　京禅堂　石蔵堂
B1	受領・官人	四条別当堂　大和守堂　下野守堂　阿波入道堂　信乃堂　左衛門大夫堂　紀大夫堂　陰陽大夫堂　伴府生堂　藤非違堂　伴入道堂　入道堂　源介堂
B2	官人組織	蔵人堂　府生堂　官人代堂　官人代堂　命婦堂
C	職　人	経師堂　桧皮堂　色帋堂　壁堂　大工堂　高綾堂　白河預堂　鳥羽預堂
D	その他	辰巳堂　小堂二宇　保多堂　阿弥陀堂　五郎堂　四棟堂　橋寺　光堂内五寺

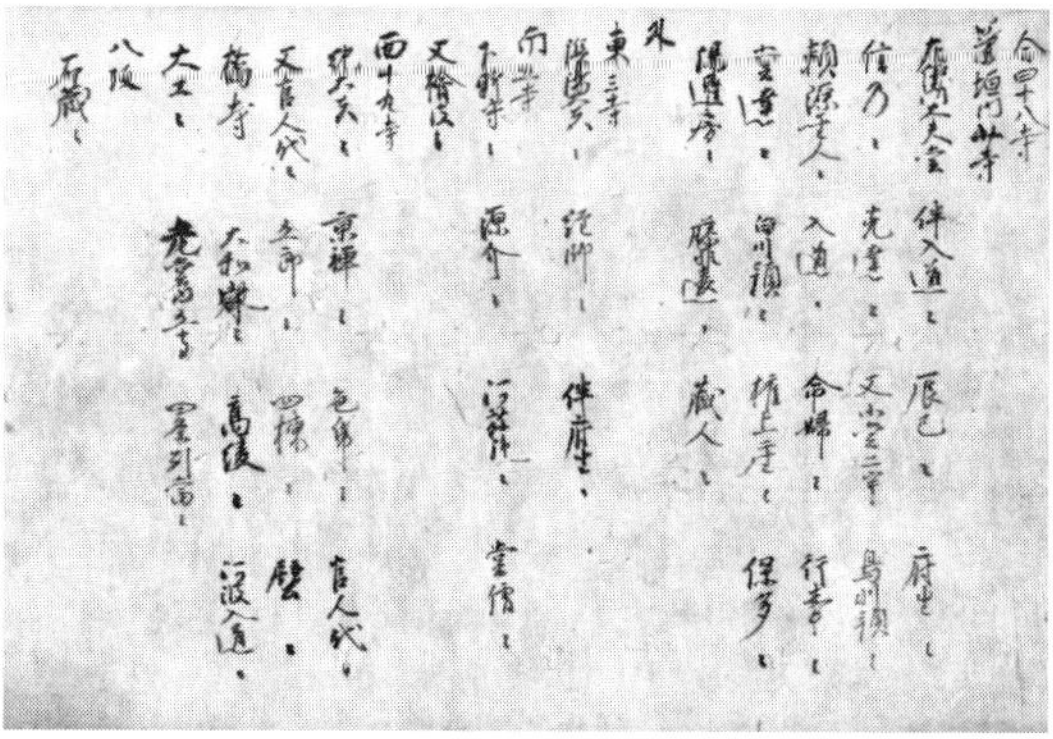

図59　珍皇寺にひしめく私堂　「山城国珍皇寺内諸堂注進状」京都府立京都学・歴彩館　東寺百合文書 WEB より

える。平安京を支えた中下級官人のうち、富裕な者が私堂を設けたのであろう。注目したいのは、B2だ。内廷や院を支える蔵人や衛《え》府《ふ》・検非違使・諸司の下級職員たち、くわえて中位クラスの女房たちが、その職名を冠した堂舎を構えている。Cにみえる経師《きょうじ》・檜皮《ひわだ》師・紙漉《かみすき》（色紙《しきし》）・壁塗師・大工・綾織の職人集団も同様だ。白河・鳥羽の預なる名も見える。その実態は明らかではないが、新都市域の運営の核となる担い手であろう。京都を支える下級官人や職人らが、おそらくは講《こう》集団を結成し、講衆の菩提を支え合う宗教的営みが生まれていたのだろう。地縁、血縁にくわえて同業者すわなち職縁的な結合が、祈禱や追善仏事を通じてはぐくまれていたことが知られるのである。

東山は私堂建立の人気エリアであった。上記の珍皇寺私堂群に接して、平正盛《たいらのまさもり》が私堂を建てている。前述のB1と同様のものだったのだろう。白河院も御幸し、摂関家をはじめとする貴族を動員して一切経会《いっさいきょうえ》を催している。のちに正盛堂は、平氏の六波羅進出の足がかりになる（髙橋昌明 二〇〇四）。また東山七条末には、鳥羽院の乳母父藤原清隆の九体阿弥陀堂があった。この堂では、久安五年（一一四九）五月に鳥羽院が如法大般若経《にょほうだいはんにゃきょう》を供養した。この経典は「富士上人末代」に託されて富士山に埋納された（『本朝世紀』）。その二ヵ月後には、九重塔婆《とうば》が御願寺に準じて供養されている。このように、台頭する院近臣《いんのきんしん》や京都の住人たちは、京内・京外で私堂を建立し足下から京都を仏都化していくのである。

3　権門寺院の成長と聖の活動

天台寺院の権門化

院政期は、伝統的寺院も急成長を遂げた時代であった。延暦寺《えんりゃくじ》・園城寺を双壁とする天台寺院は、寺院大衆を擁した巨大権門寺院に成長した。寺内には、権門化の過程で門流の結合が強化され、院権力・摂関家などの外護者と結びついた門跡《もんぜき》を拠点に各門徒に分化する。座主《ざす》が大衆を統制することが困難になり、時に悪僧が大衆を主導し院権力と強訴《ごうそ》で対峙するようになった（衣川仁 一九九七）。彼ら武装した悪僧は、内裏・大臣・摂関邸・院御所に集団で愁訴し、訴訟を有利に進めようとした。強訴は十世紀半ばから見られるが、とくに院政期に激増し、さらに永保二年（一〇八二）熊野《くまの》大衆が神輿《みこし》を動座した強訴を皮切りに、延暦寺・園城寺なども寺院鎮守の神輿を動座させ、貴族たちを困らせている。権門寺院は集団性を基盤に統制・制御された示威行為を通じて、寺家の権益確保を狙った。こうした強訴の原因は、その多くが院権力による恣意的な僧事や公請、あるいは院近臣による寺領収公など、院による介入に端を発している（元木泰雄 一九八七）。権門寺院の巨大化・自立化は、院政が生んだ鬼子といえる。院権力は、軍事貴族の動員や院に近い門跡・僧綱を通じて事態の収拾を図るが、必ずしも成功していない。治承《じしょう》・寿永《じゅえい》内乱期には、権門寺院の軍事行動は王権の分権化と相まって政治混乱の原因にもなった。

真言寺院の成長

院権力の介入を受け自立化を志向した二大天台宗《てんだいしゅう》寺院とくらべ、東寺を筆頭とする仁和寺・醍醐寺《だいごじ》などの真言宗寺院は、王権護持の性格を強め、院権力を護持する権門寺院へと成長していく。その代表格が、宇多天皇《うだてんのう》御願寺の仁和寺である。仁和寺は仁和二年（八八六）光孝天皇《こうこうてんのう》の勅願で創建され、宇多天皇が出家後に入寺し御所とした。十一世紀初頭に仁和寺に隠遁していた三条天皇《さんじょうてんのう》皇子性信《しょうしん》が、後三条天皇《ごさんじょうてんのう》・白河院に登用され、また白河院皇子覚行が法親王《ほっしんのう》として入寺して以降、院権力直系の宗教権力となった（横内裕人 一九九六、横山和弘 二〇〇二）。御室は、

図60　醍醐寺薬師堂

東寺長者とともに真言宗の大法《だいほう》である孔雀経法を勤仕し、真言密教の修法《しゅほう》により院権力に奉仕した。十二世紀半ばには、「惣法務《そうほうむ》」とも呼ばれて、僧綱所《そうごうしょ》の僧侶を進退する待遇を与えられ、また六勝寺検校の地位を相承し、院権力の創出した宗教権門として処遇された。広沢流《ひろさわりゅう》と呼ばれる仁和寺法流には、白河院政期に「法の関白」と呼ばれた寛助《かんじょ》など秘密修法を得意とした密教僧が多数現れた（栗本徳子　一九九一）。広沢流には、院政期に多数の院家が設けられ、王家・摂関家をはじめとする貴族出身の僧侶が入寺して法流を継承し、公家社会の現世利益の要求に応えた。

一方、醍醐寺は、真言宗小野流《おのりゅう》の拠点として知られる真言密教の寺院である。貞観十六年（八七四）に聖宝《しょうぼう》が山科《やましな》盆地の東に位置する笠取山《かさとりやま》の山頂に准胝《じゅんてい》・如意輪《にょいりん》の両観音を安置する草堂を開いた。延喜七年（九〇七）には、醍醐天皇《だいごてんのう》の御願寺となる。山上に連なる高台に十世紀を通じて薬師堂《やくしどう》をはじめとする多くの堂舎が整備されていった。これに続いて、笠取山麓にも釈迦堂《しゃかどう》や五重塔《ごじゅうのとう》など大規模な建物が建立されていく。山上を上《かみ》醍醐、麓の寺域を下《しも》醍醐と呼び、両者は役割を分担して相互に補完し合いながら、醍醐寺として歩み出す。平安時代を通じて、多くの密教僧を輩出する拠点寺院となるが、大きく発展を遂げたのが、やはり十一世紀末期であった。座主として村上源氏出身の勝覚《しょうかく》、定海《じょうかい》、元海《げんかい》、実運《じつうん》が君臨したこの時期、村上源氏を筆頭に多くの貴族が檀越《だんおつ》となって上醍醐と下醍醐に数多くの院家や住坊を建立した。久寿二年（一一五五）には、寺内の堂塔在家《ざいけ》は、なんと七百五十余家にふくれあがっている。その内訳は、堂四十二宇、塔四基、鐘楼《しょうろう》三宇、経蔵四宇、神社十社、高庫二宇、御倉町《みくらまち》三ヵ所、湯屋《ゆや》三宇、僧房《そうぼう》百八十三宇、御所三ヵ所、帳衆八十六房、在家五百余家であったという（『醍醐雑事記』巻第三「醍醐寺在家帳」）。七堂伽藍に付属して多くの院家が叢生し、多数の僧侶が居住するとともに、伽藍堂舎を維持するためにさらに多くの俗人たちが居住した。さながら中世後期の寺内町《じないまち》の有様だ。院政期に創建された院家は、俗人を本願とするものが多数を占め、その過半が女性であり、女性の中には院家に居住するものもあった（土谷恵　一九八九）。さきに中世都市京都――洛中や東山の洛外――に私堂が叢生する様相を眺めたが、醍醐寺をはじめとする京都周辺の御願寺は院政期に後世安穏・追善仏事の場を必要とする貴族層との関係を深めた。京都の仏都化は、同時に周縁の寺院を肥大化させ、その宗教活動を活性化させていくのである。

聖の活動と巡礼

こうした権門寺院が育んでいたのが、公私の講会で学解を開陳した学侶や供花・修行に従事した堂衆である。また諸御願寺や洛中・洛外の私堂では常行三昧《じょうぎょうざんまい》を担当した念仏僧などが宗教活動を行っていた。彼らは、寺院に交衆するばかりでなく、所属する寺院を離れ、遁世《とんせい》僧、すなわち聖として諸国霊験所や末寺を巡礼したことが知られている。特に天台僧は全国に張り巡らされた末寺を頭陀修行し、本寺の教義を伝え、あるいは地方の碩学・有験の僧から受学・受法した（岡野浩二 二〇一九）。また聖たちは、在地の人々に勧進《かんじん》し如法経《にょほうきょう》と呼ばれる法華経《ほけきょう》書写を行い、寺社や山上などの霊地に経塚《きょうづか》を築いて埋納した。彼らの巡礼に導かれる様に、俗人たちもまた霊験所に参詣するようになる。畿内周辺では、南都諸寺をめぐる巡礼、また観音霊場を回路のようにつなぐ西国三十三箇所詣や、御岳《みたけ》（吉野・大峰）、高野山《こうやさん》、熊野三山《くまのさんざん》など斗藪《とそう》を伴う厳しい山岳寺院に院・女院や摂関らが次々と足を運んだ。これらの巡礼路は、それぞれ交差しながら、霊験ある神仏の御前に人々を誘引した。

　熊野三山は、院政期に台頭した霊験所のひとつで、男女貴賤を問わず、多数の人々が巡礼に訪れた。本宮、新宮、那智《なち》は、それぞれ熊野坐神《くまのにます》、速玉神《はやたま》、結神《むすび》という別々の神を祀る独立した神社であったが、院政期には「三所権現」と称するセットで祀られるようになった。ちょうどこのころ、本地垂迹《ほんちすいじゃく》思想に基づき、本宮を阿弥陀如来の西方浄土に、新宮を薬師如来《やくしにょらい》の東方浄土に、那智を千手観音《せんじゅかんのん》の補《ふ》陀落浄土《だらくじょうど》に見立てるようになり、現世の浄土として、僧俗の信仰を獲得していく。承暦四年（一〇八〇）に藤原師通《もろみち》が、翌年に藤原為房《ためふさ》が三山を訪れたのを皮切りに、貴族の参詣が開始され、寛治四年（一〇九〇）には白河院が御幸《ごこう》した。以後、白河院は都合九回、鳥羽院は二十一回、後白河院は三十四回、後鳥羽院は二十八回と年中行事のごとく御幸が繰り返された（小山靖憲 二〇〇〇）。熊野御幸の目的は、その時々の現世利益が目的であり、歴代の院が数多くなした作善《さぜん》のひとつに過ぎない。しかし、院が伽藍建立・寺領寄進などを繰り返した結果、熊野三山は全国に信仰の網の目を巡らした宗教権門に成長する。園城寺僧が院の先達僧として熊野御幸に同行し、その修行を支えた。

霊験所に関わりをもったのは、京都の貴顕ばかりではない。熊野三山のひとつ那智大社の神域からは、保元元年（一一五六）九月の銘をもつ二つの経筒《きょうづつ》が見つかっている（『平安遺文　金石文編』三五二・三五三、東京国立博物館　一九八五）。信濃《しなの》国伊那《いな》郡《ぐん》伊賀覧庄《いがらのしょう》中村郷光明寺《こうみょうじ》と美濃《みの》国土岐《とき》郡《ぐん》延勝寺庄《えんしょうじのしょう》洲田郷法明寺《ほうみょうじ》が勧進聖に結縁した如法経で、場所を異にする東国で書写制作された法華経である。銅製の経筒はほぼ同一規格であり、経巻を埋納供養する日は、わずか二週間しか開いていない。聖たちは、在地での勧進、料紙・筆墨・法華経手本の調達、筆師による書写、経筒製作、そして埋納供養に至る一連の工程を統一規格で行える信仰のセットを用意して、地方の人々の信仰を獲得していく。

聖地のネットワークと大陸

聖は京都と地方を往来し、さまざまな文物や情報を伝える役割を果たす。山陰・山陽あるいは九州大宰府《だざいふ》では、宋商人からもたらされた大陸仏教の情報に触れ、宋地への憧れを抱く者もあった。延久四年（一〇七二）の天台僧成尋《じょうじん》入宋の直後、複数の入宋僧が渡航を試みる。彼らは五臺山《ごだいさん》の仏牙舎利《ぶつげしゃり》（日円）や石・土・茸（戒覚）などを日本に伝え、聖地五臺山に結縁する回路を作るものの、十一世紀末から、約八十年の間、渡宋僧は姿を消す。この渡宋僧空白期に、鳥羽院は五臺山仏牙舎利や砂を入手し（『御室相承記』）、平忠盛《ただもり》が五臺山の菩薩石を入手するなど（『渡宋記』）、入宋僧空白期には聖遺物―モノを介して五臺山信仰が継続していく（手島崇裕　二〇一四）。

大治二年（一一二七）に熊野那智で如法経を計画したある聖は、「大唐五臺山」の水を使うよう夢告を得た。「唐は仏土に近く、人心も清浄であり、水も清浄だから」というのがその理由だ（『那智山瀧本金経門縁起』、東京国立博物館　一九八五）。聖たちのあいだでは五臺山は清浄霊験の地として意識されていた。渡宋僧の空白期においてこそ、中国大陸の霊地への信仰は高まりを見せ、肥大なイメージを増幅していった。

4　国風仏教の展開

独自色の強まり

院権力の仏教興隆策により、京都は顕密寺院との関係を深め、顕密仏教を育む沃土となった。十世紀に起こった大陸での国家再編――唐・新羅《しらぎ》の滅亡と北宋・遼《りょう》・高麗《こうらい》の誕生――は、日本にも少なからぬ影響を与えた。仏教の分野においては、日本は、これまで受容していた隋《ずい》・唐仏教を温存し、いわば熟成させる方向に進む。唐末から宋代にかけて大陸で大きな勢力となった禅宗《ぜんしゅう》を拒む一方で、顕密仏教に適した文物を宋・遼・高麗から選択的に取り入れて、独自色を大きくしていった（横内裕人　二〇〇六ａ）。日本仏教が同時期の大陸仏教とは異なる方向に進路を定めたのが、院政期であった。

日本が大陸仏教から距離を置いたのには、教義や修行方法の相違という宗教的な理由ばかりではなかった。北宋が入宋僧を外交使節に見立て、朝貢《ちょうこう》を促してくる危険があったからである。北宋誕生直後に入宋した奝然の帰国も、政治的色彩を帯びたため、奝然のもたらした新しい仏教は全面的に受け入れられることはなかった。

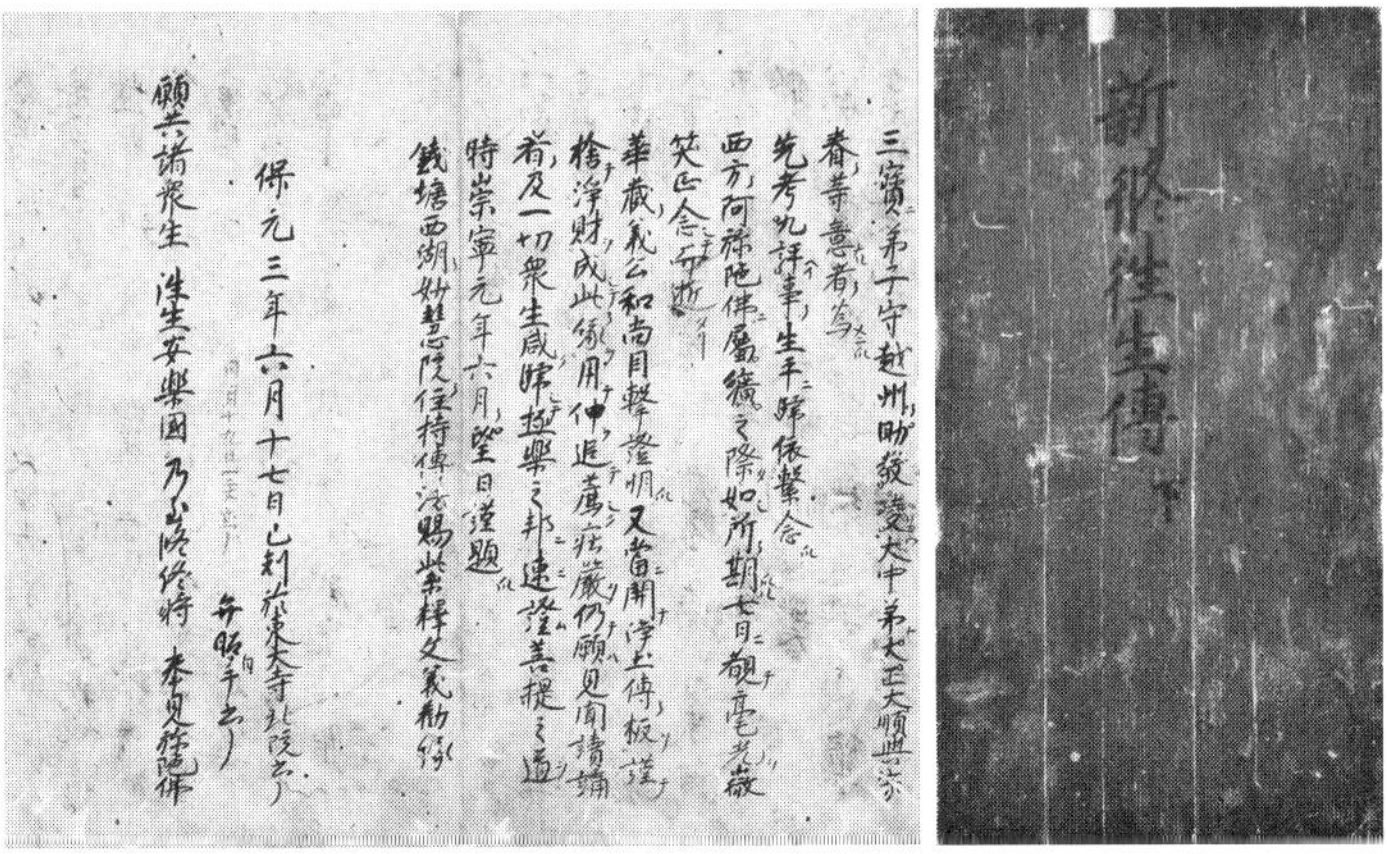

図 61 『新修往生伝』 東大寺所蔵

そして後三条天皇親政末期に入宋した天台僧成尋も、北宋神宗の外交に利用された。成尋自身は日本に帰国せず宋地で一生を終えたが、その弟子が日本に仏典を携え帰国するに際し、神宗は日本の天皇――白河天皇――宛の文書と下賜品を託した。神宗は白河天皇に朝貢を求めたのである。朝廷は、その処理に困り果てる。成尋に続き幾人かの入宋僧が短期間のうちに現れるが彼らは帰国することなく、彼の地で一生を終えた。やがて入宋僧の事績は史書から消え、約八十年の空白を迎える。仁安二年（一一六七）、再び入宋僧として重源《ちょうげん》が史上に現れるまでの長期にわたり、人を介した宋仏教との興隆が断絶する（榎本渉 二〇一〇）。

大陸との交流 この間、宋商を介して明州―太宰府を拠点に行われた日宋間の貿易活動は、以前にも増して活況を呈していた。ゆえに北宋の仏教文物は、意外なほど多くかつ迅速に日本に輸入されている。例えば、北宋元豊《げんぽう》七年（一〇八四）に北宋の官人王古《おうこ》が撰した『新修浄土往生伝』は、崇寧《すうねい》元年（一一〇二）年に開版されると、日本に輸入され、大治三年（一一二八）には日本で写本が作成されている。東大寺伝来の保元三年（一一五八）写本は板表紙・折本装で、装訂も北宋スタイルに倣《なら》っている（図61、横内裕人 二〇一四）。前述の宇治平等院経蔵や鳥羽勝光明院経蔵にも、北宋時代の文物が収蔵されていた。鳥羽の経蔵には、宋版一切経《そうはんいっさいきょう》もあった（大塚紀弘 二〇一〇）。

大陸の仏教文物を伝えたのは、北宋ばかりではない。北宋と対峙した遼や高麗の文物もまた輸入された（横内裕人 二〇〇二）。大宰権帥藤原伊房《だざいごんのそつふじわらのこれふさ》は、遼に僧を派遣し密貿易を行った。東大寺の高僧や仁和寺御室は、大宰府を介して高麗に遣使し、日本未伝の仏典を輸入していた。その中には、義天版《ぎてんばん》と呼ばれる章疏群があり、これまで知られていない北宋や遼の仏書が含まれていた。遼の往生伝《おうじょうでん》は、『今昔物語集《こんじゃくものがたりしゅう》』のネタとして数多く採録された。また華厳と密教の融合を特徴とする遼の仏教は、日本の顕密仏教と親和性が高かったため、顕密僧がさかんに研究・利用して顕密仏教をさらに錬磨・熟成させていった。

このように北宋や遼の仏教文物は、われわれの予想以上に院政期仏教のなかに取り入れられている。しかし、かつての遣唐使《けんとうし》の時代のように、大陸仏教をまるごと取り入れ、模倣していた時代はもはや終わっていた。天台浄土教でも北宋文献は参照されている一方、北宋南地で有力になりつつあった禅宗・律宗《りつしゅう》は見向きもされていない。そして南都や真言宗寺院で高麗・遼の文献を参照しても、日本の顕密仏教に適う教義が選択的に取り入れられたのみである。さらに遼・高麗の国名をわざわざ「唐」

に置き換えて、遼・高麗の名を隠蔽している事例もある（横内裕人 二〇〇六a）。院政期に大陸仏教を受容していることは間違いないのだが、それは大陸仏教そのものではなかった。院政期には、大陸仏教を選択的に受容しつつ、いわば擬似隋唐仏教としての顕密仏教を大成させた。同時代の大陸仏教とは、全く異質な国風仏教といってよい。

5 平清盛・後白河法皇と仏教の新動向

後白河院と仏教

建久三年（一一九二）三月十三日、後白河院の崩御を聞いた九条兼実《くじょうかねざね》は、「保元以来四十余年、天下を治む。……仏教に帰依するの徳、ほとんど梁武帝より甚だし。ただ恨むらくは延喜・天暦《てんりゃく》の古風を忘る。」と評した（『玉葉』）。長期政権を維持した後白河院が、仏教に傾倒し、伝統的政治を逸脱したさまをよく表している。白河・鳥羽院政期に熟成した顕密仏教は、後白河院政期に南宋文化の洗礼を受ける。鎌倉時代の新しい仏教の動きを用意した転換期であった。

法住寺殿の造営と私堂群

後白河院が仏事の拠点としたのは、洛外東山七条末に新たに造営した院御所、法住寺殿であった。保元《ほうげん》の乱（一一五六）、平治《へいじ》の乱（一一五九）とうち続く内乱をくぐり抜け、永暦元年（一一六〇）十月、後白河院は七条末東山の地に十余町の広大な敷地を囲い込みみずからの院御所の造営に着手した。ほどなく半年後には東山殿《ひがしやまどの》、法住寺殿と呼ばれる御所が完成した。

後白河天皇は、鳥羽院政の正統な継承者ではなかった。守仁親王《もりひとしんのう》（後白河天皇第一皇子。のちの二条天皇《にじょうてんのう》）即位までの中継ぎにすぎなかったため、後白河院は鳥羽殿にかわる独自の居所を開発せねばならなかった。こうして「高閣あり、平台あり。緑地あり、碧山あり。もっとも仁者の楽しむに足るかな」（『重方記』）と激賞された風流の地、法住寺殿が造営されたのだが、先にみたように洛中・洛外には多くの貴族の堂舎が立ち並び、御所にふさわしい空閑地は残されていなかった。そこで後白河院は、御所予定地にあった他人の所領《しょりょう》を接収し、敷地内にあった「堂舎大小八十余宇を壊《こぼ》ち棄て」た。そのため、多くの人の怨みを買ったという（『重方記』、『山槐記』永暦二年四月十三日条）。後白河院は、前述の藤原清隆九体阿弥陀堂――父鳥羽院に仕えた近臣の私堂――ですらお構いなしに撤去した。清隆は、私堂撤去の翌年にこの世を去った。自ら建立した東山の堂で臨終正念《りんじゅうしょうねん》を遂げられなかった彼の無念はいかばかりであったろうか。

後白河院が七条末を居所に選んだのは、故信西《しんぜい》入道とその妻で後白河院の乳母藤原朝子の居所と持《じ》仏堂《ぶつどう》があったからだ。後白河院は、育ての親でもあった朝子の私堂のみ（清浄光院）を残して東山私堂群を一掃し、信西の居所に御所を営んだ。法住寺殿には、後白河院とその愛妻である建春門院の墳墓堂も設けられた。鳥羽に代わる王家の墓所、後白河王統の新たな拠点を築いたのである（美川圭 二〇〇二）。

鎮守社と蓮華王院

後白河院は、みずからが特に信仰を捧げた神祇の加護によって法住寺殿を守護した。院御所造営に先だち、熊野社と日吉社《ひえしゃ》の御躰を勧請《かんじょう》し、御所予定地を見下ろす東側高台の南北にそれぞれ社壇を設けた（『百練抄』永暦元年十月十六日条）。

延暦寺の鎮守社である日吉社は、後白河院が平治の乱の危機を乗り切るために、別願を立てた神社で、その験があったために、平治の乱収束直後の永暦元年三月に、譲位後初の神社御幸を行った。これまでの神社御幸は、八幡・賀茂社《かもしゃ》から始めるのが恒例だった。しかし、日吉社を優先したのだから、その傾倒のほどが知られる（岡田荘司 一九九三、朧谷寿 一九九三）。そして熊野社である。後白河院の熊野社への傾倒は、前代からの熊野振興策の継承にもみえる。だが、彼の熊野社信仰は、特別な個人的な事情に基づいていた（後述）。当初、後白河院は、日吉社御幸の翌月に熊野詣を計画したが、八幡・賀茂を差し置いての、しかも乱直後の遠行はさすがに院議定《いんのぎじょう》でも憚る意見があったらしい（『百練抄』永暦元年二月二十六日条）。後白河院が特別視した日吉社は最後に二十二社に加えられた神社であり、熊野社は二十二社外にありながら十一世紀中ごろに急激に台頭した。いずれも新興勢力である。後白河院が、八幡・賀茂のような伝統的な神社でなく新たに力を持ち始めた二つの有力神社を院御所の鎮守に勧請した意図は、白河・鳥羽二代の院政とは異なった路線を明示したものとして注目される。

後白河院は、長寛二年（一一六四）、法住寺殿内に蓮華王院《れんげおういん》を造営した。造進の主は、権中納言平清盛である。建物は柱間三十三間の千体堂と呼ばれる長大な建造物で、本尊丈六千手観音坐像・等身千手観音立像千体と二十八部衆・風神《ふうじん》・雷神《らいじん》立像を安置した。造仏などは、園城寺平等院流の行慶《ぎょうけい》が沙汰《さた》した。行慶は、後白河院の大叔父にあたり、「偏ニタノミオボシメシタリケル」真言師であった（『愚管抄』）。

後白河院と園城寺との関係は、即位十年前の久安元年（一一四五）、実母待賢門院の崩御にさかのぼる。この忌明けに際して、園城寺僧道覚《どうかく》が伝隆明《りゅうみょう》本尊の千手観音・二十八部衆画像を雅仁親王《まさひとしんのう》（後白河）に授けた。彼の千手観音信仰の始まりである。この日から、毎月十八日に千手経三十三巻と陀羅尼《だらに》千反を読誦し、一生涯これを続けた。文治二年（一一八六）には、千手経転読の数は八万三千五百五十八巻にのぼったという（『転法輪抄』「後白河院上〈下〉」本尊由来）。園城寺僧は千手観音法を秘法とし千手観音と関係が深い。後白河院が、千手観音を本尊とする蓮華王院を建てたのも、園城寺僧を通じた千手観音への帰依があったからだ。さらにまた後白河院を熊野信仰に導いたのも園城寺僧であった。初度の熊野詣では園城寺僧覚讃を先達とし、出家後は寺門《じもん》派平等院流阿闍梨行真と名乗る（菅野扶美 一九九九）。

だが、後白河院が園城寺を過剰に外護したことで、延暦寺の怒りを買い、強訴や焼き討ちが頻発した（田中文英 一九八三）。自立した権門寺院を従属させ、時に折り合いをつけるためには、院には特定の宗派に偏らない超越性が必要であった。その象徴が、天皇在位中に建てた御願寺である。六勝寺は、諸宗のバランスを考慮して別当・寺司・供僧を配置し、檀越として王家の長が掌握している。ところが、後白河院は中継ぎの天皇であり、在位期間も短かったためか、こうした御願寺を持たなかった。二条天皇も御願寺造営の計画はあったが早逝したため、結局六勝寺型の天皇御願寺は後白河院以降継承されなかった（遠藤基郎 二〇〇八）。蓮華王院には近侍僧を阿闍梨《あじやり》に任じたのみで、諸宗均衡型で集めた寺司・供僧は確認できない。六勝寺を通じた寺院編成は継続しているものの、後白河院の寺院政策の中核には諸宗超越性の理念はなかったと考えられる。顕密諸宗の危うい均衡は、後白河院の偏向的な信仰心によって容易に崩されることになる。

神仏との交流 ——今様と熊野詣——

後白河院の特異な信仰心は、彼が十代のころから終生耽溺した今様との関わりからも知ることができる。父鳥羽院は「御アソビ」に熱中する雅仁を「即位ノ御器量ニハアラズ」と評したが（『愚管抄』）、四季を問わず、また昼夜を分かたず今様に熱中する我が子をみての率直な感想だろう。しかし、後白河院は、単なる歌《か》謡《よう》趣味で今様に熱中したわけではなかった。

院自身で編纂した今様集『梁塵秘抄口伝集《りょうじんひしょうくでんしゅう》』を紐解くと、院が熊野社、下鴨社、石清《いわし》水《みず》八幡宮《はちまんぐう》などの神社でみずから今様を歌い、たびたび神の示現《じげん》を被《こうむ》ったとの記事が散見する。そして、今様の感興とは、神や仏に参詣して歌えば、神仏が示現して、昇進・延命・止病など、さまざまな現世利益の願が間違いなく叶うことにあるのだと、確信に満ちた言葉を残している（『口伝集』巻第十）。

永暦元年（一一六〇）の初度の熊野詣では、普通神に捧げるのは和歌なので、今様を含むさまざまな歌謡を捧げるのはためらいつつも、長岡王子《ながおかおうじ》で今様を歌った。すると唐車《からぐるま》に乗った神が示現したので、これを機に本宮で、経供養《きょうくよう》・御神楽《みかぐら》の後、古柳《こりゅう》・今様・物様を歌った。二度目の参詣となった応保二（一一六二）の際には、熊野三山にて千手経千巻を転読し、新宮で今様を詠じたところ、先達として同行していた僧侶の覚讃が、夢に神が歌う声をきいたと書き付けている。こうして院は、今様を歌うことで、神と交流できることを確信した。さらに十二度目となる仁安四年（一一六九）の御幸では、藤原成親《なりちか》ら近臣七名とともに神前で般若心経・千手経・法華経を読誦し、長歌・古柳・今様を歌い尽くした。この時、芳香が漂い、宝殿が鳴り、御簾《みす》が動き、御正体《みしょうたい》の鏡が鳴り響いた。結神が示現した、と院と近臣たちは確かめ合い、奇瑞を共有している。

「仏は常にいませども　現《うつつ》ならぬぞあはれなる　人の音せぬ暁に　ほのかに夢に見えたまふ」

「しづかにおとせぬ道場に　ほとけにはなかう（花香）たてまつり　心をしづめてしばらくも　よめばほとけはみえたまふ」

「法華は諸法にすぐれたり　ひとのおとせぬところにて　読誦つもればおのづから　普賢さた（薩陀）はみえたまふ」

『梁塵秘抄《りょうじんひしょう》』の今様法文歌には、仏に花・香を捧げて法華経を読誦すると、暁方の夢に仏が示現すると詠まれている。後白河院は、法華経をはじめとした経典や今様を含む多様な歌謡を捧げることで、神や仏と直接交流することができる、と考えていたのだ。

今様と法華経

さて『口伝集』には、今様と法華経との関係を記した箇所がある。院は、今様を歌うことで極楽往生が叶うと説く。「仏道から離れた遊女《ゆうじょ》が今様によって一心に仏に帰依することで往生を遂げるのだから、わたしも往生できるはずだ。今様の法文の歌は、仏典の文言に拠っている。法華経八巻が光を放ち、経の一文字一文字が金色の仏なのである。（白居易《はっきょい》が言うように）詩歌文芸の世俗文字の業が、かえって仏法帰依の因縁となるのだから、今様は迷いを打破して往生に導く転法輪になるのだ」と断言している。

後白河院にとっては、法華経を典拠とした今様こそが往生の扉を開ける鍵だった。今様は信仰のための芸能、いや信仰そのものであったといってよい。今様・経典の読誦を通じた神仏との交流、その根底に伏流する法華経信仰は、彼の仏教政策を理解するためには欠かせない。

後白河院は、法華《ほっけ》持経者《じきょうしゃ》であった。彼は法華経八巻約七万文字を暗記しており、神仏の前で諳んじることができる、プロの僧侶顔負けの宗教者であった。四十三歳になった院が、嘉応元年（一一六九）六月に法住寺殿御《ご》懺法堂《せんぼうどう》で出家した際、院は出家と同時に逆修《ぎゃくしゅ》を行っている。生前にあらかじめ死後の冥福を祈る逆修は、五十日間、諸仏諸尊の造仏と法華経千部を刊写し、また百日間、毎日三時《さんじ》法華護摩と千部法華経転読をみずから行うものであった（『兵範記』）。逆修の敬白文には、院がこれまでに積んできた読経・念誦、護摩、諸尊供養法、長日供養法の数を記している。法華経の読誦は一万五千百四十六部、法華護摩五百三十一時であったという。出家の五年後にあたる承安四年（一一七四）四月には、法華読誦二万二千八百余部・法華護摩二千余日にのぼっている（菊地大樹 一九九九）。さらに、その十四年後の文治四年（一一八八）の「御自行目録」によれば、法華護摩は一万三百五十五座・日数八千四百八十箇日にのぼり、文治六年には法華経御読誦の数は八万部に及んだ（『弁暁草』「後白河院嵯峨釈迦堂八万部御経供養」）。

後白河院は、生涯、たびたび法華経の千部経会を行っている。後白河院の千部経会の特異な点は、院みずからが法華経読誦を行っていることである。文治五年二月から百箇日の千部経転読では、伊勢《いせ》大神宮以下のすべての日本の神々が、院の読誦の御声を愛でた、と表白《ひょうびゃく》で強調されている（『弁暁草』

「後白河院嵯峨釈迦堂八万部御経供養」)。今様と同様に、後白河院は法華経を読誦して、みずからの声を使い、神仏に訴えかける王として貴族社会で認知されていた。

福原千僧供――法華経を通じた平清盛との協調――

後白河院の法華経信仰を支えたのが、平清盛である。清盛は、仁安四年(一一六九)三月二十日に熊野御幸帰りの後白河院を摂津国《せっつのくに》福原《ふくはら》亭に迎えた(『兵範記』)。翌日、清盛は千部法華経供養を行い、天台座主明雲《みょううん》を導師として千人の持経者に法華経の読誦を行った。千人の僧侶に斎食を供養する千僧供である。清盛は、この年から安元三年(一一七七)三月まで、毎年三月と十月の年二回千僧供を行った。都合六回の開催が記録からは確認でき、そのうち五度後白河が御幸している。後白河院は厳島《いつくしま》御幸の折と建春門院の病の時期を除き、この時期ほぼ毎回福原への御幸が確認できるから、いずれも清盛主催の千僧供に出席したのであろう。承安二年(一一七二)三月の千僧供では、清盛は輪田浜に仮屋道場を建て一千仏を安置した。蓮華王院がそっくりそのまま、福原の海岸に移築されたと考えたらよい。寺院以外での千僧供の開催は、きわめて稀である。髙橋昌明氏は、清盛の千僧供について和田浜で瀬戸内海の平穏を祈願し、法華経の力により海路の安全保障の実現を図るものと位置づけている(髙橋昌明 二〇〇七)。また、清盛が後白河院を迎えて多数の僧侶を動員し、仏教界を統制しようとした側面も注目される(元木泰雄 二〇一〇)。

千僧を集めた法要は、十世紀以降たびたび開催されている法要ではあるが、清盛の千僧供は持経者を集めた特異なものであった(森由紀恵 二〇一二)。従来の千僧供養は、延暦寺など大寺院で行われており、千僧を集めるのは容易であっただろう。しかし清盛の千僧供の請僧は、法華経を諳んじることのできる持経者であったから、畿内近国の地域寺院や山寺に居住する聖を広く招請せねばならなかった。実際、承安二年三月の千僧供では清盛近臣の佐伯景弘《さえきかげひろ》が、河内《かわち》国の七寺院から一名ずつ計七名、安芸国一宮僧三名の十名を集め、法華経百二十六部の転読を行わせている（『平安遺文』五〇五五）。清盛は、南都北嶺の大寺だけでなく畿内近国の地方寺院で幅広く活動をしていた聖を年二回福原に動員していたことになる。

注目すべきは、後白河院が、主宰者としてではなく持経者・阿闍梨として仏事に参加していた点だ。承安二年三月の千僧供では、法印三名の下座に参列して行道《ぎょうどう》し、諸国の土民が持参した針や餅の引出物も、院みずから受けた。四十八壇の阿弥陀護摩も院が阿闍梨として担当した（『古今著聞集』巻第二）。また安元三年（一一七七）三月の福原千僧供は、前年に崩御した建春門院の供養を兼ねた。このとき、清盛が千壇護摩供養法を主催し、院は百壇護摩の中壇の阿闍梨となった。後白河院は、白河院、鳥羽院ら前代の院とは異なり、みずからが持経者として、阿闍梨として神仏に祈りを捧げたのである。清盛は、持経者である後白河院を福原に迎え、院の法華経信仰を実現するための壮大な舞台装置を提供したわけである。

平家納経《へいけのうきょう》で知られるように、清盛もまた熱心な法華経信者であった。彼は法華経六万部を写し、「明神の社壇」や「霊験の伽藍」、あるいは「洛中の霊地」さらには「遠国の明神」において千部経・百部経の供養をするという念願を持っていた。その一環として応保二年（一一六二）三月に大宰府安《あん》

図62　阿育王山舎利殿（2010年撮影）

楽寺《らくじ》で千部経を開催している（阿部美香 二〇一一）。清盛は安芸厳島神社《あきいつくしまじんじゃ》でたびたび千部経供養を行っており、供養の部数は合計四千部にのぼった。（『転法輪抄』「入道大相国安芸国伊都岐嶋千部経供養表白」）。記録には現れないが、清盛は京都をはじめ日本各地の寺社・霊験の地で大部の法華経供養を行っていたのだろう。

清盛は福原千僧供を通じて法華経持経者を集め、後白河院の法華経信仰を支え、後白河院は福原に御幸することで清盛主催の法会を箔付けした。福原千僧供の開催期間は、高倉天皇《たかくらてんのう》即位により清盛と後白河院の政治的提携が深まってから、鹿ケ谷事件により両者の亀裂が可視化されるまでの九年間である。清盛と後白河院がともに傾倒した法華経信仰が、両者の政治的提携を支えたともいえよう。

入宋僧の再開

清盛や後白河院の信仰は、聖や持経者の活動を賦活化したと考えられる。その点で注目したいのが、俊乗坊重源である。醍醐寺円光院の理趣三昧僧であった重源は、四国や大峰、白山《はくさん》などで修行を積んだ法華持経者である。檀越であった村上源氏源師行《もろゆき》のために宗教活動を行っていたと推測されるが、仁安二年（一一六七）に、約八十年ぶりに入宋し、明州の地を踏んだ。五臺山《ごだいさん》巡礼のためだったが、五臺山は金に占領されており、所願は果たせなかった。重源が五臺山を目指した目的は明らかではないが、北宋時代の入宋僧のように貴顕――源師行や後白河院――の代参の可能性も想定できよう。

さて、行く先を失った重源に、宋人が明州に近い阿育王山《あいくおうさん》への巡礼を持ちかけた。重源は、翌年入宋した栄西《えいさい》と合流し阿育王山に向かったが、これがその後の日本仏教の流れを大きくかえることになった。重源と栄西は、阿育王山の住持であった従廓《じゅうかく》から舎利《しゃり》殿《でん》再建事業への協力を持ちかけられた。当時、従廓は阿育王塔の信仰を喧伝し、南宋皇帝《なんそうこうてい》孝宗や明州知事の庇護を受け伽藍の整備を進めており、諸方に結縁を勧めていた。重源・栄西の二人は、天台山巡礼を遂げたのち、再び阿育王山を経由して帰国した。従廓の勧進に呼応した二人が向かった先が、後白河院であった。南宋側の史料には、当時の「日本国王」が良材を送って舎利殿建立を助けたとある。重源は、その後二度入宋して、大宰府・博多《はかた》周辺にいた栄西と協力し、後白河院知行国《ちぎょうこく》であった周防《すおう》国から大材の輸出に携わり、阿育王山舎利殿を完成させた。この時期は、後白河院と清盛の政治的提携期に当たっている。平氏・後白河院が提携して進めた日宋貿易を背景に日宋間の仏教交流が進展したのだ（横内裕人 二〇〇九、渡邊誠 二〇一〇）。

のちに重源は、平氏に焼かれた東大寺の大勧進《だいかんじん》に後白河院から抜擢される。そして重源死後、栄西が大勧進を引き継ぐ。後白河院が、重源を通じて東大寺再建を遂行できたのは、阿育王山舎利殿での勧進の経験や重源が南宋の商人・工人らと培ったコネクションがあったからである。

また栄西は、二度目の入宋で臨済禅を体得して帰国する。その際、天台山万年寺三門や両廊、さらに観音院・大慈寺・智者塔院などの修造を遂げている。また天童《てんどう》山千仏閣の修造に当たっては、栄西は「国主」（後白河院）に「近属」した縁を利用し、「百囲の木」を大船に挟んで海を渡した（楼鑰撰『太白山千仏閣記』）。重源は南宋文化輸入の先鞭をつけ、栄西は、我が国に禅宗を定着させる大きな役割を担ったが、その前提に聖時代に培った後白河院との密接な関係が想定されるのである。

後白河院は、重源・栄西のほかに、園城寺僧覚阿《かくあ》を入宋させて霊隠寺《りんにんじ》住持仏海恵遠に禅宗を学ばせて禅の導入を計画した。また覚阿の師で、後白河院の戒師《かいし》でもあった園城寺覚忠が恵遠に使者を送ったり、後白河院が恵遠を日本に招き、延暦寺を管領《かんりよう》させようとした（横内裕人 二〇〇六a）。禅僧招請は成功しなかったが、後白河院は顕密仏教の枠を大きく踏み出し、南宋仏教との接点を模索した。この時期、南宋側の外交圧力が低下し、仏教交流と切り離されていたことも、南宋仏教の受容につながったとの見解もある（手島崇裕 二〇二〇）。国風仏教とは異なる大陸仏教受容の素地を用意した点で、後白河院の仏教政策は評価されてよい。

6　内乱と後白河院の仏教政策

権門寺院との対立

後白河院の執政期は、王家が貴族社会に君臨し政治的な安定を維持していた白河・鳥羽院政期から、武家の台頭する「ムサノ世」（『愚管抄』）への転換期であった。平氏政権、源義仲《よしなか》・義経《よしつね》そして頼朝《よりとも》らの軍事権門のみならず、南都北嶺の寺院大衆——悪僧——もまた重要なプレイヤーとして参画する。後白河院の恣意的な寺院政策や、王家・摂関家を支える受領層や平氏が権門寺院の所領に介入することで、権門寺院との間でたびたび抗争事件が起こった。権門寺院は強訴で抵抗するが、後白河院は公請《くじょう》停止・寺院領の没官《もっかん》で対抗した（田中文英 一九八三）。

後白河院は、みずからの子息や近侍僧を権門寺院に配置して、内側から寺院を掌握することを試みている。仁和寺に守覚《しゅかく》・道法《どうほう》、園城寺に円恵《えんえ》・定恵《じょうえ》・静恵《じょうえ》・恒恵《こうえ》、延暦寺に承仁《しょうにん》らの子息を入れ、各寺院の長や重要なポストに任じた。また信西一族の僧を登用して、六勝寺や権門寺院の中核を担わせた。静賢《じょうけん》（法勝寺・蓮華王院等執行《しぎょう》）、澄憲《ちょうけん》（延暦寺）、覚憲《かくけん》（興福寺別当）、寛敏《かんびん》（広隆寺《こうりゅうじ》別当）、勝賢《しょうけん》（醍醐寺座主・東大寺別当）らは、治承・寿永内乱期に後白河院の手足となって密教修法や顕教法会《けんぎょう》で院のために祈りを捧げ、唱導によって院を讃歎した（木村真美子 一九九二）。

やがて全国規模の内乱——治承・寿永内乱——に突入すると彼ら近侍僧が後白河院の王権を支える活動を開始する。

内乱と秘密修法

治承三年（一一七九）七月二十八日、平重盛《しげもり》が死去した。これを引き金に、後白河院と平清盛との関係が破綻し、同年十一月十四日、福原から上洛した清盛により後白河院政の停止、院近臣の大量解官が行われた。いわゆる治承三年のクーデターである。後白河院は、重盛死去を機に、清盛に対して種々の挑発を行っていたが、その裏で秘密修法を行わせている。公の記録では記されていないが、後白河院第二皇子で仁和寺御室の地位にあった守覚法親王は、自著

表3　治承3年から元暦2年までの御修法（『左記』による）

修法名	治承3年の修法	阿　闍　梨	通算回数
孔雀経法	8/3-10 ※	守覚・覚成・仁性・覚耀	7回
五壇法	8/13-20 ※	守覚・定遍・仁性・隆憲・覚成	8回
転法輪法	8/25-9/3 ※	守覚・覚耀	3回
如法愛染法	9/4-10 ※	守覚・覚成	2回
尊勝法	9/22-29 ※	覚成	13回
聖観音持剣護摩	10/8-15	守覚	17回
六時除災護摩	10/20-26	実仁	
仁王経法	(治承4年)2/4-12	守覚（伴僧醍醐勧修寺住侶少々）	6回

※は，別の僧によりさらに延行されているもの．

『左記《さき》』に、壇ノ《だんの》浦《うら》で平氏が滅ぶまでの六ヵ年にわたる秘密修法について書き留めていた（横内裕人　一九九六）。

後白河院が守覚に秘密修法を命じたのは、重盛死去の二日後、八月一日である。守覚は、八月三日から十月二十六日まで都合七種類の修法をほぼ毎日連続して行った。修法は、孔雀経法《くじゃくきょうほう》・五壇《ごだん》法《ほう》・転法輪法《てんぽうりんほう》・如法愛染法《にょほうあいぜんほう》・尊勝法《そんしょうほう》など真言広沢流《ひろさわりゅう》の大法で、最初の一週間は守覚自身が阿闍梨を務めた後、別の高僧が延行する熱の入れようである。ただし治承三年の連続修法は十一月のクーデターで一旦中断したらしい。

実は守覚の秘密修法に先立つ七月十日、公顕《こうけん》（園城寺）・勝賢《しょうけん》（醍醐寺）・澄憲《ちょうけん》（延暦寺）・範玄《はんげん》（興福寺）・弁暁《べんぎょう》（東大寺）ら院近侍僧が法住寺殿で院五十日逆修を開始した（小島裕子　二〇一八）。顕密の近侍僧が院の宗教護持を画策しているのである。

守覚の秘密修法の目的は何であったか。『左記』に明記はされていない。だが、守覚は、文治元年（一一八五）に追討使源範《のり》頼《より》・義経が帰参し「世間静謐」を迎えて御祈が結願したと述べている。後白河院は、寿永三年に清盛への挑発を進める背後で、守覚に命じて自らの護持と清盛を呪詛《じゅそ》する修法を行わせたと推測できる。注目すべきは、翌治承四年二月二日、鳥羽殿に幽閉され、政治活動が封じられていた後白河院が守覚に仁王経法《にんのうぎょうほう》の勤修を命じ、修法を継続させていたことである。守覚は仁和寺のみならず、小野流の醍醐寺・勧修寺《かじゅうじ》の僧侶も動員して、後白河院の密命を実行し、平氏が滅ぶ元暦二年（一一八五）まで調伏の修法を繰り返していたのである（表3）。

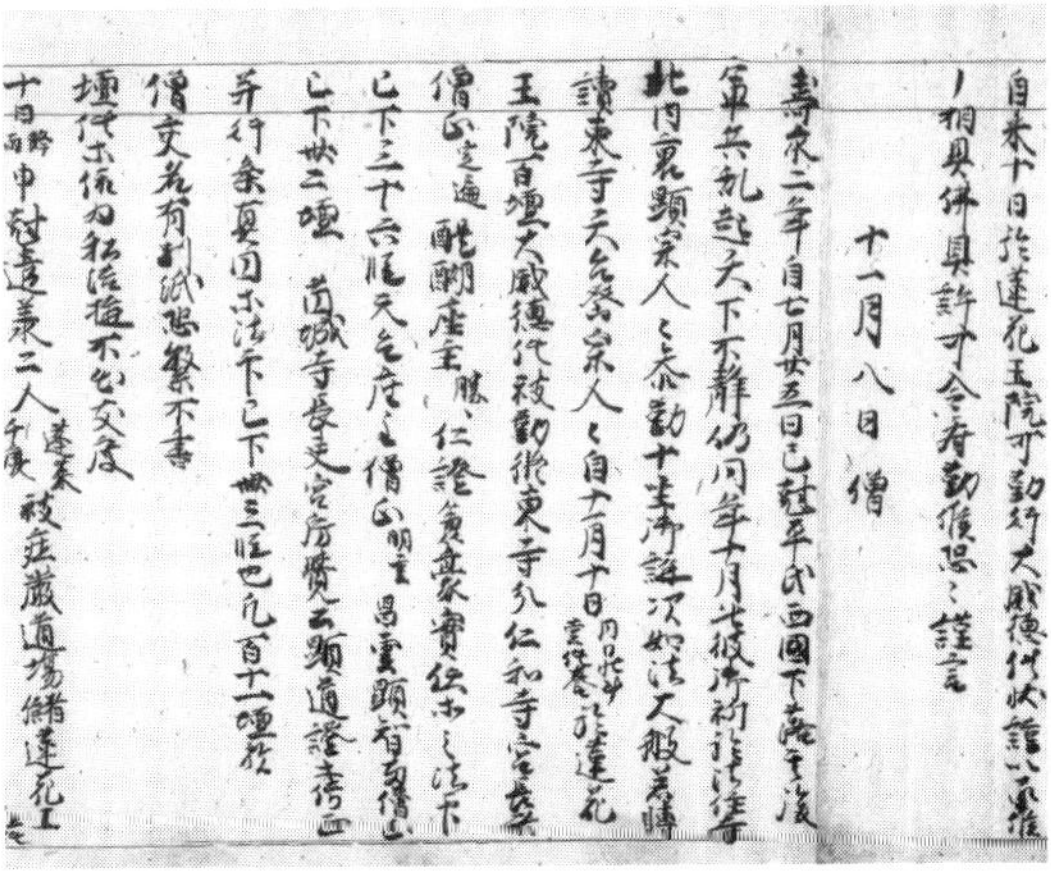

図63　『覚禅抄』にみえる蓮華王院の大威徳供　勧修寺所蔵

　後白河院が、たびたび呪詛を用いて、政敵排除を企てたことは近年の研究で明らかになっている（横内裕人 一九九七、宮田敬三 二〇一〇、上川通夫 二〇一五）。寿永二年（一一八三）八月、平氏が安徳天皇《あんとくてんのう》を伴って都落ちしたのにともない、新帝後鳥羽天皇《ごとばてんのう》が践祚《せんそ》した。後白河院は、院御所法住寺殿を拠点にし、平氏を追って入洛した源義仲と対峙する。守覚法親王と勝賢ら真言・天台の密教僧、さらには澄憲ら四箇大寺の顕教僧ら院近侍僧が、院の安穏祈願と政敵調伏の数々の祈禱・法会を行い、法住寺殿に籠もる後白河院を護持した。

　九月半ばには三十五日連続で、守覚の監督のもと勝賢が法住寺殿で転法輪法を行った。十月には顕宗《けんしゅう》の僧侶が

「法住寺北内裏」で十坐御講を行い、翌閏《うるう》十月に延暦寺澄憲・興福寺範玄・園城寺道顕《どうけん》・東大寺弁暁ら四箇大寺僧が「一天静かならず、九域なお乱る。東山の陣雲いまだ散らず、西海の逆浪いまだ平かならず」という状況を打破するための、如法大般若経転読を行った。さらに十一月には蓮華王院で百壇大威徳供《だいいとくぐ》なる調伏法が行われた。後者の修法は、仁和寺御室（守覚）・東寺長者（定遍《じょうへん》）・醍醐寺座主（勝賢）・天台座主（明雲）・園城寺長吏（円恵）ら顕密寺院の頂点に立つ僧侶を筆頭に、天台・真言の高僧を大量に動員したものであった。結局、十一月十九日、法住寺殿は、源義仲の襲撃の前にあっけなく陥落し、明雲・円恵は討ち死にする。近侍僧を介して祈禱を行わせる後白河院の宗教編成は、大打撃を受けた。後白河院は頂点人事により権門寺院の掌握を図るが、大衆を含めた寺院総体を動員するには至らなかった。後白河院政による寺院統制の限界を露呈している。

この法住寺合戦で、後白河院は院御所法住寺殿を放棄し、京中の六条殿に移る。六条殿は、河内源氏に縁の地でもあった。源頼朝の助縁を受けた後白河院は、六条殿に長講堂《ちょうこうどう》という持仏堂を造営し、法住寺殿での仏事を継承した（高橋一樹 二〇〇六）。一方、六条殿を本拠としてからも、院は蓮華王院や新熊野・新日吉社を生涯利用し続けた。建久三年（一一九二）三月、長講堂で崩御した後白河院は蓮華王院東法華堂《ほっけどう》に葬られた。

内乱と作善

後白河院は、秘密裏に調伏の修法を行う一方で、仏教的な徳政《とくせい》を行い、聖たちを通じて平和政策を遂行している（久野修義 一九九四）。たとえば養和元年（一一八一）十月には、平宗盛《むねもり》の要請により、武力にかわる「善政」として後白河院が八万四千塔供養を行った（『玉葉』）。

後白河院が取り組んだ最大の徳政事業が、東大寺の再建事業である。後白河院は、かつて南宋阿育王《あいくおう》寺《じ》舎利殿の再建事業でタッグを組んだ重源に東大寺再建を任せ、最大の檀越として協力した。元暦二年（一一八五）三月、壇ノ浦で平氏が滅亡する。八月、院は「文治」に改元して平和の到来を宣言したあと、東大寺大仏の供養を行った。平氏に焼かれた東大寺大仏を復元することで後白河院による平和を印象づけたのである（久野修義 一九九三）。注目すべきは、重源が、東大寺再建事業を通じて、治承・寿永内乱で死んでいった平氏の供養を率先して行ったことである。持経者重源は、後白河院の意を汲み、東大寺再建事業を勧進によって全国の隅々まで広げるとともに、鎮魂を通じて後白河院による内乱の終結を可視化していったといえる（横内裕人 二〇〇六）。

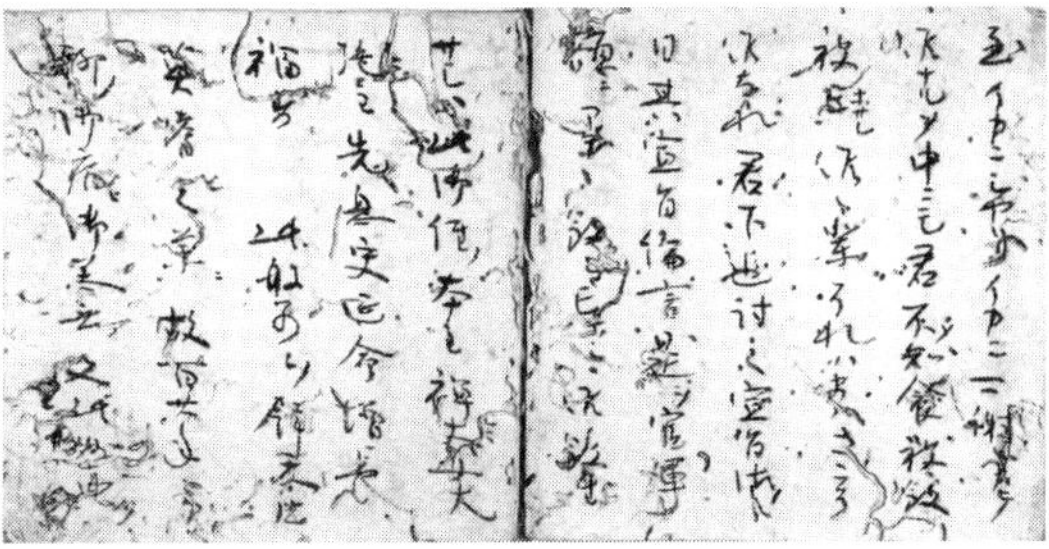

図64 『弁暁草』（文治二年東大寺八幡宮大般若経供養）
後白河院の命で官軍が殺生をしたと伝える弁暁の表白
神奈川県立金沢文庫所蔵

　内乱の収束を見据えて、後白河院が特に重視したのが、貴賤を巻き込んだ大規模な作善事業だった。後白河院は東大寺をはじめとした諸寺諸社において種々の法会を行った。こうした法会では、説教に長けた僧侶が、仏と参会の人々の前で後白河院をほめ讃えた。能説として知られた東大寺弁暁や信西縁者の澄憲・勝賢は、顕教法会を担うとともに唱導で院を支えた。こうした唱導は彼らの説草として記録されている（菅野扶美 二〇一六）。

弁暁は、とある法会の表白《ひょうびゃく》で「平治以来、毎日のように乱逆の連続だが、後白河院の世となって天下が治まった。これは仏力のおかげだ。院が久しく仏教を尊ばれ、徳政をなさったから、世が治まったのだ。」（『弁暁草』「金光明最勝王経講讃廻向」意訳）と後白河院を讃えた。

また文治二年（一一八六）に某女大施主が東大寺八幡宮で開催した大般若会《だいはんにゃえ》の表白も興味深い（『弁暁草』「東大寺八幡宮大般若供養」）。女大施主は、内乱で死んでいった敵味方の亡魂供養のために、百日不断法華御読経を行い、その結願日に大般若経六百巻を施入した。弁暁は、この善根に引導された「亡卒の遺骸は皆ひとりも漏れず悪趣を免れ仏道に進む」すなわち往生するだろうとの期待を綴っている。そして、長年の「追討合戦」のあいだに日本全国で死者が多数にのぼったことを述べた後、「弓で射られたり刀で切られたり、殺し殺される日々の連続で、罪業が深まっている。特に後白河院のご存じないところで殺害された輩がいる。院が追討の宣旨《せんじ》をお下しになったため、官軍はこの宣旨を捧げて殺生を行った」（意訳）と、全国的内乱で発生した殺生の罪業が、後白河院の「宣旨・綸言」に発していたと端的に記している。この法会は東大寺再建事業の一環であるとともに、鎮魂儀礼を通じて世間の人々に内乱の終わりを悟らせる意図をも持っていたのである。

保元の乱以降、治承・寿永内乱に至るまでのさまざまな事件は、「ムサノ世」となり非業の死を遂げた怨霊の仕業であるとの考えが広まっていた（山田雄司 二〇〇一）。後白河院は、治天の地位にあることで多くの人々を死に追いやった罪業を自覚し、種々の仏教的徳政、特に法華経による供養をみずからの仏道修行の核に据え、執念をもって作善活動を行ったと思われる（髙橋昌明 二〇一二）。

文治二年以降、後白河院はほぼ年二回、摂津四天王寺への御幸を繰り返す。かつて平清盛とともに行った春秋二季の福原千僧供御幸の再現のようだ。文治五年二月には百箇日参籠を行い、みずから法華千部経に参加し、毎日十部の転読と三回の護摩を修した。その結願日には、持経者千僧供を開催し、やはり千僧のひとりとして供養に参列した。みずから僧列に加わり金堂から歩み出る院の姿を、弁暁は、「みな生身《しょうじん》の釈迦仏を拝むようにして涙を流し喜び合った」と描写している（渡辺匡一　二〇〇一、牧野淳司　二〇一九）。この法会に参加していた九条兼実は、珍しく後白河院への悪口を封印し、「一日も退転なくおぼしめさるるがごとく御願を遂げられた」と感嘆している（『玉葉』文治五年五月四日条）。

司祭王後白河院

後白河院は、みずから法華経を読誦する持経者として、またさまざまな修法を行う行者阿闍梨として仏教と関わった。彼は、公請停止・所領没収という強権策によって、台頭する権門寺院と対峙しつつ、みずから神仏と交流する司祭王として、近侍僧を駆使して内乱期を乗り切ろうとし、平和の到来を演出した。さらに、重源ら聖を積極的に登用して大陸仏教を受容し、次世代の新風を受けるための帆を掲げる役割を果たした。宗教者として仏教に埋没することで権威を獲得しようとした後白河院は、前期院政のなかでは特殊な存在であったが、後期院政における後宇多院《ごうだいん》や後醍醐天皇《ごだいごてんのう》の先駆として理解できるかもしれない。

内乱と京の再生——エピローグ

1　源平争乱と京の災厄

『方丈記』が描く災厄

鴨長明《かものちょうめい》が『方丈記《ほうじょうき》』において、京都で起こった五つの災厄を記したことはよく知られている。その最初が、安元三年（一一七七）四月に発生した大火、いわゆる「太郎焼亡《たろうしょうぼう》」である。この直後に鹿ケ谷《ししがたに》事件が勃発し、源平争乱を中心とする「疾風怒濤の時代」（田中文英　一九九四）に突入することになる。

以下、治承四年（一一八〇）四月の竜巻、同年六月の「福原遷都」、養和元年（一一八一）から翌年にかけての大飢饉、元暦二年（一一八五）七月の大地震と続く。以仁王《もちひとおう》挙兵の直前に起こった竜巻は兵革の予兆とされ、その最後にあたる大地震は、平氏滅亡から四ヵ月足らずで発生しており、平氏の怨霊によって引き起こされたとされた。竜巻や地震という自然災害の発生は偶然ではあるが、これらの災厄は源平争乱と結びつけられたのである。

安元の大火は平安京の中心左京の過密化を示唆するし、被災後の荒廃は清盛の遷都計画を推進させた面もある。そして、源平争乱の口火を切った以仁王挙兵の衝撃が、強引な福原への遷幸をもたらした。「都遷り」の災厄は、やはり源平争乱の産物にほかならない。しかし、その福原遷都計画は、源平争乱の激化で中止となっており、ある意味では源平争乱が京都にもたらした数少ない「幸い」であったといえる。

もちろん、源平争乱が京都に及ぼした災いは甚大であった。その中で最大の犠牲者を出したのが、養和の大飢饉である。長明はあえて触れないが、飢饉を激化させたのは源平争乱にほかならない。飢饉の直接の原因は、前年からの旱魃《かんばつ》ではあるが、東国の源頼朝《みなもとのよりとも》、北陸道における同義仲《よしなか》をはじめとする反乱で年貢・官物の上納が停止され、反乱の鎮圧のために多大の兵粮《ひょうろう》が徴収されたことに、深刻化の要因があった。戦禍による人災という側面が大きかったのである。

そして、飢饉の惨禍に輪をかけたのは、源平争乱による軍勢の動きであった。飢饉の最中の寿永二年（一一八三）七月、平氏一門の都落ちに際し、一門の邸宅への放火によって京都は「地ヲカヘス（返す）」がごとき騒動に見舞われ、さらには入京した源義仲以下の軍勢による乱暴狼藉《ろうぜき》によって、翌年正月の義仲の滅亡に至るまで、京都は半年以上も塗炭の苦しみに陥った。その後も戦乱の終息まで、飢饉の後遺症に苦しむ京は、兵粮負担にあえぎ続けることになる。源平争乱こそは、京都に空前の災厄をもたらしたのである。

平氏政権と内乱の勃発

源平争乱の発端は、治承三年（一一七九）十一月、平清盛が長年対立してきた後白河院《ごしらかわいん》を武力で幽閉し、事実上の独裁政権、平氏政権を樹立したことにある。清盛は、自身の率いる武力で後白河院政を停止し、かわって自身の外孫安徳天皇《あんとくてんのう》を擁立、女婿高倉を院とし、摂政に女婿近衛基通《このえもとみち》を起用して、王権をミウチで固めた。さらに、清盛は彼が擁立した王権に敵対する寺社勢力に包囲された京を離れて、平氏の権門都市福原への遷都を企てた。

京で勃発した政変の影響は、たちまち全国に波及する。清盛は、後白河や院近臣の知行国を奪取して、家人を目代《もくだい》として送り込んだ。地方武士たちは、日常的に所領をめぐり近隣と対立するが、平氏家人が大きな権力を獲得し、後白河や院近臣《いんのきんしん》のもとで在庁官人をつとめた豪族たちと鋭く対立することになる。知行国主《ちぎょうこくしゅ》の交代がなくとも、平氏家人の勢威の増大が現地の軍事的緊張を激化させたことはいうまでもない。

清盛は、自身と深いつながりを有する王権を樹立し、家人として組織した武力で王権を擁護し、安芸国厳島《いつくしま》など、連携する寺社と結ぶ権門都市福原に宮都を移そうとした。権門内の勢力で固めた政権であった。平氏は、王権と公家、武家、宗教勢力が一体化した政治勢力であった。私的関係にある権門内の利害を優先したことから、たちどころに他権門との軋轢を惹起したのである。

王権をめぐる以仁王の乱、それと関係した園城寺《おんじようじ》・興福寺《こうふくじ》に対する焼き打ち、そして平氏家人と非家人という地方武士の衝突が勃発した。京における権門相互の抗争は、たちまちに全国に波及した。地方の寺社領荘園をめぐる国衙との衝突が強訴となって京都を襲ったことと逆の動きが生じたのである。だが、間もなく地方の兵乱は、京に押し寄せることになる。

2　内乱の鎮圧と京の再生

京の救世主

内乱は各地で武装蜂起と反乱軍の占領、地域権力の分立をもたらした。その中でひときわ精強だったのが、南関東の源頼朝と、北関東から北陸に進出した源義仲の二人であった。前者は治承四年（一一八〇）十月の富士川《ふじがわ》合戦で、後者は翌治承五年六月の横田河原《よこたがわら》合戦で勝利し、地域権力としての基盤を固めた。その後、頼朝は東国経営に専念したのに対し、義仲は寿永二年（一一八三）、平氏の北陸道遠征軍に勝利した勢いで一気に上洛し、平氏を京から駆逐した。

義仲が性急に上洛した背景は、京の食糧供給源である北陸道の奪回を目指し平氏が再三攻撃を加えたこと、そして義仲が擁した以仁王の遺子北陸宮の即位をめざしたことが関係した。後白河院の救援を目指す頼朝は、清盛の死去で後白河院政が復活した以上、上洛の大義名分を失った。養和元年（一一八一）七月、頼朝が後白河に和平を申し出たのはその表れである。後白河と強い絆を有した頼朝と異なり、京に新たな王権を構築しようとした義仲は強引に上洛し、京の大混乱と自身の破滅とを招くに至った。

こうした京の混乱を鎮め、その秩序を回復したのが、頼朝の代官として上洛した弟義経《よしつね》であった。寿永三年（一一八四）、義経は上洛するや義仲を追討し、再上洛を目指した平氏軍を一ノ谷《いちのたに》合戦で破った。京・畿内における鎌倉軍の乱暴を制止するとともに、伊賀・伊勢平氏蜂起の残党から京を守り、元暦二年（一一八五）には、屋島《やしま》・壇ノ浦《だんのうら》合戦で平氏を滅亡に追い込み、源平争乱を終結させた。養和の飢饉以来、兵粮の負担で苦しみ、合戦の恐怖におののく京を救ったのは、義経だったのである。

その義経は、壇ノ浦合戦後に兄頼朝から、京の人々には理不尽としか思えない圧力を受けて挙兵に追い込まれながら、粛然と京を退去した。そして平泉での滅亡という悲惨な末路は、義経に対する同情と人気とを沸騰させることになる。

かわって上洛し、京を守護したのが北条時政《ほうじょうときまさ》である。彼は頼朝の岳父であり、権中納言吉田経房と政治的関係を有したが、伊豆の在庁官人に過ぎず、九条兼実《くじょうかねざね》から「北条丸」などと見下された。しかし、時政は京の治安維持に貢献し、高い評価を得た。彼は検非違使《けびいし》の微温的な検断を退け、賊徒を即刻斬首するという武士社会の論理を導入し、それが奏功したのである。時政もまた京の救世主だったが、彼の名声は、頼朝の警戒を生んだ。これも、彼の鎌倉召還の一因であった。

頼朝と京

頼朝は、基盤の東国を離れることができず、京には代官を派遣した。彼らが有能であるほど、朝廷とのつながりは深まることになる。彼らの政治的地位の上昇、幕府の分裂といった危険性さえも胚胎するのである。頼朝にとって、王権の守護、京との関係は大きな課題であった。

文治五年（一一八九）、平泉藤原氏を滅ぼし、後顧の憂いを絶った頼朝は、翌建久元年十一月、平治《へいじ》の乱で伊豆に配流されて以来、およそ三十年ぶりにみずから京の地を踏むことになる。この時、頼朝が邸宅としたのは、源氏所縁の六条堀河ではなく、六波羅《ろくはら》にあった亡き平頼盛《よりもり》の邸宅であった。平氏の本拠地は再び武家の拠点となり、承久の乱後には六波羅探題が設置されることになる。

建久元年、上洛した頼朝は後白河と対面する。平泉藤原氏の滅亡で、王権と結合しうる有力な武装集団はすべて排除され、頼朝の軍団は事実上唯一の官軍となった。彼は後白河院・後鳥羽天皇《ごとばてんのう》による王権の保護者となったのである。頼朝は、国家的軍事・警察権を掌握し、上洛した御家人が勤仕する大番役《おおばんやく》を通して、王権と京を守護することとなった。京は鎌倉幕府の力で治安を回復した。

朝廷と幕府の国家的な枠組みは定まったが、頼朝と京との関係は不安定なままであった。建久六年（一一九五）、頼朝は二度目の上洛で、長女大姫の入内を画策し、彼女の夭折後には次女乙姫の入内を計画する。相次ぐ娘の入内工作の目指すところはどのようなものだったのか。頼朝自身の上洛、そして京を本拠とすることはあり得たのだろうか。三度目の上洛を計画する中、建久十年正月、頼朝は急逝し、ついに彼の構想は永遠の謎となった。

新たな時代への展望

内乱の時代が去って、京にも新たな時代が訪れる。頼朝自身が明確化できなかった鎌倉と京との関係は、幕府の内紛もあって不安定なものとなる。そして公武の衝突である承久の乱を招くことになる。公武の衝突の背景には、荘園・公領の支配をめぐる公武の対立も伏在していた。一方、世俗化した顕密《けんみつ》仏教からは、それを克服すべくいわゆる新仏教が、そして仏教の革新が生まれることになる。

参考文献

プロローグ・二〜八章・エピローグ

浅香年木　一九八一　『治承・寿永の内乱論序説』（『北陸の古代と中世』二）法政大学出版局
井上満郎　一九九三　「六条西洞院殿とその時代」（『後白河院』吉川弘文館）
上横手雅敬　一九七〇　『日本中世政治史研究』塙書房
上横手雅敬　一九八一　「院政期の源氏」（『御家人制の研究』吉川弘文館）
上横手雅敬　一九八五　『平家物語の虚構と真実』上・下、塙書房
上横手雅敬　一九八七　「小松殿の公達について」（『和歌山地方史の研究』宇治書店）
上横手雅敬　一九八九　「平氏政権の諸段階」（『中世日本の諸相』上、吉川弘文館）
上横手雅敬　一九九一　『鎌倉時代政治史研究』吉川弘文館
上横手雅敬　二〇〇二　「頼朝と東大寺復興」（『日本の中世八　院政と平氏、鎌倉政権』中央公論新社）
上横手雅敬　二〇一五　「平氏、義仲、頼朝」（『「鎌倉」の時代』山川出版社）
上横手雅敬　二〇二〇　「解題にかえて」（『京都大学史学叢書四　兵範記四・範国記・知信記』思文閣出版）
大山喬平　一九七四　『鎌倉幕府』（『日本の歴史』九）小学館
大山喬平　一九八二　「文治の国地頭をめぐる源頼朝と北条時政の相剋」（『京都大学文学部研究紀要』二一）
川合　康　二〇一九　『院政期武士社会と鎌倉幕府』吉川弘文館
川合　康　二〇二一　『源頼朝』（『ミネルヴァ日本評伝選』）ミネルヴァ書房
菊池紳一・宮崎康充編　一九八四　「国司一覧」（『日本史総覧』二、新人物往来社）
木村茂光　二〇一一　『初期鎌倉政権の政治史』同成社

木村茂光　二〇一六　『頼朝と街道』（『歴史文化ライブラリー』）吉川弘文館
五味文彦　一九九九　『平清盛』（『人物叢書』）吉川弘文館
五味文彦　二〇〇二〇　『鎌倉時代論』吉川弘文館
近藤好和　二〇〇五　『源義経』（『ミネルヴァ日本評伝選』）ミネルヴァ書房
佐伯智広　二〇〇六　「一条能保と鎌倉初期公武関係」（『古代文化』五六八四）
佐伯智広　二〇一四　「源通親—権力者に仕え続けた男の虚像—」（『治承〜文治の内乱と鎌倉幕府の成立』清文堂）
佐伯智広　二〇一五　『中世前期の政治構造と王家』東京大学出版会
佐伯智広　二〇二〇　「摂関家領と王家の長」（『日本歴史』八六四）
櫻井陽子　二〇一三　『平家物語本文考』汲古書院
杉橋隆夫　一九七一　「鎌倉初期の公武関係—建久年間を中心に—」（『史林』五四—六）
髙橋昌明　二〇〇七　『平清盛　福原の夢』講談社
髙橋昌明　二〇一一　『増補改訂　清盛以前』（『平凡社ライブラリー』）平凡社
詫間直樹編　一九九七　『皇居行幸年表』続群書類従完成会
田中文英　一九九四　『平氏政権の研究』思文閣出版
田中文英　二〇〇三　『院政とその時代』思文閣出版
角田文衞　一九七七　『王朝の明暗』東京堂出版
角田文衞総監修、古代学協会・古代学研究所編　一九九四　『平安京提要』
長村祥知　二〇〇八　「木曾義仲の畿内近国支配と王朝権威」（『古代文化』六〇—一）
長村祥知　二〇一四　「木曾義仲　反乱軍としての成長と官軍への転換」（『治承〜文治の内乱と鎌倉幕府の成立』清文堂）
長村祥知　二〇二〇　「保元・平治の乱と中央馬政機関」（『日本中世の政治と制度』吉川弘文館）

野口　実　二〇〇六「法住寺殿造営の前提としての六波羅」（『院政期の内裏・大内裏と院御所』文理閣）
野口　実　二〇一二a『武門源氏の血脈』中央公論新社
野口　実　二〇一二b『源義家』（『日本史リブレット　人』）山川出版社
野口　実　二〇一二c「北条時政の上洛」（『京都女子大学宗教・文化研究所研究紀要』二五）
野口　実　二〇一三『坂東武士団の成立と発展』戎光祥出版
野口　実　二〇一五a『東国武士と京都』同成社
野口　実　二〇一五b「京都のなかの鎌倉」（『「鎌倉」の時代』山川出版社）
野口　実　二〇二一『増補改訂　中世東国武士団の研究』戎光祥出版
橋本義彦　一九六四『藤原頼長』（『人物叢書』）吉川弘文館
橋本義彦　一九七六『平安貴族社会の研究』吉川弘文館
橋本義彦　一九九二『源通親』（『人物叢書』）吉川弘文館
菱沼一憲　二〇〇六『源義経の合戦と戦略』角川選書
早川厚一　二〇〇〇『平家物語を読む』和泉選書
美川　圭　一九九六『院政の研究』臨川書店
美川　圭　二〇〇二「京・白河・鳥羽―院政期の都市―」（『日本の時代史七　院政の展開と内乱』吉川弘文館）
美川　圭　二〇一三『白河法皇』（『角川ソフィア文庫』）角川学芸出版
美川　圭　二〇一五『後白河天皇』（『ミネルヴァ日本評伝選』）ミネルヴァ書房
美川　圭　二〇一八『公卿会議　論戦する宮廷貴族たち』（『中公新書』）中央公論新社
宮崎康充編　一九九八『検非違使補任』一、続群書類従完成会
元木泰雄　一九九四『武士の成立』（『日本歴史叢書』）吉川弘文館
元木泰雄　一九九六『院政期政治史研究』思文閣出版

元木泰雄　一九九七　「五位中将考」（『日本国家の史的特質　古代・中世』思文閣出版）
元木泰雄　二〇〇〇　『藤原忠実』（『人物叢書』）吉川弘文館
元木泰雄　二〇〇四　『源満仲・頼光』（『ミネルヴァ日本評伝選』）ミネルヴァ書房
元木泰雄　二〇〇七　『源義経』（『歴史文化ライブラリー』）吉川弘文館
元木泰雄　二〇〇八　「藤原成親と平氏」（『立命館文学』六〇五）
元木泰雄　二〇〇九　「平重盛論」（『平安京とその時代』思文閣出版）
元木泰雄　二〇一一a　『河内源氏』（『中公新書』）中央公論新社
元木泰雄　二〇一一b　『平清盛の闘い』（『角川ソフィア文庫』）角川学芸出版
元木泰雄　二〇一一c　「延慶本『平家物語』にみる源義経」（『中世の軍記物語と歴史叙述』竹林舎）
元木泰雄　二〇一二a　『平清盛と後白河院』（『角川選書』）角川学芸出版
元木泰雄　二〇一二b　『保元・平治の乱』（『角川ソフィア文庫』）角川学芸出版
元木泰雄　二〇一三　『治承・寿永内乱と平氏』（『敗者の日本史』七）吉川弘文館
元木泰雄　二〇一四　「藤原信頼・成親」（『保元・平治の乱と平氏の栄華』清文堂出版）
元木泰雄　二〇一九　『源頼朝』（『中公新書』）中央公論新社
元木泰雄　二〇二〇　「頼朝挙兵の成功」（『日本中世の政治と制度』吉川弘文館）
森　幸夫　一九九〇　「伊豆守吉田経房と在庁官人北条時政」（『ぐんしょ』三―一二）
森由紀恵　二〇〇三　「中世の神仏と国土観」（『ヒストリア』一八三）
安田元久　一九八六　『後白河上皇』（『人物叢書』）吉川弘文館
山田邦和　二〇一二　『日本中世の首都と王権都市』文理閣
山田雄司　二〇〇一　『崇徳院怨霊の研究』思文閣出版
米澤隼人　二〇二〇　「平家のトノヰ所と押小路東洞院殿」（『日本中世の政治と制度』吉川弘文館）

一章

上島　享　二〇一〇『日本中世社会の形成と王権』名古屋大学出版会
河内祥輔　二〇〇七『日本中世の朝廷・幕府体制』吉川弘文館
河野房雄　一九七九『平安末期政治史研究』東京堂出版
佐伯智広　二〇〇八「中世貴族社会における家格の成立」（『鎌倉時代の権力と制度』思文閣出版）
佐伯智広　二〇一五『中世前期の政治構造と王家』東京大学出版会
佐伯智広　二〇一六「鳥羽院政期の公卿議定」（『古代文化』六八―一）
髙橋昌明　二〇一一『増補改訂　清盛以前　伊勢平氏の興隆』平凡社、初出一九八四年
玉井　力　二〇〇〇『平安時代の貴族と天皇』岩波書店
角田文衞　一九八五『待賢門院璋子の生涯　椒庭秘抄』朝日新聞社、初出一九七五年
野村育世　二〇〇六『家族史としての女院論』校倉書房
橋本義彦　一九六四『藤原頼長』（『人物叢書』）吉川弘文館
橋本義彦　一九七六『平安貴族社会の研究』吉川弘文館
樋口健太郎　二〇一八『中世王権の形成と摂関家』吉川弘文館
槇　道雄　一九九三『院政時代史論集』続群書類従完成会
元木泰雄　一九九六『院政期政治史研究』思文閣出版
元木泰雄　二〇〇〇『藤原忠実』（『人物叢書』）吉川弘文館
美川　圭　一九九六『院政の研究』臨川書店
美川　圭　二〇〇二「京・白河・鳥羽　院政期の都市」（『日本の時代史七　院政の展開と内乱』吉川弘文館）
美川　圭　二〇〇四「崇徳院生誕問題の歴史的背景」（『古代文化』五六―一〇）

九章

網野善彦　二〇〇八　『網野善彦著作集　第三巻　荘園公領制の構造』岩波書店
網野善彦　二〇〇九　『網野善彦著作集　第八巻　中世の民衆像』岩波書店
石井　進　二〇〇四　『石井進著作集　第三巻　院政と平氏政権』岩波書店
泉谷康夫　一九九二　『日本中世社会成立史の研究』高科書店
上島　享　二〇一〇　『日本中世社会の形成と王権』名古屋大学出版会
大石直正　一九七三　「平安時代の郡・郷の収納所・検田所について」（『日本古代・中世史の地方的展開』吉川弘文館）
大山喬平　一九七八　『日本中世農村史の研究』岩波書店
勝山清次　一九九五　『中世年貢制成立史の研究』塙書房
川端　新　二〇〇〇　『荘園制成立史の研究』思文閣出版
岸　俊男　一九六六　『日本古代政治史研究』塙書房
木村茂光　二〇〇六　『日本初期中世社会の研究』校倉書房
小山靖憲　一九九八　『中世寺社と荘園制』塙書房
佐伯智広　二〇一五　『中世前期の政治構造と王家』東京大学出版会
佐伯智広　二〇二〇　「摂関家領と王家の長」（『日本歴史』八六四）
坂上康俊　一九八五　「負名体制の成立」（『史学雑誌』九四―二）
佐藤泰弘　二〇〇一　『日本中世の黎明』京都大学学術出版会
佐藤泰弘　二〇〇二　「平安時代の官物と領主得分」（『甲南大学紀要　文学編』一二九）
曽我良成　二〇一二　『王朝国家政務の研究』吉川弘文館
高橋一樹　二〇〇四　『中世荘園制と鎌倉幕府』塙書房

戸田芳実　一九六七　『日本領主制成立史の研究』岩波書店
戸田芳実　一九九一　『初期中世社会史の研究』東京大学出版会
中野栄夫　一九七九　『律令制社会解体過程の研究』塙書房
野口華世　二〇〇〇　「安嘉門院と女院領荘園—平安末・鎌倉期の女院領の特質—」（『日本史研究』四五六）
野村育世　二〇〇六　『家族史としての女院論』校倉書房
元木泰雄　一九九六　『院政期政治史研究』思文閣出版
元木泰雄　二〇〇〇　『藤原忠実』（『人物叢書』）吉川弘文館

十章

阿部美香　二〇一一　「安居院唱導資料『上素帖』について」（『金沢文庫研究』三二六）
上島　享　二〇〇一　「藤原道長と院政」（『日本中世社会の形成と王権』名古屋大学出版会、二〇一〇年）
上島　享　二〇〇六　「法勝寺創建の歴史的意義」（前掲『日本中世社会の形成と王権』）
上横手雅敬　一九九九　「東大寺復興と政治的背景」（『権力と仏教の中世史』法蔵館、二〇〇九年）
榎本　渉　二〇二〇　『僧侶と海商たちの東シナ海』（『講談社学術文庫』）講談社
遠藤基郎　一九九六　「御斎会・「准御斎会」の儀礼論」（『中世王権と王朝儀礼』東京大学出版会、二〇〇八年）
遠藤基郎　二〇〇五　「天皇家御願寺の執行・三綱」（前掲『中世王権と王朝儀礼』）
遠藤基郎　二〇〇八　「院政期の天皇家王権仏事」（前掲『中世王権と王朝儀礼』）
大塚紀弘　二〇一〇　「宋版一切経の輸入と受容」（『入宋貿易と仏教文化』吉川弘文館、二〇一七年）
岡田荘司　一九九三　「後白河院と神祇の世界—神社御幸と日吉社—」（『平安時代の国家と祭祀』続群書類従完成会、一九九四年）
岡野浩二　二〇一九　『中世地方寺院の興隆と表象』塙書房

朧谷　寿　一九九三「新熊野・今日吉社の創建と展開」（『平安貴族と邸第』吉川弘文館、二〇〇〇年）
上川通夫　一九九八「院政と真言密教」（『日本中世仏教形成史論』校倉書房、二〇〇七年）
上川通夫　二〇一五『平安京と中世仏教―王朝権力と都市民衆―』吉川弘文館
菅野扶美　一九九九「後白河院の信仰と三井寺―『梁塵秘抄』仏歌を媒介に―」（『東横国文学』三〇）
菅野扶美　二〇一六「後白河院の信仰と澄憲・弁暁の表白―『梁塵秘抄口伝集』巻第十を軸に―」（『共立女子短期大学紀要（文科）』五九）
菊地大樹　一九九九「後白河院政期の王権と持経者」（『中世仏教の原形と展開』吉川弘文館、二〇〇七年）
衣川　仁　一九九七「中世前期の延暦寺大衆」（『中世寺院勢力論』吉川弘文館、二〇〇七年）
木村真美子　一九九二「少納言入道信西の一族―僧籍の子息たち―」（『史論』四五）
栗本徳子　一九九一「白河院と仁和寺―修法からみる院政期の精神世界―」（『金沢文庫研究』二八六）
小島裕子　二〇一八「嵯峨清涼寺供養と後白河院の晩年―『転法輪鈔』より、東アジアを見据えた「王」の意識―」（『金沢文庫研究』三四〇）
小山靖憲　二〇〇〇『熊野古道』（『岩波新書』）岩波書店
清水　擴　一九七六「子院的邸宅と持仏堂」（『平安時代仏教建築史の研究』中央公論美術出版、一九九二年）
平　雅行　一九八七「中世移行期の国家と仏教」（『日本中世の社会と仏教』塙書房、一九九二年）
高橋一樹　二〇〇六「六条殿長講堂の機能と荘園群編成」（高橋昌明編『平安京・京都研究叢書一　院政期の内裏・大内裏と院御所』文理閣）
高橋昌明　二〇〇四『［増補・改訂版］清盛以前―伊勢平氏の興隆―』文理閣
髙橋昌明　二〇〇七『平清盛―福原の夢―』（『講談社選書メチエ』）講談社
髙橋昌明　二〇二一『都鄙大乱―「源平合戦」の真実―』岩波書店
田中文英　一九八三「後白河院政期の政治権力と権門寺院」（『平氏政権の研究』一九九四年）

土谷　恵　一九八九　「願主と尼」（大隅和雄・西口順子編『シリーズ女性と仏教一　尼と尼寺』平凡社）
手島崇裕　二〇一二　「成尋と後続入宋僧の聖地巡礼―往生をめぐって―」（『平安時代の対外関係と仏教』校倉書房、二〇一四年）
手島崇裕　二〇二〇　「五代・宋時代の仏教と日本」（上島享・佐藤文子編『日本宗教史四　宗教の受容と交流』）
東京国立博物館　一九八五　『那智経塚遺宝』東京美術
冨島義幸　二〇〇一　「院政期における法勝寺金堂の意義について」（『日本学研究』四）
冨島義幸　二〇〇三　「白河―院政期「王家」の都市空間―」（院政期文化研究会編『院政期文化論集　第三巻時間と空間』森話社）
西口順子　一九八六　「白河御願寺小論」（『平安時代の寺院と民衆』法蔵館、二〇〇四年）
久野修義　一九九三　「中世寺院と社会・国家」（『日本中世の寺院と社会』塙書房、一九九九年）
久野修義　一九九四　「東大寺大仏の再建と公武権力」（前掲『日本中世の寺院と社会』）
平岡定海　一九八一　『日本寺院史の研究』吉川弘文館
牧野淳司　二〇一九　「『平家物語』と唱導文化との関わりについての綜合的研究―後白河法皇をめぐる唱導の観点から―」（『明治大学人文科学研究所紀要』八四）
丸山　仁　一九九八　「院政期における鳥羽と白河」（『院政期の王家と御願寺―造営事業と社会変動―』高志書店、二〇〇六年）
美川　圭　二〇〇一　「鳥羽殿の成立」（上横手雅敬編『中世公武権力の構造と展開』吉川弘文館）
美川　圭　二〇〇二　「京・白河・鳥羽―院政期の都市―」（元木泰雄編『日本の時代史七　院政の展開と内乱』吉川弘文館）
宮田敬三　二〇一〇　「『覚禅鈔』「金剛夜叉法」と源平合戦」（『源平合戦と京都軍制』戎光祥出版、二〇二〇年）
村山修一　一九五七　「院政と鳥羽離宮」（『史林』四〇―二）

元木泰雄　一九八七　「院政期興福寺考」（『院政期政治史研究』思文閣出版、一九九六年）
元木泰雄　二〇一〇　「貴族政治と平氏の台頭」（『新修　神戸市史　歴史編Ⅱ古代・中世』）
本中　眞　一九九四　『日本古代の庭園と景観』吉川弘文館
森由紀恵　二〇一二　「後白河院と法勝寺千僧御読経」（『古代学（奈良女子大学古代学学術センター）』四）
山岸常人　一九九七　「法勝寺の評価をめぐって―僧団のない寺院―」（『中世寺院の僧団・法会・文書』東京大学出版会、二〇〇四年）
山岸常人　二〇〇四　『中世寺院の僧団・法会文書』（前掲『中世寺院の僧団・法会・文書』）
横内裕人　一九九六　「仁和寺御室考」（『日本中世の仏教と東アジア』塙書房、二〇〇八年）
横内裕人　一九九七　「密教修法からみた治承・寿永内乱と後白河院の王権」（前掲『日本中世の仏教と東アジア』）
横内裕人　二〇〇二　「高麗続蔵経と中世日本」（前掲『日本中世の仏教と東アジア』）
横内裕人　二〇〇六a　「自己認識としての顕密体制と「東アジア」」（前掲『日本中世の仏教と東アジア』）
横内裕人　二〇〇六b　「東大寺の再生と重源の勧進―法滅の超克―」（前掲『日本中世の仏教と東アジア』）
横内裕人　二〇〇九　「重源における宋文化―日本仏教再生の試み―」（『アジア遊学』一二二）
横内裕人　二〇一〇　「中世前期の寺社巡礼と宝蔵」（中野玄三・加須屋誠・上川通夫編『方法としての仏教文化史―ヒト・モノ・イメージの歴史学―』勉誠出版）
横山和弘　二〇〇二　「法親王制成立過程試論」（『仁和寺研究』三）
渡辺匡一　二〇〇一　「後白河院と四天王寺―金沢文庫蔵唱導資料「弁暁草」から―」（『仏教文学』二五）
渡邊　誠　二〇一〇　「後白河法皇の阿育王山舎利殿建立と重源・栄西」（『日本史研究』五七九）

略年表

西暦	和暦	事項
一〇六八	治暦四	3 平等院領荘園九箇庄が立荘される。
一〇七七	承暦元	12 白河天皇、法勝寺に行幸し、金堂・講堂・阿弥陀堂を供養する。
一〇八二	永保二	7 内裏焼亡。10 熊野大衆に続き延暦寺・園城寺が神輿を動座し、強訴する。
一〇九〇	寛治四	7 賀茂社領荘園が多数立荘される。
一〇九一	寛治五	6 源義家・義綱兄弟対立し、京で兵を構える。
一〇九五	嘉保二	10 延暦寺・日吉社の強訴がおこるが、関白藤原師通の命で撃退。
一一二〇	保安元	11 藤原勲子入内問題がおこり、藤原忠実、失脚する。
一一二三	保安四	1 崇徳天皇践祚。
一一二九	大治四	7 白河法皇没(77)、鳥羽院政開始。9 自称源義親問題がおこる。
一一三二	天承二	1 藤原忠実が内覧とされ復権する。3 平忠盛、鳥羽院のために得長寿院を造営、落慶供養が行われる。
	長承元	10 高野山大伝法院が供養され、大伝法院領荘園四箇庄が立荘される。
一一三三	長承二	6 鳥羽院が藤原勲子を妻に迎える。10 高野山大伝法院領荘園の一国平均役が免除される。
一一三四	長承三	この年 鳥羽院が藤原得子を寵愛するようになる。
一一四一	永治元	12 近衛天皇践祚。
一一四二	永治二	1 待賢門院に仕える者たちが藤原得子を呪詛した罪により配流される。2 待賢門院出家。
一一四七	久安三	6・7 八坂神社で闘乱事件を起こした平清盛と父忠盛の配流を求める延暦寺悪僧による強訴の動きを、鳥羽院は多数の京武者を動員して抑止する。
一一五〇	久安六	9 摂関家の大殿・藤原忠実、長男の関白忠通を義絶し、弟頼長を氏長者とする。
一一五一	久安七	1 藤原頼長が内覧とされる。

一一五五	久寿二	7 近衛天皇没(17)、後白河天皇践祚。
一一五六	保元元	7 鳥羽法皇没(54)。保元の乱勃発。藤原頼長敗死(37)。崇徳上皇、讃岐へ配流される。
一一五八	保元三	8 二条天皇践祚。
一一五九	平治元	12 後白河院の院御所三条殿を藤原信頼・源義朝らの軍勢が襲撃、平治の乱が勃発し、信西自殺する(54)。平清盛、乱を鎮圧。信頼(27)・義朝(38)敗死。
一一六〇	永暦元	3 源頼朝、伊豆へ配流される。6 平清盛、正三位に叙される。10 後白河、七条末東山の地で院御所法住寺殿の造営に着手する。
一一六一	永暦二	4 後白河院、法住寺殿に移る。
一一六三	応保二	1 平重盛、従三位に叙される。
一一六四	長寛二	8 崇徳法皇没(46)。12 清盛、後白河のために蓮華王院(三十三間堂)造営。
一一六五	永万元	6 六条天皇践祚。7 二条上皇没(23)。
一一六六	永万二	7 摂政藤原基実没(24)。平清盛、摂関家領を押領する。11 清盛、内大臣となる。12 京都大火。
	仁安元	
一一六七	仁安二	2 清盛、太政大臣となる。この年、重源、宋に渡る。
一一六八	仁安三	2 清盛、出家。高倉天皇践祚。清盛の支援により、後白河院政が成立する。
一一六九	嘉応元	6 後白河院、法住寺殿御懺法堂で出家。12 延暦寺強訴。
一一七〇	嘉応二	11 重盛、摂政基房一行を襲撃(殿下乗合事件)。
一一七一	承安元	12 清盛の娘徳子が高倉天皇に入内する。
一一七二	承安二	2 徳子、中宮になる。7 藤原成親、院御所三条院造営で従二位昇進など五つの恩賞を授与される。
一一七三	承安三	11 興福寺以下の南都大衆が宇治に至るが、重盛が入京を防ぐ。
一一七六	安元二	7 建春門院没(35)。以後、後白河法皇と清盛の関係が悪化。

西暦	和暦	事項
一一七七	安元三	3 平重盛、内大臣となる。4 延暦寺強訴。4 大内裏を含む平安京左京で大火（太郎焼亡）。5 後白河、天台座主明雲を配流、清盛に延暦寺攻撃を命令。6 鹿ケ谷事件がおきる。
一一七八	治承二	3 七条付近で大火（次郎焼亡）。11 中宮徳子、皇子を出産（安徳天皇）。
一一七九	治承三	7 平重盛没（42）。11 清盛、後白河法皇を鳥羽殿に幽閉し院政を停止する（治承三年政変）。12 清盛、福原から上洛し西八条邸に入り、言仁親王を迎える。
一一八〇	治承四	2 安徳天皇践祚。3 清盛、高倉院の厳島神社参詣を計画。園城寺・興福寺・延暦寺らの悪僧が蜂起する。5 以仁王、挙兵する。源頼政、以仁王に呼応し、園城寺で合流。以仁王・頼政、興福寺に向かう途中で敗死。6 清盛、後白河院・高倉院・安徳天皇を福原に移す。8 頼朝、伊豆で挙兵する。9 木曾義仲、信濃で挙兵する。10 富士川合戦で平氏大敗。11 清盛、天皇・院を平安京に戻す。12 清盛、後白河法皇の幽閉を緩和し院政を復活させる。12 平重衡、南都焼き討ち。
一一八一	治承五 養和元	1 高倉上皇没（21）。平宗盛を総官に補任。閏2 平清盛没（64）。重衡、源氏追討に出立。3 墨俣合戦で平氏勝利。6 北陸で反平氏の蜂起が勃発する。10 後白河法皇、八万四千塔供養を行う。この年　諸国飢饉（養和の大飢饉）。
一一八三	寿永二	4 平維盛、義仲追討のため北陸に向かう。6 篠原合戦で平氏大敗。7 平氏都落ち。義仲ら源氏、入京する。8 後鳥羽天皇践祚。10 後白河法皇、頼朝の東国支配権を公認、頼朝軍を官軍に位置づける（寿永二年十月宣旨）。11 義仲、後白河法皇を攻撃する（法住寺合戦）。
一一八四	寿永三	1 義仲、征東大将軍となる。1 源義経、義仲を破る。義仲没（31）。2 一ノ谷合戦。平氏、屋島に逃れる。
一一八五	寿永四 文治元	2 屋島合戦で義経、平氏を破る。3 壇ノ浦合戦（平氏滅亡）。安徳天皇入水（8）。8 後白河法皇、東大寺大仏の供養を行う。10 頼朝の刺客、義経を襲撃する。義経、頼朝打倒のため

一一八七	文治三	挙兵する。11 北条時政上洛、「守護地頭」設置。12 九条兼実、内覧となる。
一一八九	文治五	2 義経、平泉に逃れる。閏4 藤原泰衡、義経を殺害する。義経没(31)。7 頼朝、平泉藤原氏を滅ぼす。
一一九〇	建久元	11 頼朝上洛、権大納言・右近衛大将となる。
一一九一	建久二	4 比叡山の強訴。
一一九二	建久三	3 後白河法皇没(66)。7 頼朝、征夷大将軍となる。
一一九五	建久六	2 頼朝、二度目の上洛を行う。長女大姫の入内を画策する。
一一九六	建久七	11 九条兼実、関白・氏長者を罷免される(建久七年政変)。
一一九七	建久八	7 大姫没。
一一九八	建久九	1 土御門天皇践祚。
一一九九	建久一〇	1 源頼朝没(53)。

参考系図

〔武門源氏系図〕

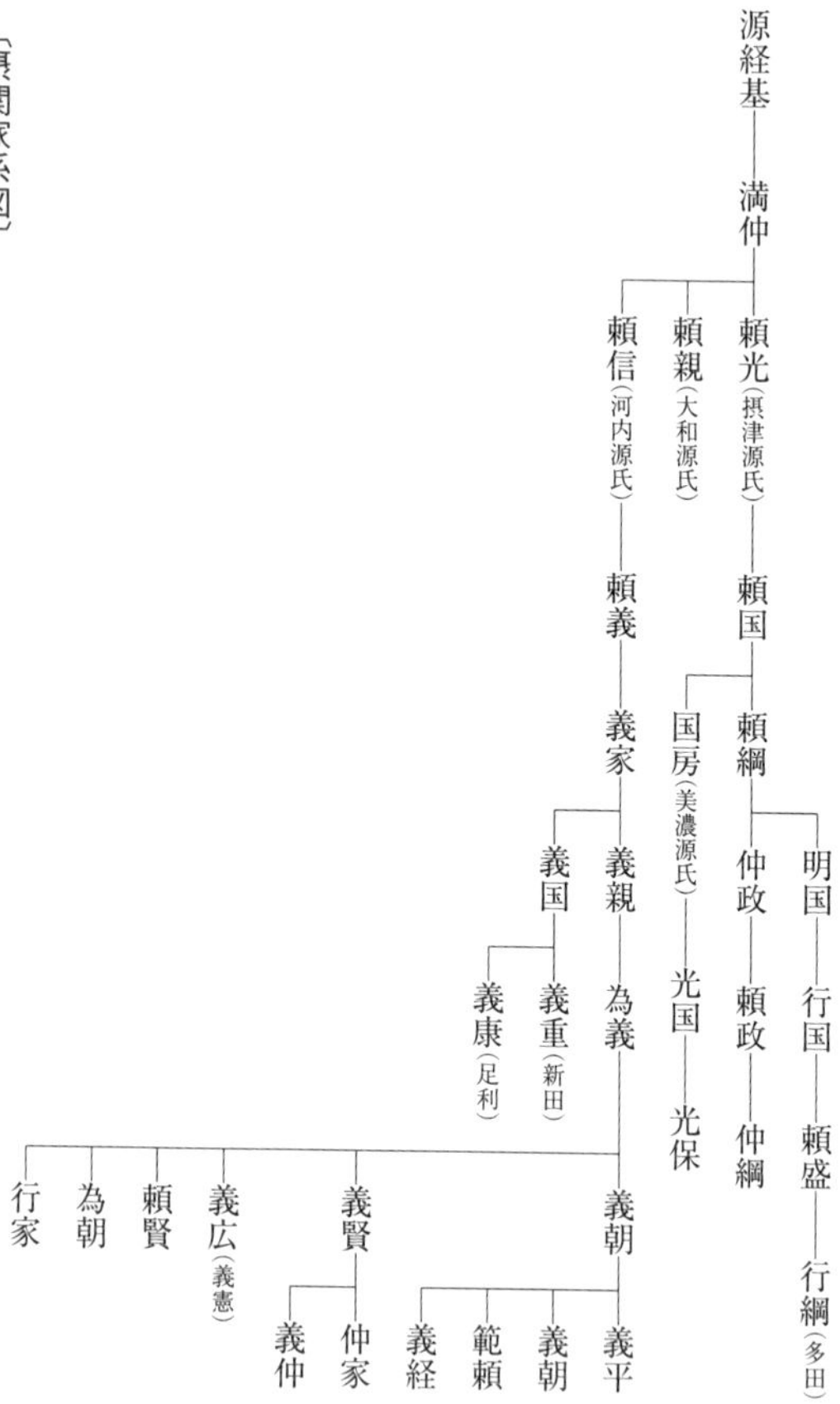

〔摂関家系図〕

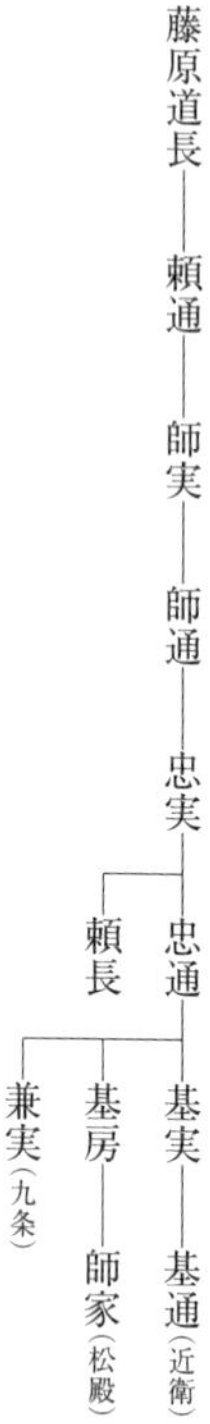

〔平氏・天皇家関係系図〕

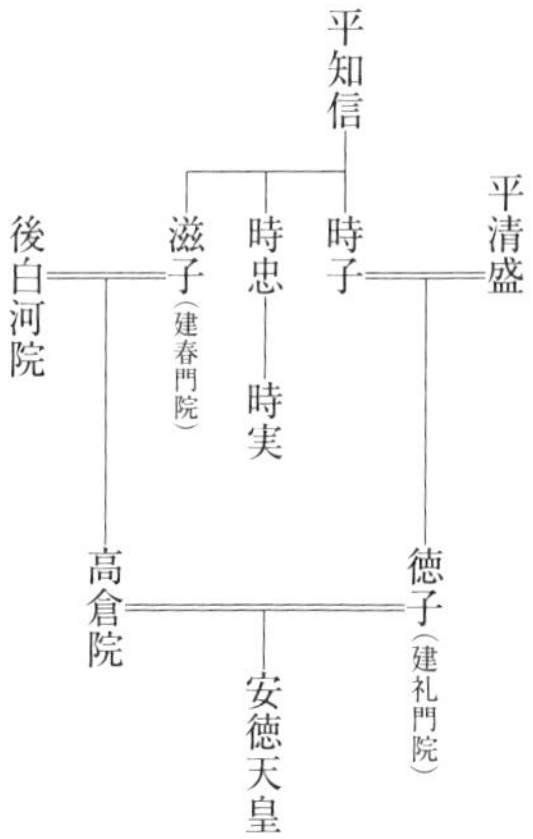

〔伊勢平氏系図〕

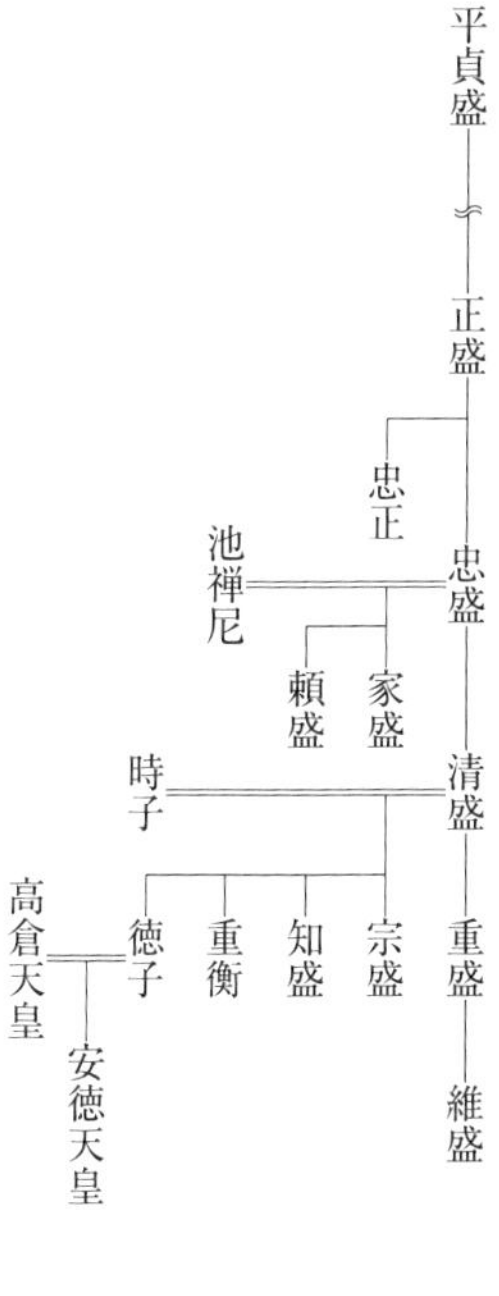

〔天皇家系図〕

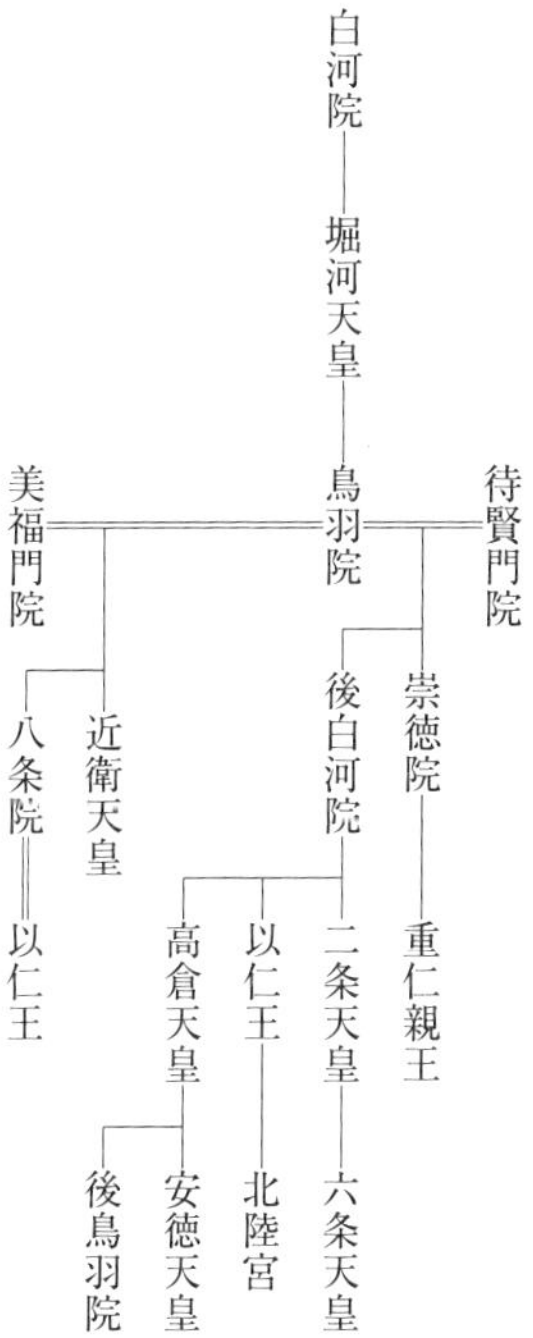

あとがき

本書は、ほぼ鳥羽院政の成立から十二世紀末までの、京都を中心とした歴史を叙述している。ちょうど、院政のもとで内乱が勃発し、平氏政権・鎌倉幕府が成立した時期に当たる。京都中心という視点を貫いた点で、地方における武士の活動に重きを置いたこれまでの概説書とは、かなり趣の異なるものとなったのではないだろうか。

日本の中世史というと、何よりも武士の時代であり、年中戦乱が起こり、東国を中心に歴史が動くという印象が強い。もちろん中世も後期となると、京都に室町幕府が成立したのをはじめ、町衆の自治が発展し、天下人が上洛を目指したことで、京都の存在感も大きなものがある。この時代に関する研究の進展も著しく、京都の歴史も大きく見直されつつある。

ところが、院政期から鎌倉時代初期にかけて、すなわち中世前期の京都は、依然として東国勢力、鎌倉幕府に克服される対象と見られがちのように思われる。おどろおどろしい院近臣たちに囲繞された院は、政治を腐敗させ、近臣の収奪で地方は疲弊する。そして平氏政権は東国武士を率いた源氏に倒され、京都は東国武士たちに蹂躙されてしまう。鎌倉時代にも、承久の乱で後鳥羽院が鎌倉幕府の前に一敗地に塗れることになる。

このように、古代的な朝廷・貴族政権と、それを打倒する東国武士といった図式が根強く存続しているのである。事実、従前の中世前期に関する概説書の多くは、いずれも武士を中心とし、東国武士の成長、上洛といった視点を中心に描かれているように思われる。

しかし、中世を通して社会を規定し存続する荘園・公領体制は、在京する権門の力なくして成立することはなかった。そして地方に武士が出現した背景には、中央に存在した軍事貴族たちの地方への下向があった。彼らの成長、蜂起、内乱の勃発は、京における権門の動きによって規定されていたといえる。権門の動きを基軸とし、京における武士の動向を中心とする視点で、この時代の概説を書きたいと考えたのである。この視角が本書の基底を貫いている。

同時に注目されるのが、京都の都市論の発展である。今や観光地などとして京都の市街地を構成する地域も、その成立と発展には様々な経緯があり、政治権力の動きが深く関連している。本書が取り上げた時代には、白河・鳥羽に続き、諸権門によって六波羅・法住寺殿・八条・九条・宇治といった地域が開発され、京都のありかたが大きく変容している。本書では、政治権力と連関させて動的な京都の変容を描くことを目指した。こうした試みが成功したのか否か、読者諸賢の御判断を待つばかりである。

また、本書には、佐伯智広・横内裕人両氏による優れた論考を掲載することができた。佐伯氏には、独自の視点から政治史に切り込み、保元の乱の前提を探った鳥羽院政論と、荘園の出現から中世荘園制の成立まで長い歴史を簡潔にまとめられた論考をご執筆いただいた。一方、横内氏は、政治史と連関させながら顕密仏教の実態を説き、文化史にも論及した斬新な論考を執筆された。これらの論考によって、この時代に対する新たな視点を提起できたものと思う。

ところで、二〇二〇年三月、私は京都大学大学院人間・環境学研究科を定年退職した。正直に申し上げると、当初の目論見では、退職に合わせて本書を刊行し、その記念とする心積りであった。ところが思いもよらぬ「新型コロナウィルス感染症」の流行で、この計画はすっかり頓挫してしまったのである。

各大学は対面授業が困難となり、「オンライン授業」に対応するために、授業を担当される方々は忙殺されることになってしまった。定年のおかげでこの騒動を辛くも回避することができたのは、「機械音痴」の私にとって何よりの僥倖であった。もっとも、記念論文集の刊行を除いて、定年関係の記念事業はすべて中止と相成ったのだが。

本書においても、隠居の身になった私以外の執筆者の方々は、大変な繁忙に巻き込まれてしまった。刊行の時期は遅れ、またその順番も当初の予定とは大きく異なることになった。こうした混乱はあったが、これを乗り越え、ようやく刊行にたどり着いたことを心より喜びたい。ただ、第一巻と叙述の重複を生じたことについて、読者ならびに、第一巻の執筆者美川圭氏にご了承をお願いする次第である。

私の担当部分については、かつての受講生である岩田慎平・山本みなみ両氏に下読みをお願いした。お二人は、御多忙な中で的確なご意見を下さった。心より感謝申し上げる。このお二人が、昨年暮れに相次いで北条義時に関する優れた書物を刊行された。いよいよ世代交代の波が足元に押し寄せてきたことを痛感せざるを得ない。

最後に私事ながら、本書の刊行を楽しみにしながら永眠した母の霊前に、本書を捧げることをお許しいただきたい。

二〇二二年一月五日

元木泰雄

著者略歴／主要著書・論文

元木泰雄（もとき　やすお）　　プロローグ・第二章〜第八章・エピローグ執筆

一九五四年　兵庫県に生まれる
一九七八年　京都大学文学部史学科国史学専攻卒業
一九八三年　京都大学大学院文学研究科博士課程指導認定退学
現在　京都大学名誉教授、博士（文学）
『源頼義』（『人物叢書』、吉川弘文館、二〇一七年）
『源頼朝―武家政治の創始者―』（『中公新書』、中央公論新社、二〇一九年）

佐伯智広（さえき　ともひろ）　　第一章・第九章執筆

一九七七年　大阪府に生まれる
一九九九年　京都大学文学部人文学科卒業
二〇一〇年　京都大学大学院人間・環境学研究科博士後期課程修了
現在　帝京大学文学部准教授、博士（人間・環境学）
『中世前期の政治構造と王家』（東京大学出版会、二〇一五年）
『皇位継承の中世史―血統をめぐる政治と内乱―』（吉川弘文館、二〇一九年）

横内裕人（よこうち　ひろと）　　第十章執筆

一九六九年　長野県に生まれる
一九九三年　京都大学文学部史学科卒業
一九九七年　京都大学大学院文学研究科博士後期課程単位取得退学
現在　京都府立大学文学部教授、博士（文学）
「顕密仏教の形成と東アジア交流」（鈴木靖民・金子修一・田中史生・李成市編『日本古代史交流入門』勉成出版、二〇一七年）
「遼・金・高麗仏教と日本」（上島享・佐藤文子編『日本宗教史4　宗教の受容と交流』吉川弘文館、二〇二〇年）

京都の中世史
京都の中世史2
平氏政権と源平争乱

二〇二二年（令和四）二月十日　第一刷発行

著者　元《もと》木《き》泰《やす》雄《お》
　　　佐《さ》伯《えき》智《とも》広《ひろ》
　　　横《よこ》内《うち》裕《ひろ》人《と》

発行者　吉川道郎

発行所　株式会社　吉川弘文館
郵便番号一一三―〇〇三三
東京都文京区本郷七丁目二番八号
電話〇三―三八一三―九一五一〈代表〉
振替口座〇〇一〇〇―五―二四四
http://www.yoshikawa-k.co.jp/

印刷＝株式会社　三秀舎
製本＝誠製本株式会社
装幀＝河村　誠

ISBN978-4-642-06861-1